STATISTIK FÜR PSYCHOLOGEN

IM KLARTEXT

PETER ZÖFEL

STATISTIK FÜR PSYCHOLOGEN

IM KLARTEXT

PEARSON Studium

ein Imprint von Pearson Education

München • Boston • San Francisco • Harlow, England
Don Mills, Ontario • Sydney • Mexico City
Madrid • Amsterdam

Bibliografische Information Der Deutschen Bibliothek

Die Deutsche Bibliothek verzeichnet diese Publikation in der Deutschen Nationalbibliografie; detaillierte bibliografische Daten sind im Internet über <http://dnb.ddb.de> abrufbar.

10 9 8 7 6 5 4

08

ISBN 978-3-8273-7063-1

Lektorat: Irmgard Wagner, irmwagner@t-online.de
Korrektorat: Petra Kienle, Fürstenfeldbruck
Umschlaggestaltung und Layout: h2design.de, München
Herstellung: Monika Weiher, mweiher@pearson.de
Satz: Hilmar Schlegel, Berlin — gesetzt in Bitstream Charter, Platelet, Letter Gothic
Druck und Verarbeitung: GraphyCems, Villatuerta

Printed in Spain

STATISTIK FÜR PSYCHOLOGEN

IM KLARTEXT

INHALTSVERZEICHNIS

VORWORT

Wohl kaum ein Wort bereitet im täglichen Leben, aber auch in der wissenschaftlichen Forschung so viel Unbehagen wie der Begriff „Statistik". Zum einen stehen statistische Methoden im Verdacht, bei geschickter Anwendung könne man mit ihnen alles beweisen, zum anderen haben sie mit dem Vorurteil zu kämpfen, es handele sich hier um besonders komplizierte und nur schwer verständliche mathematische Verfahren. Und schon Goethe nörgelte: „Mit Mathematikern ist kein heiteres Verhältnis zu gewinnen."

Es sei zugegeben: An beiden Vorurteilen ist etwas dran. So werden wir häufig mit irreführenden Grafiken oder mit falsch angewandter Prozentrechnung hinters Licht geführt. Und dass Statistik mathematisches Verständnis und das Anwenden von Formeln voraussetzt, kann ebenfalls nicht bestritten werden.

Es scheint also eine gewisse Kunst zu sein, die Materie in einer Form darzubieten, dass auch mathematisch weniger Geübte einen Zugang finden. So sind viele Statistikbücher, so klug sie auch sein mögen, mit Formeln kompliziertester Bauart und Spitzfindigkeiten überfrachtet, die wenig zum Verständnis beitragen. Da ich aufgrund langjähriger Beratungstätigkeit in Statistik und EDV an einem Hochschulrechenzentrum die betreffenden Nöte gerade auch von Studentinnen und Studenten kenne, habe ich auf theoretische Herleitungen verzichtet und mich bemüht, die einzelnen Verfahren vor allem anhand von Beispielen zu erläutern. Dabei kommt mir auch zugute, dass ich selbst den Zugang zur Statistik während meines Psychologiestudiums gefunden habe.

Die wenigsten Bücher tragen zudem dem Umstand Rechnung, dass mittlerweile wohl kaum jemand mehr statistische Verfahren per Hand durchrechnet. So gibt es im Buch an manchen Stellen Hinweise auf das Programmsystem SPSS, das als das weltweit verbreitetste Programm zur statistischen Datenanalyse gilt. Schon im Einführungskapitel wird das Beispiel einer Datenmenge gegeben, die mit einem Computerprogramm ausgewertet werden kann.

Die im Buch verwendeten Beispieldateien sind unter `www.pearson-studium.de` verfügbar und können von dort heruntergeladen werden. Den Abschluss jedes Kapitels bilden Übungsaufgaben, deren Lösungen im Anhang nachgesehen werden können.

Mein Dank gilt Herrn Professor Wilhelm Glaser für zahlreiche Anregungen und hilfreiche Kritik. Ebenso danke ich dem Verlag, vor allem meiner Lektorin, Frau Irmgard Wagner, für die wie immer sehr gute Zusammenarbeit. Zum Schluss gebe ich leichtsinnigerweise meine E-Mail-Adresse bekannt für den Fall, dass Sie Fragen haben oder Anmerkungen zum Buch machen wollen.

Marburg

Peter Zöfel
Peter.Zoefel@t-online.de

1 EINFÜHRUNG

„Die Mathematik als Fachgebiet ist so ernst, dass man keine Gelegenheit versäumen sollte, dieses Fachgebiet unterhaltsamer zu gestalten", erkannte schon der berühmte Blaise Pascal (1623–1662). Und wäre das Wort *Statistik* nicht erst gegen Ende des 17. Jahrhunderts geprägt worden, hätte er sicher die Statistik im Besonderen angesprochen.

So soll und kann dieses Buch natürlich keine Unterhaltungslektüre sein, der Autor will aber versuchen, das Beste aus dem trockenen Stoff zu machen und die zuweilen schwierige Materie vor allem durch passende Beispiele näher zu bringen.

Bedeutete Statistik zunächst die vor allem numerische Beschreibung eines Staates, so wird heute das Wort „Statistik" im doppelten Sinne gebraucht. Zum einen versteht man darunter Datensammlungen zu einem bestimmten Thema, zum Beispiel Bevölkerungsstatistiken, Preisstatistiken, Statistiken über Handel, Verkehr, Löhne und Gehälter, im Gesundheitswesen oder die leidige Arbeitslosenstatistik. Neben diesen amtlichen Statistiken gibt es zahlreiche nichtamtliche und private Statistiken von Markt- und Meinungsforschungsinstituten, Wirtschaftsverbänden, Unternehmen, Forschungsinstituten oder auch Sportverbänden.

Zum anderen aber versteht man unter Statistik eine Wissenschaft, die sich mit der Erhebung und Analyse von Daten befasst, um Fragestellungen zu einem vorgegebenen Thema zu klären. Gerade auf dem Gebiet der Psychologie sind statistische Methoden weit verbreitet, und der Autor selbst hat den Zugang zur Statistik während seines psychologischen Begleitstudiums gefunden. Im Mittelpunkt steht dabei die Datenanalyse, die man in einen beschreibenden Teil (deskriptive Statistik) und einen analytischen Teil (analytische Statistik) aufteilen kann. Mithilfe der deskriptiven Methoden werden die Daten durch Berechnung bestimmter Kennwerte oder mit grafischen Darstellungen beschrieben. Mit der analytischen Statistik können allgemein gültige Schlüsse gezogen werden. Dazu stehen eine Vielzahl von Methoden (statistischen Testverfahren) zur Verfügung.

Mit diesem Aspekt der Statistik als einer mathematischen Wissenschaft beschäftigt sich dieses Buch, wobei auch stets ein Augenmerk darauf gerichtet wird, dass die zumeist sehr rechenintensiven statistischen Verfahren kaum noch per Hand, sondern fast ausnahmslos mit entsprechenden Computerprogrammen gerechnet werden.

Eine Übersicht über die gängigsten Computerprogramme enthält in alphabetischer Reihenfolge Tabelle 1.1.

Was die Handhabung der Programme anbelangt, so gibt es zwei prinzipielle Möglichkeiten. Modern unter Windows und komfortabel für den Anwender ist die menü-

Programm	Menüführung?	Kommandosprache?
SAS	ja	ja
SigmaPlot	ja	nein
S-Plus	nein	ja
SPSS	ja	ja
Stata	nein	ja
Statgraphics	ja	nein
Statistica	ja	ja
Systat	ja	ja

Tabelle 1.1: Statistikprogramme

geführte Handhabung, bei der die einzelnen statistischen Analysen über entsprechend gestaltete Dialogboxen angefordert werden. Gewisse Vorteile bietet es aber auch, wenn zu diesem Zweck eine Kommandosprache zur Verfügung steht. Ideal ist eine Kombination dieser beiden Möglichkeiten.

Das „dickste" Programm ist wohl SAS, das ebenso wie SPSS modular aufgebaut ist. SPSS ist aufgrund seiner komfortablen Handhabung das weltweit verbreitetste Programm. Angehörigen von Hochschulen sei empfohlen, sich mit dem jeweiligen Rechenzentrum in Verbindung zu setzen. Zumindest die Programme der beiden Marktführer SPSS und SAS dürften dort entweder an für Hochschulangehörige zugänglichen PCs installiert oder über günstige Endbenutzerlizenzen erhältlich sein.

An einigen Stellen im Buch wird auf das Programm SPSS verwiesen, das heißt, es wird die Lösungsmöglichkeit in SPSS beschrieben. In diesem Zusammenhang werden einige Dateien zur Verfügung gestellt, die entweder als SPSS-Speicherdateien (Kennung .sav) oder als allgemein lesbare Textdateien (ASCII-Dateien, Kennung .txt) vorliegen. Eine Übersicht bietet Tabelle 1.2. Diese Dateien können bei Bedarf aus dem Internet unter der Adresse www.pearson-studium.de heruntergeladen werden.

Die SPSS-Dateien können nur mit dem Programmsystem SPSS geöffnet und angesehen werden, die Textdateien mit Word oder dem DOS-Kommando edit.

Nach diesem Exkurs über Statistikprogramme wollen wir uns wieder der eigentlichen Statistik zuwenden. Eine statistische Untersuchung lässt sich in fünf Abschnitte einteilen:

1. Planung der Untersuchung
2. Datenerhebung
3. beschreibende Statistik
4. analytische Statistik
5. Interpretation und Präsentation der Ergebnisse

Textdatei	SPSS-Datei	Kapitel
arbeit.txt	arbeit.sav	14
	durchstr.sav	12
ee.txt	ee.sav	8
einfbsp.txt	einfbsp.sav	1
fkv.txt	fkv.sav	13
gewicht.txt	gewicht.sav	7
	hemmung.sav	12
iq.txt		4
jugend.txt	jugend.sav	13
kenia.txt	kenia.sav	13
stadt.txt		5
tpf.txt	tpf.sav	14
welt.txt	welt.sav	9
ziel.txt	ziel.sav	14

Tabelle 1.2: Beispieldateien

Diese Schritte sollen anhand eines einführenden Beispiels erläutert werden, das in Kapitel 12 noch ausführlicher dargestellt wird. Dabei werden schon einige statistische Begriffe und Verfahren benutzt, die dann später im Buch erklärt werden. Das Beispiel soll zunächst als Überblick dienen, was die Aufgabe der Statistik ausmacht.

Insgesamt führten zwölf Probanden an zwei aufeinander folgenden Versuchstagen einen Durchstreichtest aus. Dabei wurden vier Gruppen von jeweils vier Schreibmaschinenzeichen vorgegeben, die dann in einer großen Liste von solchen Zeichengruppen wiederzufinden und durchzustreichen waren. Die Probanden wurden in zwei gleich große Gruppen eingeteilt. Die erste Gruppe musste am ersten Versuchstag nach Ausführung des Durchstreichtests noch einen Konzentrationsleistungstest (Lösen von möglichst vielen Rechenaufgaben) ausführen, die zweite Gruppe legte eine Ruhepause ein. Geklärt werden sollte, ob sich die Ausführung des Konzentrationsleistungstests (KLT) auf den erzielten Übungsfortschritt auswirkt.

Nach der geschilderten *Planung* des Versuchs wurde dieser durchgeführt. Die *Datenerhebung* brachte das in Tabelle 1.3 dargestellte Ergebnis.

KLT	Tag 1	61	106	84	127	97	73
	Tag 2	88	151	120	164	118	88
Ruhepause	Tag 1	78	123	92	99	98	45
	Tag 2	131	160	143	147	138	100

Tabelle 1.3: Leistungen in einem Durchstreichtest

Die Daten der zwölf Probanden sind zeilenweise in der Textdatei einfbsp.txt eingetragen, die im Folgenden aufgelistet ist.

```
1  61  88
1 106 151
1  84 120
1 127 164
1  97 118
1  73  88
2  78 131
2 123 160
2  92 143
2  99 147
2  98 138
2  45 100
```

Es handelt sich hier um eine Datenmatrix aus zwölf Zeilen und drei Spalten. Die erste Spalte gibt über die Kodierung 1 = KLT und 2 = Ruhepause die Gruppenzugehörigkeit wieder, die beiden folgenden Spalten enthalten die an den beiden Versuchstagen erzielten Ergebnisse des Durchstreichtests.

Die Datei einfbsp.sav ist die zugehörige SPSS-Datei. Sie kann aus der gegebenen Textdatei mithilfe der folgenden SPSS-Befehle erstellt werden, wobei gegebenenfalls die Pfadangabe der Datei angepasst werden muss:

```
data list file='c:\einfbsp.txt'/gruppe 1 tag1 3-5 tag2 7-9.
value labels gruppe 1 'KLT' 2 'Ruhepause'.
execute.
```

Die Überführung der Textdatei in eine SPSS-Datei kann aber auch innerhalb eines Bildschirmdialogs erfolgen.

Damit ist die Phase der Datenerhebung abgeschlossen und es können *beschreibende Statistiken* erstellt werden. So lassen sich zu beiden Versuchstagen und in beiden Gruppen Mittelwerte und Standardabweichungen berechnen (siehe Kapitel 2.4.1 bzw. 2.5.1). Diese sind in Tabelle 1.4 eingetragen.

Versuchsbedingung	**Tag**	$\overline{x}$	s	n
KLT	1. Tag	91,33	23,79	6
	2. Tag	121,50	31,42	6
Ruhepause	1. Tag	89,17	26,09	6
	2. Tag	136,50	20,35	6

Tabelle 1.4: Mittelwerte und Standardabweichungen

Die Mittelwerte können auch in einer Grafik, zum Beispiel in einem Balkendiagramm, dargestellt werden (Abbildung 1.1).

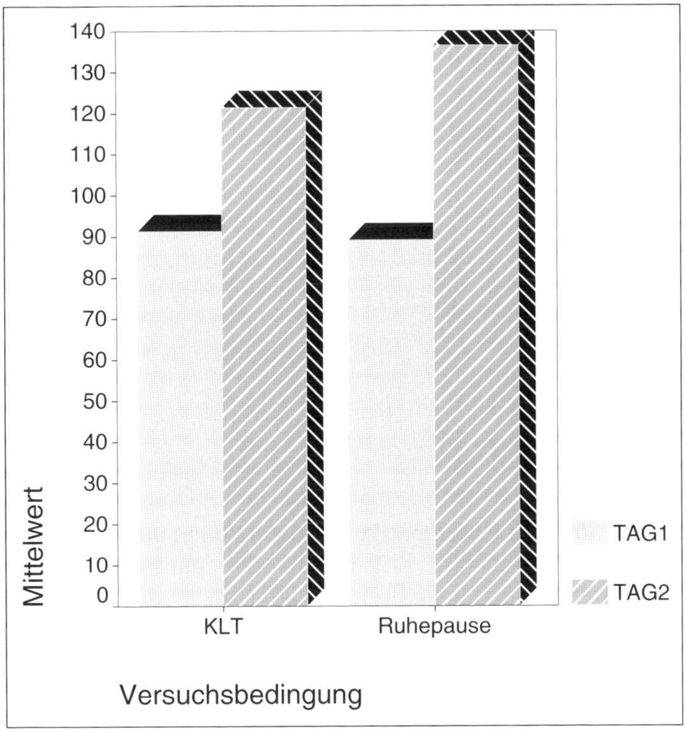

Abbildung 1.1: Ergebnisse eines Durchstreichtests

Die mittleren Ausgangswerte am ersten Versuchstag sind bei beiden Versuchsgruppen annähernd gleich, was als günstig zu bewerten ist, da nun die stark unterschiedlichen Werte am zweiten Versuchstag darauf hindeuten, dass der Übungsfortschritt in der Ruhepausen-Gruppe größer ist.

Die entscheidende Frage ist, ob dieser Unterschied noch mit zufälligen Schwankungen erklärbar ist oder nicht. Im letzteren Fall spricht man von einem *signifikanten* Unterschied. Dies führt zur *analytischen Statistik*.

Obwohl die Werte am zweiten Versuchstag wegen der annähernden Gleichheit der Werte am ersten Versuchstag als Indikator des Übungsfortschritts gelten können, ist es korrekter, den Übungsfortschritt als Differenz der Werte zwischen erstem und zweitem Versuchstag zu definieren. Diese Differenzen als Maßzahl für den Übungsfortschritt sind in Tabelle 1.5 eingetragen.

KLT	27	45	36	37	21	15
Ruhepause	53	37	51	48	40	55

Tabelle 1.5: Differenzen als Maß für den Übungsfortschritt

Legt man die SPSS-Datei einfbsp.sav zu Grunde, so kann die Differenz zwischen den *Variablen tag1* und *tag2* mit den folgenden SPSS-Befehlen berechnet werden:

```
compute diff=tag2-tag1.
execute.
```

Diese Befehle können, wie die meisten anderen Befehle auch, mithilfe eines Bildschirmdialogs realisiert werden.

Es wird der SPSS-Datei die Variable *diff* hinzugefügt.

Zunächst seien Mittelwert und Standardabweichung dieser Differenzen (Übungsfortschritte) in beiden Gruppen berechnet (Tabelle 1.6).

Versuchsbedingung	$\overline{x}$	s	n
KLT	30,17	11,18	6
Ruhepause	47,33	7,28	6

Tabelle 1.6: Mittelwerte und Standardabweichungen der Differenzen

Mit einem analytischen Test, und zwar hier mit dem t-Test nach Student (siehe Kapitel 8.3), kann getestet werden, ob der beobachtete Mittelwertsunterschied signifikant oder zufällig ist. Man berechnet die *Prüfgröße* $t = 3{,}151$ und die *Anzahl der Freiheitsgrade* $df = 10$ und stellt mithilfe von Tabelle 2 und der dort tabellierten Grenzwerte fest, dass der Unterschied der Mittelwerte zwischen beiden Gruppen signifikant ist.

Zusammenfassend kann also festgestellt werden, dass der Übungsfortschritt einer Tätigkeit wie dem Durchstreichtest signifikant schlechter ist, wenn man danach keine Ruhepause einlegt, sondern eine geistig anstrengende Tätigkeit ausübt.

Mit dieser *Interpretation* kann die statistische Untersuchung abgeschlossen werden. In den folgenden Kapiteln werden Sie in die Geheimnisse der beschreibenden und analytischen Statistik eingeführt und in einen der interessantesten Bereiche der Mathematik, der Wahrscheinlichkeitsrechnung.

2

DESKRIPTIVE STATISTIK

Lernziele:

- → Begriff der Variablen und das Messen von Variablenwerten
- → Skalenniveaus
- → Häufigkeitstabellen
- → Mittelwert
- → Median
- → Standardabweichung und Standardfehler
- → Quartile
- → Grafiken

Deskriptive Statistik ist im Gegensatz zur analytischen Statistik die reine Beschreibung der Daten durch Häufigkeitstabellen, passende Kennwerte oder Grafiken.

Zunächst aber sei der Begriff der *Variablen* und das *Messen* von Variablen erläutert. Ferner werden vier verschiedene *Skalenniveaus* von Variablen vorgestellt.

Statistische Analysen können unter Zugrundelegung der verschiedensten Variablen vorgenommen werden. Da gibt es auf der einen Seite die quantitativen Variablen mit stetigen Messwerten wie zum Beispiel Körpergröße oder Körpergewicht, welche im Prinzip beliebig genau gemessen werden können, und auf der anderen Seite qualitative Variablen wie zum Beispiel Schulnoten oder die Kodierung eines Merkmals wie den Familienstand in vier Kategorien. Diese qualitativen Variablen können nur diskrete Werte annehmen.

Eine genauere Einteilung der Variablen als die in qualitativ — quantitativ oder diskret — stetig ist diejenige nach vier verschiedenen Skalenniveaus (auch Messniveaus genannt). Bevor auf diese grundlegend wichtige Einteilung ausführlich eingegangen wird, soll zunächst der Begriff des Messens erläutert werden.

2.1 DAS MESSEN

Der Begriff des „Messens" und die verschiedenen Skalenniveaus sollen anhand einer Studie zu Rauchgewohnheiten erläutert werden. Dabei wurden unter anderem die folgenden Angaben abgefragt:

- Geschlecht
- Alter
- Familienstand
- Schulbildung
- Beruf
- Körpergewicht
- Rauchgewohnheit

Die Zuordnung der aktuellen Variablenwerte bei den einzelnen Fällen (hier: befragte Personen) erfolgt mit einem Vorgang, den man „Messen" nennt.

Betrachtet man etwa die Variable „Körpergewicht", so ist klar, wie diese zu messen ist: Man benutzt eine Waage, wobei in der Regel eine Messgenauigkeit von 1 kg ausreichend ist.

Etwas anders liegt der Fall bei der Variablen „Alter". Dieses misst man nicht mithilfe einer technischen Apparatur; man muss es erfragen oder aus der Geburtsurkunde oder dem Personalausweis erschließen. Trotzdem kann man auch hier von „Messen" reden, wenn man die Definition des Messens wie folgt fasst:

Das Messen einer Variablen ist die Zuordnung von Zahlen zu den einzelnen Fällen.

Mit dieser Definition lassen sich auch Variablen wie das Geschlecht, der Familienstand oder die Rauchgewohnheit „messen". Beim Geschlecht ordnet man zum Beispiel den Männern die Zahl 1 und den Frauen die Zahl 2 zu; beim Familienstand vergibt man für die gegebenen vier Kategorien die Zahlen 1 bis 4. Ebenso verfährt man bei der Rauchgewohnheit:

Geschlecht:	1 = männlich
	2 = weiblich
Familienstand:	1 = ledig
	2 = verheiratet
	3 = verwitwet
	4 = geschieden

Rauchgewohnheit:	1 = Nichtraucher
	2 = mäßig
	3 = stark
	4 = sehr stark

Bei diesen Variablen erfolgt das „Messen“ per Augenschein (Geschlecht) oder durch eine entsprechende Befragung. Die Zuordnung („Kodierung“) von Zahlen zu solchen „kategorialen“ Variablen ist spätestens dann notwendig, wenn die statistische Analyse nicht per Hand, sondern unter Einsatz eines entsprechenden Statistik-Programmsystems mithilfe eines Computers erfolgen soll.

2.2 SKALENNIVEAUS

Von entscheidender Bedeutung für die Auswahl eines korrekten statistischen Verfahrens ist die Feststellung des so genannten *Skalenniveaus* (auch: *Messniveaus*) der beteiligten Variablen. Hier unterscheidet man das Nominal-, Ordinal-, Intervall- und Verhältnisniveau. Dabei werden diese Skalenniveaus gemäß Tabelle 2.1 unterschieden.

Skalenniveau	empirische Relevanz
Nominal	keine
Ordinal	Ordnung der Zahlen
Intervall	Differenzen der Zahlen
Verhältnis	Verhältnisse der Zahlen

Tabelle 2.1: Skalenniveaus

Dies wird in den folgenden Kapiteln näher erläutert.

2.2.1 NOMINALNIVEAU

Betrachten wir zunächst das Geschlecht, so stellen wir fest, dass die Zuordnung der beiden Ziffern 1 und 2 willkürlich ist; man hätte sie auch anders herum oder mit anderen Ziffern vornehmen können.

Keinesfalls soll schließlich damit ausgedrückt werden, dass Frauen nach den Männern einzustufen sind; auch soll andererseits nicht suggeriert werden, dass Frauen mehr wert seien als Männer. Den einzelnen Zahlen kommt also keinerlei empirische Bedeutung zu. Man spricht in diesem Falle von einer nominalskalierten Variablen. In dem hier vorliegenden Spezialfall einer nominalskalierten Variablen mit nur zwei Kategorien spricht man auch von einer dichotomen Variablen.

Eine nominalskalierte Variable ist auch der Familienstand; auch hier hat die Zuordnung der Ziffern zu den Kategorien des Familienstands keinerlei empirische Relevanz. Im Gegensatz zum Geschlecht ist die Variable aber nicht dichotom; sie beinhaltet vier statt zwei Kategorien.

Eine typische nominalskalierte Variable ist die Angabe des Berufs. Hier könnte etwa folgende Kodierung gewählt werden, die sich beim besten Willen nicht in eine sinnvolle Ordnungsrelation bringen lässt:

1 = Angestellter
2 = Beamter
3 = Arbeiter
4 = Selbstständiger
5 = Hausfrau
6 = Auszubildender
7 = Rentner

Nominalskalierte Variablen sind in ihrer Auswertungsmöglichkeit sehr eingeschränkt. Genau genommen können sie nur einer Häufigkeitsauszählung unterzogen werden. Die Berechnung etwa eines Mittelwerts ist sinnlos.

Eine gewisse Ausnahme bilden allerdings dichotome nominalskalierte Variablen. Dichotome Skalierungen sind häufig von der Art

1 = ja
2 = nein

1 = richtig
2 = falsch

1 = trifft zu
2 = trifft nicht zu

1 = stimme ich zu
2 = stimme ich nicht zu

So wie bekanntlich zwei Punkte eine Gerade bestimmen, die ansteigt oder geneigt ist, kann man bei dichotomen nominalskalierten Variablen stets von einer gegebenen Ordnungsrelation sprechen. So bedeutet etwa im Fall des letzten Beispiels eine niedrige Kodierung Zustimmung, eine hohe Kodierung Ablehnung. Dichotome nominalskalierte Variablen bilden also sozusagen den Übergang zwischen Nominal- und Ordinalniveau. Diesem wollen wir uns nun zuwenden.

2.2.2 ORDINALNIVEAU

Betrachten wir etwa die Rauchgewohnheit, so kommt den vergebenen Kodezahlen insofern eine empirische Bedeutung zu, als sie eine Ordnungsrelation wiedergeben. Die Variable Rauchgewohnheit ist schließlich nach ihrer Wertigkeit aufsteigend geordnet: Ein mäßiger Raucher raucht mehr als ein Nichtraucher, ein starker Raucher mehr als ein mäßiger Raucher und ein sehr starker Raucher mehr als ein starker Raucher. Solche Variablen, bei denen den verwendeten Kodezahlen eine empirische Bedeutung hinsichtlich ihrer Ordnung zukommt, nennt man ordinalskaliert.

Die empirische Relevanz dieser Kodierung bezieht sich aber nicht auf die Differenz zweier Kodezahlen. So ist zwar die Differenz zweier Kodezahlen zwischen einem Nichtraucher und einem mäßigen Raucher einerseits und zwischen einem mäßigen Raucher und einem starken Raucher andererseits jeweils 1. Man wird aber nicht sagen können, dass der tatsächliche Unterschied zwischen einem Nichtraucher und einem mäßigen Raucher einerseits und einem mäßigen Raucher und einem starken Raucher andererseits gleich ist; dafür sind die Begriffe zu vage.

Ein weiteres Beispiel einer ordinalskalierten Variablen ist die Schulbildung, wenn sie etwa in der folgenden Kodierung vorliegt:

1 = Hauptschule

2 = Berufsschule

3 = Mittlere Reife

4 = Abitur

5 = Hochschule

Ein typisches Beispiel einer ordinalskalierten Variablen ist die Vorgabe einer Altersklasseneinteilung in einem Fragebogen:

1 = bis 30 Jahre

2 = 31 bis 50 Jahre

3 = über 50 Jahre

Ein solches Vorgehen ist eigentlich nicht empfehlenswert. Da jeder sein eigenes Alter sicherlich ohne Mühe exakt (in Jahren) angeben kann, sollte man dies auch so erfassen. Spätere Klasseneinteilungen können von einem Auswertungsprogramm gegebenenfalls immer noch vorgenommen werden; Sie haben dann aber Variationsmöglichkeiten und können bei Bedarf auch auf den genauen Wert zurückgreifen.

Klasseneinteilungen sollte man nur dann vorgeben, wenn die Ermittlung genauer Angaben zu umständlich oder gar nicht möglich ist. So wurde in der Fragebogenaktion einer Krankenkasse bei Ärzten die Anzahl der Patienten pro Quartal abgefragt; dabei wurde folgende Kodierung vorgegeben:

1 = unter 500

2 = 500 bis 1 000

3 = 1 000 bis 1 500

4 = über 1 500

Diese grobe Einteilung erscheint vernünftig, da sich genaue Zahlen wegen der Schwankungen von Quartal zu Quartal nicht angeben lassen. Aus diesem Grund stört es auch nicht, dass die Zahl 1000 einmal als Ober- und einmal als Untergrenze einer Klasse auftritt.

Bei allen bisher genannten Beispielen liegt die ordinale Skalierung unmittelbar auf der Hand. In vielen anderen Fällen kann man eine solche nach etwas Nachdenken erkennen bzw. durch geschickte Kodierung erreichen.

2.2.3 INTERVALLNIVEAU

Bezüglich des Körpergewichts geben die entsprechenden Werte nicht nur eine Rangordnung der beteiligten Personen wieder, auch den Differenzen zweier Werte kommt eine empirische Bedeutung zu. Hat etwa August ein Körpergewicht von 70 kg, Bertram eines von 80 kg und Christian ist 90 kg schwer, so kann man sagen, dass Bertram im Vergleich zu August um ebenso viel schwerer ist wie Christian im Vergleich zu Bertram (nämlich um 10 kg). Solche Variablen, bei denen der Differenz (dem Intervall) zwischen zwei Werten eine empirische Bedeutung zukommt, nennt man intervallskaliert. Ihre Bearbeitung unterliegt keinen Einschränkungen; so ist zum Beispiel der Mittelwert ein sinnvoller statistischer Kennwert zur Beschreibung dieser Variablen. Eine weitere intervallskalierte Variable im gegebenen Beispiel ist das Alter.

Der Übergang von Ordinal- zu Intervallniveau ist fließend und eine Einordnung in eines der beiden Niveaus erscheint manchmal durchaus strittig. Während man beispielsweise die zwischen den Zahlen 1 und 6 vergebenen Schulnoten als ordinalskaliert ansieht, ist man bei den in der Oberstufe vergebenen Punktwerten von 0 bis 15 wohl eher geneigt, Intervallniveau anzunehmen. Auch bei Variablen, die bestimmte Anzahlen wiedergeben (zum Beispiel Anzahl der Kinder in einer Familie), kann vom Intervallniveau ausgegangen werden.

2.2.4 VERHÄLTNISNIVEAU

Bei allen diesen Variablen kommt nicht nur der Differenz zweier Werte, sondern auch dem Verhältnis zweier Werte empirische Bedeutung zu. Ist etwa Emil 20 Jahre und Fritz 40 Jahre alt, so wird man sagen können, dass Fritz doppelt so alt ist wie Emil. Solche Variablen nennt man verhältnisskaliert. Es sind dies alle intervallskalierten Variablen, die den Wert Null annehmen können, wobei dieser gleichzeitig der niedrigste denkbare Wert ist. Beispiele, bei denen dies nicht der Fall ist, sind etwa die in Grad Celsius gemessene Temperatur (wegen der möglichen Werte kleiner als Null) und der Intelligenzquotient (wegen des nicht möglichen Werts von Null). Bei den in diesem Buch behandelten statistischen Verfahren kommt der Unterscheidung zwischen intervall- und verhältnisskalierten Variablen in der Regel keine Bedeutung zu; es gibt nämlich mit einer Ausnahme (geometrisches Mittel) darunter keine Verfahren, die Verhältnisniveau voraussetzen.

2.3 Häufigkeitstabellen

Als einfachstes statistisches Verfahren gilt das Zählen. Im Falle von nominalskalierten Variablen ist dies auch die einzig mögliche statistische Operation.

In einer Bevölkerungsumfrage wurde unter anderem nach dem Familienstand der interviewten Personen gefragt. Die Auszählung ergab die Häufigkeiten der Tabelle 2.2.

Familienstand	**Häufigkeit**
ledig	777
verheiratet	1761
verwitwet	373
geschieden	141

Tabelle 2.2: Beobachtete Häufigkeiten

Die Berechnung statistischer Kennwerte wie Mittelwert oder Median ist bei solchen nominalskalierten Variablen, denen nicht einmal eine Ordnungsrelation zugrunde liegt, sinnlos. Der einzig sinnvolle Kennwert ist der *Modalwert*, also der am häufigsten vorkommende Wert.

Codiert man im gegebenen Beispiel die auftretenden Kategorien der Reihe nach fortlaufend mit bei 1 beginnenden natürlichen Zahlen, so ist der Modalwert gleich 2 (Verheiratete). Dieser Wert tritt 1761-mal und damit am häufigsten auf. Da der Modalwert alle anderen Werte unberücksichtigt lässt, hat er allerdings nur eine sehr geringe praktische Bedeutung.

2.3.1 Beobachtete und prozentuale Häufigkeiten

Sinnvoller als die Angabe des Modalwerts ist es, bei nominalskalierten Variablen die komplette Häufigkeitstabelle anzugeben und zusätzlich zu den *beobachteten* Häufigkeiten die *prozentualen* Häufigkeiten anzugeben.

Bezeichnet man die Anzahl der Kategorien mit k und die beobachteten Häufigkeiten mit f_i, so ist die Gesamtsumme der Häufigkeiten

$$n = \sum_{i=1}^{n} f_i$$

Daraus berechnen sich die prozentualen Häufigkeiten zu

$$p_i = \frac{f_i}{n} \cdot 100 \qquad\qquad i = 1, \ldots, k$$

Diese prozentualen Häufigkeiten sind in Tabelle 2.3 mit eingetragen.

Familienstand	Häufigkeit	Prozent
ledig	777	25,5 %
verheiratet	1761	57,7 %
verwitwet	373	12,2 %
geschieden	141	4,6 %
Summe	3052	

Tabelle 2.3: Prozentuale Häufigkeiten

2.3.2 KUMULIERTE HÄUFIGKEITEN

Bei ordinalskalierten Variablen empfiehlt sich neben der Berechnung des Medians (siehe Kapitel 2.4.2) meist auch die Angabe der beobachteten und prozentualen Häufigkeiten. Sinnvoll ist dann ebenfalls die Bestimmung der kumulierten Häufigkeiten F_i und der kumulierten prozentualen Häufigkeiten P_i. Erstere sind dabei die bis zur betreffenden Kategorie aufsummierten beobachteten Häufigkeiten, die dann wieder auf der Basis der Gesamtsumme der Häufigkeiten prozentuiert werden können.

In derselben Bevölkerungsumfrage wurde auch die Frage gestellt „Wie oft gehen Sie in die Kirche?“. Alle anfallenden Häufigkeiten sind in Tabelle 2.4 zusammengestellt.

Kirchgang	Häufigkeit	Prozent	kumulierte Häufigkeit	kumulierte Prozente
mindestens zweimal pro Woche	73	2,6 %	73	2,6 %
einmal pro Woche	360	13,0 %	433	15,7 %
ein- bis dreimal pro Monat	331	12,0 %	764	27,7 %
mehrmals im Jahr	660	23,9 %	1424	51,6 %
seltener	935	33,9 %	2359	85,5 %
nie	402	14,6 %	2761	100,0 %

Tabelle 2.4: Kumulierte Häufigkeiten

Den kumulierten prozentualen Häufigkeiten kann man zum Beispiel entnehmen, dass über die Hälfte der Befragten, nämlich 51,6 %, zumindest mehrmals im Jahr in die Kirche gehen.

2.3.3 Klassenbildung

Bei intervallskalierten Variablen liegen meist viele verschiedene Werte vor, so dass eine Häufigkeitstabelle recht unübersichtlich wird. In diesem Fall bietet es sich an, mehrere benachbarte Werte zu *Klassen* zusammenzufassen.

Als Beispiel sei eine Häufigkeitstabelle von Altersangaben betrachtet, die einer Fragebogenaktion entnommen wurde (Tabelle 2.5).

Alter	n	Alter	n	Alter	n	Alter	n
18	60	36	49	54	33	72	31
19	48	37	46	55	42	73	40
20	49	38	61	56	51	74	26
21	64	39	52	57	31	75	30
22	76	40	55	58	47	76	27
23	55	41	43	59	42	77	24
24	85	42	35	60	56	78	22
25	88	43	38	61	39	79	21
26	72	44	42	62	44	80	18
27	71	45	41	63	40	81	13
28	70	46	52	64	45	82	14
29	59	47	47	65	45	83	13
30	58	48	51	66	56	84	5
31	55	49	55	67	38	85	8
32	56	50	49	68	47	86	3
33	58	51	49	69	27	87	3
34	60	52	56	70	27	89	3
35	56	53	39	71	39	92	2

Tabelle 2.5: Beobachtete Häufigkeiten von Altersangaben

Vor einer Klassenzusammenfassung sind zwei Entscheidungen zu treffen, nämlich über die *Klassenbreite* und über den Beginn der ersten Klasse. Was die Wahl der Klassenbreite anbelangt, so gibt es hierfür keine verbindliche Regel. Eine geringe Klassenbreite bedingt eine große Klassenzahl und Unübersichtlichkeit, eine große Klassenbreite hingegen kann typische Verteilungsformen verwischen.

Man sollte etwa zehn bis zwanzig Klassen wählen, und zwar so, dass in der Mitte alle Klassen besetzt sind. Am linken und rechten Verteilungsrand können nach unten bzw. nach oben *offene Klassen* verwendet werden.

Wir wollen uns im gegebenen Beispiel mit acht Klassen begnügen, wobei die erste und die achte Klasse offene Klassen sind (Tabelle 2.6).

Klasse	Häufigkeit	Prozent	kumulierte Prozente
bis 20 Jahre	157	5,1 %	5,1 %
21 bis 30 Jahre	698	22,9 %	28,0 %
31 bis 40 Jahre	548	18,0 %	46,0 %
41 bis 50 Jahre	453	14,8 %	60,8 %
51 bis 60 Jahre	446	14,6 %	75,4 %
61 bis 70 Jahre	408	13,4 %	88,8 %
71 bis 80 Jahre	278	9,1 %	97,9 %
über 80 Jahre	64	2,1 %	100,0 %

Tabelle 2.6: Klassenhäufigkeiten

Bei der ersten, nach unten offenen Klasse ist zu bedenken, dass sie nur drei Jahrgänge umfasst, so dass von vornherein eine geringere Klassenhäufigkeit zu erwarten ist. Davon abgesehen handelt es sich um eine linksgipflige Verteilung. Dies wird besonders deutlich, wenn man die gegebene Verteilung der Häufigkeiten in Form eines *Histogramms* darstellt (siehe Kapitel 2.6.4).

2.4 LOKALISATIONSPARAMETER

Lokalisationsparameter beschreiben die Lage einer Verteilung bzw. ihre zentrale Tendenz.

2.4.1 DER MITTELWERT

Der Mittelwert ist der passende Lokalisationsparameter für intervallskalierte und normalverteilte Variablen. Er ist weniger geeignet für nicht normalverteilte oder ordinalskalierte Variablen und unsinnig für nominalskalierte Variablen.

Insgesamt gibt es drei Varianten des Mittelwerts: das arithmetische, geometrische und harmonische Mittel. Am gebräuchlichsten ist das arithmetische Mittel.

ARITHMETISCHES MITTEL

Das arithmetische Mittel von n Werten x_i ist die Summe dieser Werte, geteilt durch ihre Anzahl.

DEFINITION DES ARITHMETISCHEN MITTELS:

$$\overline{x} = \frac{\sum_{i=1}^{n} x_i}{n}$$

Als Beispiel seien die Altersangaben von $n = 12$ Personen betrachtet.

40 37 67 23 45 39 29 51 56 24 42 38

Die Summe dieser Werte ist 491; damit ergibt sich

$$\overline{x} = \frac{491}{12} = 40{,}917$$

Die Personen sind also im Mittel 40,917 Jahre alt. Was die Genauigkeit der Mittelwertsangabe anbelangt, so gibt es verschiedene Meinungen. Im gegebenen Beispiel wird man sich am besten mit einer Nachkommastelle, also der Angabe $\overline{x} = 40{,}9$, begnügen. In den Fällen, wo verschiedene Mittelwerte miteinander verglichen werden sollen, sollte man in der Regel drei Nachkommastellen wählen.

Oft liegen Werte in gehäufter Form vor wie zum Beispiel die Noten einer Klassenarbeit in Tabelle 2.7.

Note (x_j)	**Häufigkeit (f_j)**	$f_j \cdot x_j$
1	3	3
2	5	10
3	9	27
4	6	24
5	5	25
Summe	28	89

Tabelle 2.7: Noten einer Klassenarbeit

In diesem Fall kann man für die Berechnung des Mittelwerts eine modifizierte Formel anwenden:

$$\overline{x} = \frac{\sum\limits_{j=1}^{k} f_j \cdot x_j}{\sum\limits_{j=1}^{k} f_j}$$

Im gegebenen Beispiel ergibt sich als mittlere Note

$$\overline{x} = \frac{89}{29} = 3{,}069$$

Zwei Eigenschaften des Mittelwerts seien erwähnt:

- Die Summe der Differenzen aller Werte von ihrem Mittelwert ist null.
- Die Summe der Quadrate der Differenzen aller Werte von ihrem Mittelwert ist kleiner als die Summe der Quadrate der Differenzen aller Werte zu irgendeinem anderen Wert.

Bei Störungen der Normalverteilung, was insbesondere bei Auftreten von Ausreißern der Fall ist, ist die Berechnung des Mittelwerts oft nicht sinnvoll, wie das folgende extreme Beispiel zeigt.

Vier Berufstätige wurden nach ihrem monatlichen Einkommen gefragt:

4 000 Euro

7 000 Euro

5 000 Euro

100 000 Euro

Als mittleres Einkommen ergibt sich

$$\overline{x} = \frac{116\,000}{4} = 29\,000$$

Das mittlere Einkommen der befragten Personen beträgt also 29 000 Euro. Handelt es sich um vier Einwohner eines Dorfes und möchte der Bürgermeister das durchschnittliche Einkommen seiner Bewohner wissen, da sich hiernach als konstanter Prozentsatz die Steuereinnahmen der Gemeinde berechnen, ist dieser Wert sinnvoll. Soll er aber als Maß für den „typischen Fall" eines Einkommens dienen, so wäre er eine sinnlose Größe und der Median vorzuziehen.

Zuweilen tritt das Problem auf, dass bei verschiedenen Stichproben gewonnene Mittelwerte zu einem gemeinsamen Mittelwert zusammengeführt werden sollen. Angenommen, bei einer zweiten Stichprobe von nunmehr 20 Personen habe sich ein Altersmittelwert von 43,2 Jahren ergeben.

Zur Berechnung des gemeinsamen Mittelwerts mit unserer ersten Stichprobe ($\overline{x} = 40{,}9$; $n = 12$) wäre es falsch, die beiden Mittelwerte zu addieren und die Summe durch 2 zu teilen, da dann die unterschiedlichen Fallzahlen nicht berücksichtigt würden.

Richtig ist es, bei der Berechnung des gemeinsamen Mittelwerts zweier Stichproben, von denen die Mittelwerte $\overline{x}_1$ und $\overline{x}_2$ bei den Fallzahlen n_1 und n_2 vorliegen, diese Mittelwerte entsprechend zu gewichten:

$$\overline{x} = \frac{n_1 \cdot \overline{x}_1 + n_2 \cdot \overline{x}_2}{n_1 + n_2}$$

Im gegebenen Beispiel ergibt sich hiermit

$$\overline{x} = \frac{12 \cdot 40{,}9 + 20 \cdot 43{,}2}{12 + 20} = 42{,}3$$

Bei mehr als zwei zu vereinigenden Mittelwerten wird entsprechend verfahren.

Es wurde schon darauf hingewiesen, dass die Berechnung des Mittelwerts bei nominalskalierten Variablen unsinnig ist. Haben Sie etwa ein neues Medikament getestet und die auftretenden insgesamt 27 verschiedenen Nebenwirkungen mit einer Codierung von 1 bis 27 versehen, so ist die Aussage „die mittlere Nebenwirkung beträgt 12,4" natürlich sinnlos.

GEOMETRISCHES MITTEL

Das geometrische Mittel dient zum Beispiel zur Ermittlung von Wachstumsraten aufeinander folgender Perioden. Seine Berechnung setzt Verhältnisskalenniveau voraus.

DEFINITION DES GEOMETRISCHEN MITTELS:

$$\bar{x}_G = \sqrt[n]{x_1 \cdot x_2 \cdot \ldots \cdot x_n}$$

Tabelle 2.8 enthält die jährliche Lizenzgebühr (in Euro, gegebenenfalls umgerechnet) für ein Computerprogramm in den Jahren 1997 bis 2003. Ferner ist die Wachstumsrate angegeben.

Jahr	Preis	Wachstumsrate
1997	1425	
1998	1490	1,046
1999	1535	1,030
2000	1570	1,023
2001	1840	1,172
2002	1950	1,060
2003	2100	1,077

Tabelle 2.8: Wachstumsraten

Das geometrische Mittel der Wachstumraten ist

$$\bar{x}_G = \sqrt[6]{1{,}046 \cdot 1{,}030 \cdot 1{,}023 \cdot 1{,}172 \cdot 1{,}060 \cdot 1{,}077} = 1{,}067$$

Dieses ist die konstante Rate, die zum gleichen Gesamtwachstum geführt hätte.

HARMONISCHES MITTEL

Das harmonische Mittel wird zum Beispiel bei der Varianzanalyse eingesetzt, wenn ungleiche Zellenumfänge durch das harmonische Mittel ersetzt werden (siehe Kapitel 10.1.4).

DEFINITION DES HARMONISCHEN MITTELS:

$$\bar{x}_H = \frac{n}{\frac{1}{x_1} + \frac{1}{x_2} + \ldots + \frac{1}{x_n}}$$

Ein praktisches Beispiel ist die Berechnung mittlerer Geschwindigkeiten. Angenommen, Sie fahren die Strecke von Kassel nach Marburg (100 km) mit einer durchschnittlichen Geschwindigkeit von 80 km/h und die Strecke von Marburg nach Frankfurt (ebenfalls 100 km) mit einer solchen von 120 km/h. Falls Sie nun ohne länger nachzudenken die Durchschnittsgeschwindigkeit von Kassel bis Frankfurt mit 100 km/h angeben, liegen Sie falsch.

Hier ist nicht das arithmetische, sondern das harmonische Mittel einzusetzen:

$$\overline{x}_H = \frac{2}{\frac{1}{80} + \frac{1}{120}} = 96$$

Die durchschnittliche Geschwindigkeit für die Gesamtstrecke beträgt also 96 km/h.

Sie haben nämlich insgesamt 200 km zurückgelegt und dabei für das erste Teilstück $\frac{100}{80}$ Stunden verbraucht, für das zweite Teilstück $\frac{100}{120}$ Stunden. Daher berechnet sich die mittlere Geschwindigkeit für die Gesamtstrecke zu

$$\frac{200}{\frac{100}{80} + \frac{100}{120}} = \frac{2}{\frac{1}{80} + \frac{1}{120}}$$

Der rechte Term ist wieder derjenige zur Berechnung des harmonischen Mittels.

2.4.2 DER MEDIAN

Der Median wird bei ordinalskalierten bzw. intervallskalierten, aber nicht normalverteilten Variablen berechnet.

DEFINITION DES MEDIANS:

Der Median ist derjenige Wert, unterhalb und oberhalb dessen jeweils die Hälfte der Messwerte liegen.

Dabei gibt es zwei verschiedene Arten der Berechnung, je nachdem, ob die Messwerte einzeln oder in Form einer Häufigkeitstabelle vorliegen.

Wir betrachten zunächst ein Beispiel zur erstgenannten Möglichkeit. Bei elf Probanden seien zur Lösung einer Aufgabe die folgenden Zeiten (in Sekunden) gemessen worden:

489 113 141 120 217 109 675 218 96 225 132

Es treten zwei Ausreißerwerte auf (489, 675), so dass es sinnvoll erscheint, anstelle des Mittelwerts den gegenüber Ausreißern unempfindlichen Median zu berechnen.

Zu diesem Zweck schreibt man zunächst die Werte der Größe nach sortiert auf:

96 109 113 120 132 141 217 218 225 489 675

Bei einer solch ungeraden Anzahl von Werten ist der Median ein tatsächlich auftretender Wert, nämlich der mittlere Wert der in aufsteigender Reihenfolge sortierten Wertereihe. Im gegebenen Beispiel mit elf Messwerten ist dies der sechste Wert, also der Wert 141:

$$Median = 141$$

Links und rechts von diesem Wert liegen dann gleich viele Werte, nämlich fünf.

Wir wollen der aufsteigend notierten Wertereihe noch einen Wert anfügen:

96 109 113 120 132 141 217 218 225 489 675 690

In diesem Fall einer geraden Anzahl von Werten ist der Median der Mittelwert aus den beiden mittleren Werten, hier also

$$Median = \frac{141 + 217}{2} = 179$$

Es ist offensichtlich, dass der Median gänzlich unempfindlich gegen Ausreißerwerte ist. So ist es zum Beispiel völlig gleichgültig, welchen Wert der größte Messwert annimmt, da der Wert des Medians hiervon unberührt bleibt.

Häufig wird der Median auch bei ordinalskalierten Variablen bestimmt, wobei die Angaben in Form einer Häufigkeitstabelle vorliegen. In einem Fragebogen zur Krankheitsverarbeitung sollten 160 Patienten auf einer Fünferskala angeben, inwieweit sie aktive Anstrengungen zur Lösung ihrer gesundheitlichen Probleme unternehmen. Die entsprechenden Häufigkeiten sind in Tabelle 2.9 wiedergegeben.

aktiv	**Skalenwert**	**Häufigkeit**	**kumulierte Häufigkeit**
gar nicht	1	12	12
wenig	2	25	37
mittelmäßig	3	23	60
ziemlich	4	53	113
sehr stark	5	47	160

Tabelle 2.9: Beobachtete und kumulierte Häufigkeiten

Zusätzlich zu den Häufigkeiten ist jeweils die kumulierte Häufigkeit aufgeführt.

Nach der erläuterten Regel zur Bestimmung des Medians ergibt sich hierfür der Wert 4. Bei insgesamt 160 Werten liegt der Median nämlich, wenn man die Werte aufsteigend sortiert, zwischen dem 80. und 81. Wert. Die kumulierte Häufigkeit zeigt an, dass sowohl der 80. als auch der 81. Wert den Wert 4 haben, womit auch der Median diesen Wert annimmt.

Es dürfte aber unmittelbar klar sein, dass dies ein recht unbrauchbarer, da zu ungenauer Wert ist. Im Falle von solchen gehäuften Daten benutzt man zur genaueren

Bestimmung des Medians eine verfeinerte Formel. Diese gilt für den Fall einer Klassenbreite von 1, wie sie im Beispiel der Tabelle 2.8 gegeben ist (nicht aber etwa im Beispiel der Tabelle 2.6).

BERECHNUNG DES MEDIANS BEI GEHÄUFTEN DATEN:

$$Median = x_m - 0{,}5 + \frac{1}{f_m} \cdot (\frac{n}{2} - F_{m-1})$$

Dabei bezeichnet m die Kategorie, bei welcher der Median liegt. Ferner bedeuten:

x_m	Wert der m-ten Kategorie
f_m	Häufigkeit der m-ten Kategorie
F_{m-1}	kumulierte Häufigkeit bei der Kategorie $m-1$
n	Gesamtsumme der Häufigkeiten

Im gegebenen Beispiel sind die folgenden Werte gegeben:

$$m = 4 \qquad x_m = 4 \qquad f_4 = 53 \qquad F_3 = 60 \qquad n = 160$$

Damit ergibt sich für den Median

$$Median = 4 - 0{,}5 + \frac{1}{53} \cdot (\frac{160}{2} - 60) = 3{,}877$$

Bezeichnet man die Anzahl der Kategorien mit k, so würde sich der Mittelwert aller Werte nach folgender Formel errechnen:

$$\overline{x} = \frac{\sum\limits_{m=1}^{k} f_m \cdot x_m}{n}$$

Dies ergibt im gegebenen Beispiel

$$\overline{x} = \frac{578}{160} = 3{,}613$$

Der Mittelwert ist also kleiner als der Median, was bei einer rechtsgipfligen Verteilung wie im gegebenen Beispiel stets der Fall ist. Bei einer linksgipfligen Verteilung ist der Mittelwert größer als der Median.

2.5 DISPERSIONSPARAMETER

Während die Lokalisationsparameter die Lage einer Verteilung oder ihre zentrale Tendenz beschreiben, kennzeichnen die Dispersionsparameter oder Streuungsmaße die Breite einer Verteilung.

Das einfachste Streuungsmaß, *Spannweite* genannt, ist die Differenz zwischen größtem und kleinstem Wert:

$$Spannweite = Maximum - Minimum$$

Der Nachteil dieses Streuungsmaßes ist, dass es lediglich auf den beiden Extremwerten basiert und somit höchst unsicher ist; es sagt zudem nichts über die dazwischen liegenden Werte aus. Daher wurden, je nach Messniveau, aussagekräftigere Streuungsmaße entwickelt.

2.5.1 STANDARDABWEICHUNG UND STANDARDFEHLER

Die *Standardabweichung* als gebräuchlichstes Streuungsmaß wird bei intervallskalierten und normalverteilten Variablen berechnet. Man erhält sie, indem man die Summe der quadratischen Abweichungen aller Messwerte vom Mittelwert bildet, diese durch die um 1 verminderte Fallzahl teilt und hieraus die Wurzel zieht.

Liegen also n Messwerte $x_1, x_2, ..., x_n$ vor, so ist deren Standardabweichung wie folgt definiert.

DEFINITION DER STANDARDABWEICHUNG:

$$s = \sqrt{\frac{\sum_{i=1}^{n}(x_i - \overline{x})^2}{n-1}}$$

In vielen Lehrbüchern wird diese Formel nicht mit $n - 1$ im Nenner, sondern mit n angegeben. Die hier dargestellte Form mit $n - 1$ ist dann zu verwenden, wenn die Daten eine Stichprobe darstellen, mit der die Standardabweichung in der zugehörigen Grundgesamtheit (siehe Kapitel 5) geschätzt werden soll. Diese Form wird in der analytischen Statistik bevorzugt und ist daher auch in Statistikprogrammen wie SPSS so eingestellt. Zumindest bei größerem n ist der Unterschied der Ergebnisse der beiden Formeln vernachlässigbar.

Je mehr also die einzelnen Messwerte von ihrem Mittelwert abweichen, desto größer wird die Standardabweichung. Zur praktischen Berechnung der Standardabweichung benutzt man eine modifizierte Formel.

MODIFIZIERTE FORMEL ZUR BERECHNUNG DER STANDARDABWEICHUNG:

$$s = \sqrt{\frac{\sum_{i=1}^{n} x_i^2 - \frac{(\sum_{i=1}^{n} x_i)^2}{n}}{n-1}}$$

Als Rechenbeispiel sollen die Altersangaben aus Kapitel 2.4.1 dienen. Diese Werte ($n = 12$) sind zusammen mit den quadrierten Werten in Tabelle 2.10 eingetragen.

	x_i	x_i^2
	40	1600
	37	1369
	67	4489
	23	529
	45	2025
	39	1521
	29	841
	51	2601
	56	3136
	24	576
	42	1764
	38	1444
Summe	491	21895

Tabelle 2.10: Summe und Quadratsumme

Damit ergibt sich für die Standardabweichung

$$s = \sqrt{\frac{21895 - \frac{491^2}{12}}{12 - 1}} = 12{,}81$$

Beim Vergleich zweier Standardabweichungen miteinander ist zu beachten, dass dieser nur bei ähnlichen Mittelwerten sinnvoll ist. So hat eine Standardabweichung von 1 natürlich eine unterschiedliche Gewichtung, je nachdem, ob die zugehörigen Mittelwerte beispielsweise 10 oder 100 sind.

Eine Relativierung der Standardabweichung s am Mittelwert $\overline{x}$ führt zur Definition des *Variationskoeffizienten* V.

DEFINITION DES VARIATIONSKOEFFIZIENTEN:

$$V = \frac{s}{\overline{x}}$$

In unserem Beispiel der Altersangaben ergibt sich

$$V = \frac{12{,}81}{40{,}9} = 0{,}313$$

Der Variationskoeffizient ist also dann nützlich, wenn Standardabweichungen zwischen Stichproben mit verschiedenen Mittelwerten verglichen werden sollen.

In manchen Zusammenhängen wird anstelle der Standardabweichung der Begriff *Varianz* verwendet; diese ist das Quadrat der Standardabweichung.

DEFINITION DER VARIANZ:

$$Varianz = \frac{\sum_{i=1}^{n} (x_i - \overline{x})^2}{n-1}$$

BERECHNUNG EINER GEMEINSAMEN STANDARDABWEICHUNG

Ähnlich wie beim Mittelwert kann man auch an verschiedenen Stichproben gewonnene Standardabweichungen zu einer gemeinsamen Standardabweichung zusammenführen. Die entsprechende Formel lautet

$$s = \sqrt{\frac{1}{N-1} \cdot \left[\sum_{j=1}^{k} \left((n_j - 1) \cdot s_j^2 \right) + \sum_{j=1}^{k} \left(n_j \cdot (\overline{x}_j - \overline{x})^2 \right) \right]}$$

Dabei bedeuten:

k	Anzahl der Stichproben
n_j	Umfänge der Stichproben
$\overline{x}_j$	Mittelwerte der Stichproben
s_j	Standardabweichungen der Stichproben
$\overline{x}$	Gesamtmittelwert der Stichproben

N ist die Summe der Stichprobenumfänge:

$$N = \sum_{j=1}^{k} n_j$$

Der Rechengang soll anhand eines einfachen Beispiels mit zwei Stichproben gezeigt werden. Gegeben seien

$$\overline{x}_1 = 30 \qquad \overline{x}_2 = 25 \qquad s_1 = 5 \qquad s_2 = 4 \qquad n_1 = 22 \qquad n_2 = 24$$

Der gemeinsame Mittelwert $\overline{x}$ berechnet sich nach Kapitel 2.4.1 zu

$$\overline{x} = \frac{22 \cdot 30 + 24 \cdot 28}{22 + 24} = 28{,}96$$

Die weiteren benötigten Zwischenergebnisse sind in Tabelle 2.11 eingetragen.

j	n_j	s_j^2	$(n_j - 1) \cdot s_j^2$	$(\overline{x}_j - \overline{x})^2$	$n_j \cdot (\overline{x}_j - \overline{x})^2$
1	22	25	525	1,081	23,782
2	24	16	368	0,922	22,128
Summe	46		893		45,910

Tabelle 2.11: Rechenschritte zur gemeinsamen Standardabweichung

Hiermit ergibt sich

$$s = \sqrt{\frac{1}{45} \cdot (893 + 45{,}910)} = 4{,}57$$

Die anschauliche Bedeutung der Standardabweichung ergibt sich aus einer Faustregel: Im Intervall von $\overline{x} - s$ bis $\overline{x} + s$ liegen etwa zwei Drittel (67 %) aller Werte, im Intervall von $\overline{x} - 2 \cdot s$ bis $\overline{x} + 2 \cdot s$ etwa 95 % aller Werte.

Die Standardabweichung erlaubt über die Angabe eines so genannten *Konfidenzintervalls* auch eine Voraussage über den Mittelwert der betreffenden Grundgesamtheit (siehe Kapitel 6). In diesem Zusammenhang wird ein etwas modifiziertes Streuungsmaß eingeführt, der *Standardfehler des Mittelwerts* oder kurz *Standardfehler*.

DEFINITION DES STANDARDFEHLERS:

$$s_m = \frac{s}{\sqrt{n}}$$

Näheres hierzu wird in Kapitel 6 erläutert. In Veröffentlichungen sollte man sich entscheiden, ob man die Standardabweichung s oder den Standardfehler s_m publiziert, da die Angabe von zwei Streuungsmaßen redundant ist.

2.5.2 DER QUARTILABSTAND

Der Median ist nach seiner in Kapitel 2.4.2 gegebenen Definition derjenige Wert, unterhalb und oberhalb dessen jeweils 50 % der Werte liegen. Zwei weitere ausgezeichnete Punkte der Messwertskala sind das 1. Quartil (Q1) und das 3. Quartil (Q3).

DEFINITION DER QUARTILE:

Unterhalb des 1. Quartils liegen 25 % der Werte, unterhalb des 3. Quartils 75 %.

Das 1. Quartil, der Median (auch 2. Quartil genannt) und das 3. Quartil teilen die Messwertskala also in vier Teile mit gleichen Häufigkeiten ein. Der Abstand zwischen

$Q1$ und $Q3$ (der die mittleren 50 % der Werte abdeckt) ist also offensichtlich ein Maß für die Streuung der Werte. In der Praxis benutzt man allerdings den mittleren Quartilabstand.

DEFINITION DES MITTLEREN QUARTILABSTANDS:

$$QA = \frac{Q3 - Q1}{2}$$

Der mittlere Quartilabstand als Streuungsmaß wird sinnvollerweise genau dort verwendet, wo anstelle des Mittelwerts der Median als Lokalisationsparameter benutzt wird. Als Rechenbeispiel betrachten wir noch einmal das Beispiel der gehäuften Daten in Tabelle 2.9.

Da die Fallzahl $n = 160$ beträgt, ist die Stellung des 1. Quartils wegen

$$\frac{n}{4} = \frac{160}{4} = 40$$

beim 3. Skalenwert festgelegt. Analog wie beim Median gibt es zur genaueren Bestimmung des 1. Quartils eine entsprechende Formel:

BERECHNUNG DES 1. QUARTILS BEI GRUPPIERTEN DATEN:

$$Q1 = x_m - 0{,}5 + \frac{1}{f_m} \cdot (\frac{n}{4} - F_{m-1})$$

Die Bedeutung der einzelnen Größen ist bei der Medianformel in Kapitel 2.4.2 angegeben. Im vorliegenden Beispiel sind die folgenden Werte gegeben:

$$m = 3 \qquad x_m = 3 \qquad f_3 = 23 \qquad F_2 = 37 \qquad n = 160$$

Damit ergibt sich

$$Q1 = 3 - 0{,}5 + \frac{1}{23} \cdot (\frac{160}{4} - 37) = 2{,}630$$

Das 3. Quartil ist festgelegt bei

$$\frac{3 \cdot n}{4} = \frac{3 \cdot 160}{4} = 120$$

und damit beim 5. Skalenwert.

Für das 3. Quartil existiert eine entsprechende Formel wie für das 1. Quartil.

Berechnung des 3. Quartils bei gruppierten Daten:

$$Q3 = x_m - 0{,}5 + \frac{1}{f_m} \cdot (\frac{3 \cdot n}{4} - F_{m-1})$$

Im vorliegenden Beispiel gilt

$$m = 5 \qquad x_m = 5 \qquad f_5 = 47 \qquad F_4 = 113 \qquad n = 160$$

Damit erhält man

$$Q3 = 5 - 0{,}5 + \frac{1}{47} \cdot (\frac{3 \cdot 160}{4} - 113) = 4{,}649$$

Der mittlere Quartilabstand wird damit

$$QA = \frac{Q3 - Q1}{2} = \frac{4{,}649 - 2{,}630}{2} = 1{,}010$$

Bei nicht gruppierten Werten, also intervallskalierten Variablen, werden $Q1$ und $Q3$ ähnlich wie beim Median durch Auszählen bestimmt.

2.6 Grafiken

Ein wesentlicher Aspekt der deskriptiven Statistik ist die Visualisierung von Häufigkeitstabellen, statistischer Kennwerte oder von Zusammenhängen zwischen zwei Variablen in Form geeigneter Grafiken. So wird ein Computerprogramm zur Statistik auch danach beurteilt, wie komfortabel seine grafischen Möglichkeiten sind.

Bei der Erstellung von Grafiken sind der Fantasie fast keine Grenzen gesetzt und häufig gibt es prinzipiell mehr als eine Möglichkeit der passenden Darstellung. Da erfahrungsgemäß die verschiedenen Arten von Diagrammen allgemein recht gut bekannt sind, sollen nur kurz die gängigsten Grafiktypen vorgestellt werden.

Fast alle Grafiken in diesem Buch sind mit dem Statistikprogramm SPSS erstellt. Was die Qualität der Diagramme angeht, werden besonders die Statistikprogramme Statistica und Systat gelobt; auch das Tabellenkalkulationsprogramm Excel liefert gute Grafiken.

Im Folgenden werden die häufigsten Diagrammarten vorgestellt: Balkendiagramme, Kreisdiagramme, Liniendiagramme, Histogramme, Boxplots und Streudiagramme.

2.6.1 Balkendiagramme

Häufigkeiten der Kategorien einer nominal- oder ordinalskalierten Variablen oder die Mittelwerte einer nach einer Gruppierungsvariablen aufgesplitteten intervallskalierten Variablen werden gerne in einem Balkendiagramm dargestellt.

Insgesamt 106 Probanden wurden einem Zahlengedächtnistest unterzogen. Es wurde festgestellt, wie viele vorgesagte Ziffern ein Proband maximal in umgekehrter Reihenfolge aufsagen konnte (siehe Tabelle 2.12).

Anzahl der Ziffern	Häufigkeit
4	11
5	22
6	25
7	28
8	14
9	6

Tabelle 2.12: Ergebnisse eines Zahlengedächtnistests

Diese Häufigkeiten können in einem Balkendiagramm aufgetragen werden, wobei die Länge der Balken die Häufigkeitsverhältnisse widerspiegelt.

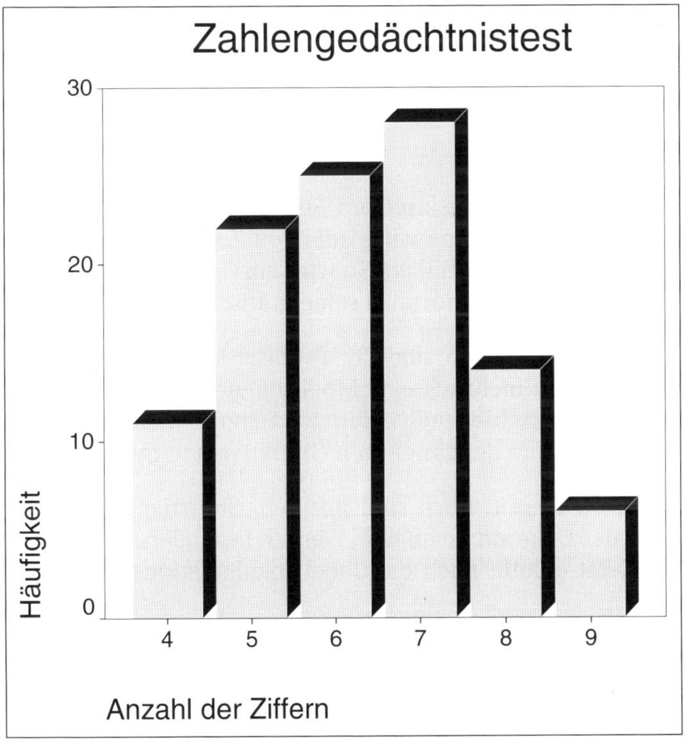

Abbildung 2.1: Balkendiagramm

Ob absolute oder prozentuale Häufigkeiten dargestellt werden, ist letztlich gleichgültig, da es beim optischen Eindruck lediglich auf die relative Länge der Balken zueinander ankommt. Unbedingt sollte darauf geachtet werden, dass die Skalierung der senkrechten Achse bei null beginnt.

2.6.2 KREISDIAGRAMME

Prozentuale Häufigkeiten von kategorialen Variablen stellt man häufig in Form von Kreisdiagrammen dar. Voraussetzung dafür ist, dass sich diese Häufigkeiten sinnvoll zu hundert Prozent addieren lassen. Abbildung 2.2 zeigt die prozentualen Anteile verschiedener Rauchgewohnheiten, wie sie sich aufgrund einer entsprechenden Befragung ergaben.

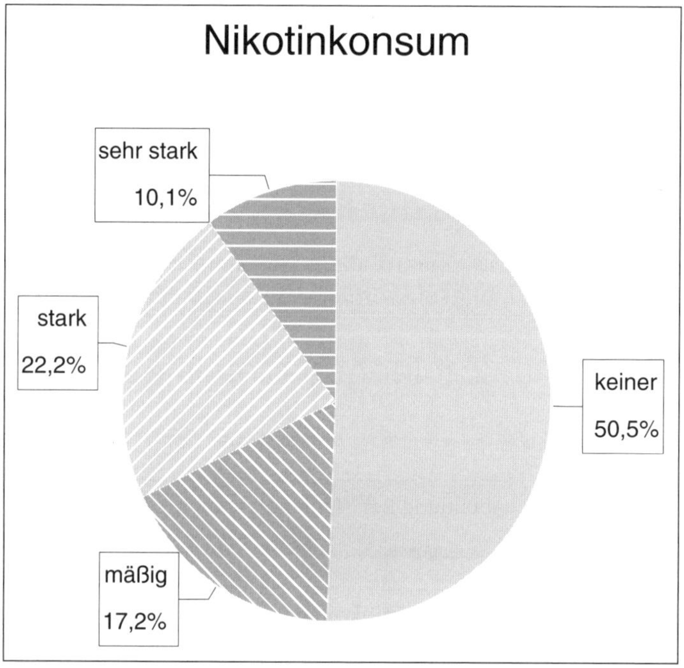

Abbildung 2.2: Kreisdiagramm

Man nennt Kreisdiagramme auch Torten- bzw. Kuchendiagramme. Schwierigkeiten bereiten diese Diagramme bei der Darstellung sehr kleiner Häufigkeiten, da dann die entsprechenden Tortenstücke sehr schmal werden.

2.6.3 LINIENDIAGRAMME

Liniendiagramme kommen in der Regel dann zum Einsatz, wenn zeitliche Verläufe dargestellt werden sollen. In Abbildung 2.3 sind die mittleren Werte eines Konzentrationsleistungstests dargestellt, die an fünf Tagen in einer Versuchs- und Kontrollgruppe ermittelt wurden.

Eine Variante sind die Flächendiagramme, bei denen die Fläche unter der Linie ausgefüllt wird.

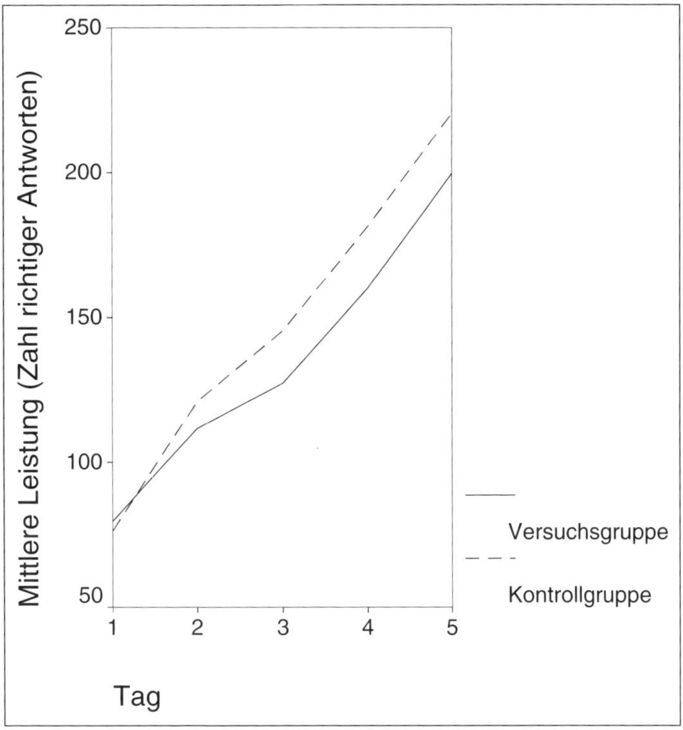

Abbildung 2.3: Liniendiagramm

2.6.4 HISTOGRAMME

Mit Histogrammen stellt man die Häufigkeitsverteilungen von intervallskalierten Variablen dar. Die gegebenen Werte werden in Klassen eingeteilt; anschließend werden die Klassenhäufigkeiten als Balken gezeichnet. Im Unterschied zu den Balkendiagrammen wird dabei zwischen den Balken kein Zwischenraum gelassen. Ein Beispiel eines Histogramms ist in Abbildung 4.1 wiedergegeben.

2.6.5 BOXPLOTS

Eine sehr beliebte Art, den Median und die beiden Quartile von intervallskalierten Variablen darzustellen, ist das Zeichnen so genannter Boxplots. Als Beispiel sei die Anzahl der vor dem Computer verbrachten Wochenstunden dargestellt, wie sie sich, getrennt nach Fächergruppen, in einer Umfrage an einer Universität ergab (s. Abbildung 2.4).

Die untere und obere Linie markieren den kleinsten und größten Wert, die untere Begrenzung der Box ist das 1. Quartil (Q1), die obere Begrenzung das 3. Quartil (Q3). Die mittlere Linie kennzeichnet den Median.

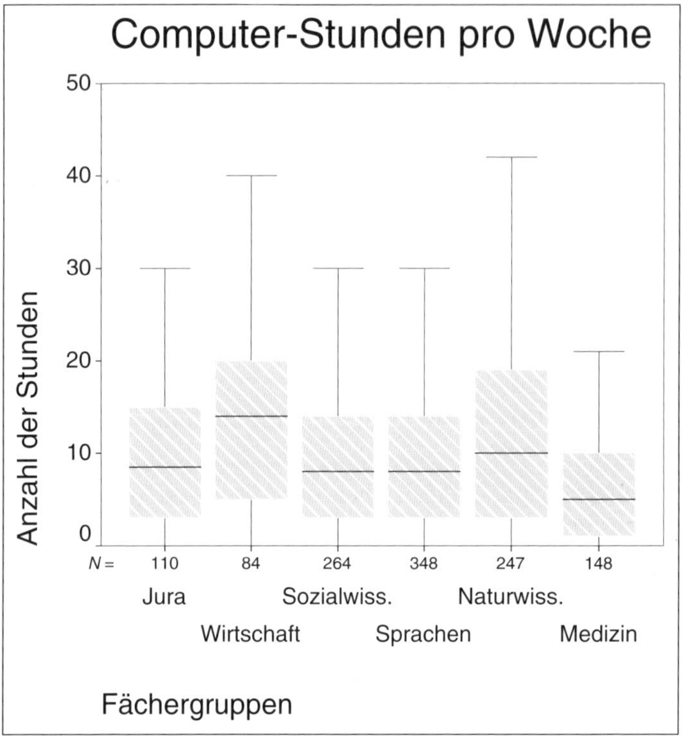

Abbildung 2.4: Boxplots

2.6.6 STREUDIAGRAMME

Äußerst sinnvoll ist es, den Zusammenhang zwischen zwei intervallskalierten Variablen in Form eines Streudiagramms darzustellen. Mehr als der bloße Korrelationskoeffizient nämlich gibt die Form der aufgezeigten Punktwolke Aufschluss über die Stärke und Form des Zusammenhangs. Bei deutlichem linearem Zusammenhang macht es Sinn, auch die Regressionsgerade mit einzuzeichnen. Auf der y-Achse trägt man, falls diese Unterscheidung sinnvoll ist, die abhängige und auf der x-Achse die unabhängige Variable ab. Beispiele für Streudiagramme sind die Abbildungen 8.1 bis 8.4.

2.7 ZUSAMMENFASSUNG

- Das Messen von Variablen ist die Zuordnung von Zahlen zu Fakten.
- Variablen werden nach vier verschiedenen Skalenniveaus eingeteilt: Nominalniveau, Ordinalniveau, Intervallniveau und Verhältnisniveau.
- Die Auswertung von nominalskalierten Variablen erfolgt in Form von Häufigkeitstabellen mit beobachteten und prozentualen Häufigkeiten.
- Bei ordinalskalierten Variablen lassen sich zusätzlich kumulierte Häufigkeiten berechnen.
- Bei intervallskalierten Variablen kann die Bildung von Klassen sinnvoll sein.
- Als Lokalisationsparameter stehen der Mittelwert (arithmetisches, geometrisches und harmonisches Mittel) und der Median zur Verfügung.
- Die wichtigsten Dispersionsparameter (Streuungsmaße) sind Standardabweichung, Standardfehler, Variationskoeffizient, Varianz und Quartilabstand.
- Die gängigsten Möglichkeiten der grafischen Aufbereitung sind Balkendiagramme, Kreisdiagramme, Liniendiagramme, Histogramme, Boxplots und Streudiagramme.

2.8 ÜBUNGEN

1. Bestimmen Sie das Skalenniveau der folgenden Variablen.

   Religionsgemeinschaft: 1 = evangelisch, 2 = katholisch, 3 = sonstige christliche Gemeinschaft, 4 = andere Religionen, 5 = ohne Religionsgemeinschaft

   Bei Problemen aktive Anstrengungen zur Lösung suchen: 1 = gar nicht, 2 = wenig, 3 = mittelmäßig, 4 = ziemlich, 5 = sehr stark

   Gründe für Schlafstörungen: 1 = Probleme, 2 = Geräusche, 3 = Tagesereignisse, 4 = ungewohnte Umgebung, 5 = sonstige

   Wetter (1. Variante): 1 = Sonne, 2 = Wolken, 3 = leicht bewölkt

   Wetter (2. Variante): 1 = Sonne, 2 = leicht bewölkt, 3 = Wolken

2. In einem Wortgedächtnistest sollten sich zehn Probanden von dreißig vorgegebenen Wörtern möglichst viele merken. Die folgenden Leistungen wurden erzielt:

   7, 11, 19, 16, 14, 15, 9, 12, 16, 11

   Berechnen Sie Mittelwert, Standardabweichung, den Standardfehler und den Variationskoeffizienten.

3. In einer Bevölkerungsumfrage wurde unter anderem die folgende Frage gestellt: „Haben Sie Vertrauen in die Arbeit der Polizei?" Die Antwort sollte auf einer Skala von 1 = gar kein Vertrauen bis 7 = großes Vertrauen gegeben werden. Die Befragungshäufigkeiten von Personen mit Hauptschulabschluss und Personen mit Abitur sind in der folgenden Tabelle zusammengestellt.

Skalenwert	**Hauptschule**	**Abitur**
1	8	2
2	17	8
3	62	26
4	133	60
5	175	99
6	171	50
7	82	16

Berechnen Sie für beide Personengruppen den Median und die beiden Quartile Q_1 und Q_3.

3 WAHRSCHEINLICHKEITSRECHNUNG

Lernziele:

- ➔ klassische und statistische Definition der Wahrscheinlichkeit
- ➔ grundlegende Gesetze der Wahrscheinlichkeitsrechnung
- ➔ bedingte Wahrscheinlichkeiten
- ➔ Theorem von Bayes
- ➔ Theorem der totalen Wahrscheinlichkeit
- ➔ Kombinatorik

Wohl in kaum einem Feld der Wissenschaft ist logisches Denken so gefragt wie auf dem Gebiet der Wahrscheinlichkeitsrechnung. Bei wahrscheinlichkeitstheoretischen Überlegungen lauern Fallstricke überall und selbst versierte Mathematiker fallen hin und wieder Trugschlüssen zum Opfer. Zunächst sollten Sie Folgendes verinnerlichen:

> Die Wahrscheinlichkeit eines Ereignisses ist eine Zahl zwischen 0 und 1, wobei der Wert 0 einem unmöglichen Ereignis und der Wert 1 einem sicheren Ereignis zugeordnet wird und Zwischenwerte zufällige Ereignisse bezeichnen. Ereignisse mit einer Wahrscheinlichkeit nahe 0 werden umgangssprachlich als unwahrscheinlich, Ereignisse mit einer Wahrscheinlichkeit nahe 1 umgangssprachlich als wahrscheinlich bezeichnet.
>
> Im Zusammenhang mit praktischen Anwendungen in der Statistik ist meist von der so genannten *Irrtumswahrscheinlichkeit* die Rede, und zwar nennt man Aussagen, die eine Irrtumswahrscheinlichkeit $\leq 0{,}05$ haben, *signifikant*.

Kenntnisse auf dem faszinierenden Gebiet der Wahrscheinlichkeitsrechnung sind immer nützlich; zumindest bei solch wichtigen Beschäftigungen wie dem Würfel- oder Kartenspiel, Backgammon oder Roulette kommen Kenntnisse aus der Wahrscheinlichkeitsrechnung sehr gelegen. Und Sie werden nicht mehr den beiden folgenden populären Irrtümern erliegen:

- Im Lotto „6 aus 49“ gibt es 13 983 816 Möglichkeiten (in Kapitel 3.6.3 wird das ausgerechnet). Wenn ich also jede Woche eine andere Reihe tippe, habe ich in spätestens 13 983 816/52 = 268 919 Jahren sechs Richtige.
- Wenn ich Roulette spiele, warte ich, bis mehrmals hintereinander „Rot“ kommt, und setze dann auf „Schwarz“, da sich nach dem Gesetz der großen Zahl die Wahrscheinlichkeit für „Schwarz“ erhöht hat.

Das alles sind Beispiele aus der Welt des Glücksspiels, und in der Tat reichen die Anfänge der modernen Wahrscheinlichkeitsrechnung bis in das 17. Jahrhundert zurück, als der berühmte Mathematiker Blaise Pascal um Rat zu einem Würfelspiel gefragt wurde, das damals in Frankreich insbesondere von adeligen Müßiggängern gepflegt wurde.

Bei diesem geistreichen Spiel machte ein Spieler vier Würfe. Kam dabei keine Sechs, hatte er gewonnen; kam dagegen eine Sechs, gewann die Bank. Wie bekannt war, bevorzugte dieses Spiel auf lange Sicht etwas die Bank. Da Banken von irgendetwas leben müssen, wurde dies auch so akzeptiert.

Um das Spiel aber etwas spannender zu gestalten, wurde die folgende Variante vorgeschlagen: Es wird mit zwei Würfeln gespielt, und zwar nicht vier-, sondern vierundzwanzigmal; kommt dabei keine Doppelsechs, gewinnt der Spieler, sonst die Bank. Man behauptete, diese Variante würde die Chancen gleich lassen, denn die Wahrscheinlichkeit für eine Doppelsechs betrage 1/6 der Wahrscheinlichkeit für eine Sechs, so dass zum Ausgleich sechsmal so oft geworfen werden müsse. Nun allerdings verlor die Bank auf lange Sicht, so dass der große Pascal für Klärung sorgen musste.

Andere Mathematiker wie der Italiener Geronimo Cardano (1501–1576), der das nach ihm benannte Kardangelenk erfand und sich als Erster intensiv mit der Wahrscheinlichkeitsrechnung befasste, oder sogar der berühmte Gottfried Wilhelm Leibniz (1646–1716), unter anderem der Entwickler des binären Zahlensystems, bissen sich an wahrscheinlichkeitstheoretischen Überlegungen schon mal die Zähne aus.

3.1 Klassische Definition der Wahrscheinlichkeit

Wir kommen auf das Würfelproblem später zurück und wollen uns zunächst mit einigen grundlegenden Begriffen befassen. Und schon sind wir wieder beim Würfel angelangt.

Beim Würfeln ist zum Beispiel die Wahrscheinlichkeit, eine Sechs zu würfeln, auch für mathematisch Ungeübte leicht abzuschätzen: Gleichmäßigkeit des Würfels vorausgesetzt, wird man wegen der sechs Seiten des Würfels seine Chancen als 1/6 angeben. Der Mannschaftsführer einer Fußballmannschaft wird seine Chancen, beim Münzwurf die Seitenwahl zu gewinnen, als 1/2 abschätzen. Und ein Kartenspieler wird die Chance, aus einem 32-Blatt-Spiel ein As zu ziehen, auf 4/32 = 1/8 beziffern.

In allen diesen Beispielen kann man die Wahrscheinlichkeiten der angegebenen *Ereignisse* aufgrund einfacher Überlegungen von vornherein berechnen. Offensichtlich erhält man die Wahrscheinlichkeit, indem man die Anzahl der für das Ereignis *günstigen* Fälle (in den angeführten Beispielen der Reihe nach 1, 1 und 4) durch die Anzahl der *möglichen* Fälle (hier 6, 2 bzw. 32) teilt. So erhält man für die Wahrscheinlichkeit eines Ereignisses eine Zahl zwischen den beiden einschließlichen Grenzen 0 und 1. Diese so formulierte Definition nennt man die *klassische* Definition der Wahrscheinlichkeit.

Die Wahrscheinlichkeit bezeichnet man mit dem Buchstaben p, der vom lateinischen Wort „probabilitas“ stammt. Etwas genauer gesagt, bezeichnet man die Wahrscheinlichkeit eines Ereignisses E mit $p(E)$. Die bisher eingeführten Definitionen und einige weitere seien im Folgenden zusammengestellt.

DEFINITION DES EREIGNISSES:

Ein Ereignis ist der Ausgang eines unter bestimmten Bedingungen durchgeführten Versuchs (eines Experiments, einer Beobachtung usw.).

EINFÜHRUNG DES BEGRIFFS „WAHRSCHEINLICHKEIT“:

Jedem Ereignis E ist eine Zahl $p(E)$ mit $0 \leq p(E) \leq 1$ zugeordnet, die als Wahrscheinlichkeit dieses Ereignisses bezeichnet wird.

KLASSISCHE DEFINITION DER WAHRSCHEINLICHKEIT:

$$p(E) = \frac{\text{Anzahl der für } E \text{ günstigen Fälle}}{\text{Anzahl der insgesamt möglichen Fälle}}$$

DEFINITION DES ZUFÄLLIGEN EREIGNISSES:

Ein zufälliges Ereignis ist ein Ereignis, das bei einem unter bestimmten Bedingungen ausgeführten Versuch eintreten kann, aber nicht eintreten muss. Für seine Wahrscheinlichkeit gilt

$$0 < p(E) < 1$$

DEFINITION DES SICHEREN EREIGNISSES:

Ein sicheres Ereignis ist ein Ereignis, das jedes Mal eintritt, wenn der Versuch durchgeführt wird. Seine Wahrscheinlichkeit ist

$$p(E) = 1$$

DEFINITION DES UNMÖGLICHEN EREIGNISSES:

Ein unmögliches Ereignis ist ein Ereignis, das bei einem durchgeführten Versuch nicht eintreten kann. Seine Wahrscheinlichkeit ist

$$p(E) = 0$$

Ein unmögliches Ereignis beim Würfeln ist zum Beispiel das Würfeln einer Sieben; diese Zahl ist nämlich auf einem Würfel nicht vorhanden, so dass die Anzahl der für das Ereignis günstigen Fälle 0 ist. Ein sicheres Ereignis ist, dass eine der Zahlen Eins bis Sechs gewürfelt wird. Hier ist die Anzahl der günstigen gleich der Anzahl der möglichen Fälle und somit die Wahrscheinlichkeit des Ereignisses gleich 1.

3.2 GESETZE DER WAHRSCHEINLICHKEITSRECHNUNG

Beim Roulette gibt es bekanntlich 37 Zahlen: die „farblose" Ziffer 0 und die Zahlen 1 bis 36, von denen jeweils 18 Zahlen rot und 18 Zahlen schwarz sind.

Die Wahrscheinlichkeit, dass eine rote Zahl gewinnt, ist demnach

$$p = \frac{18}{37} = 0{,}486$$

Ebenso groß ist die Wahrscheinlichkeit dafür, dass eine schwarze Zahl gewinnt. Die Wahrscheinlichkeit, dass eine rote oder schwarze Zahl gewinnt, ist

$$p = \frac{36}{37} = 0{,}973$$

Die Anzahl der günstigen Fälle beträgt nämlich 36. Diese Wahrscheinlichkeit kann man auch als Summe der Wahrscheinlichkeiten für Rot und Schwarz erhalten:

$$p = \frac{18}{37} + \frac{18}{37} = \frac{36}{37}$$

Rot und Schwarz sind bei einem Roulettedurchgang zwei sich einander ausschließende Ereignisse. Die Wahrscheinlichkeit, dass eines dieser beiden Ereignisse (gleich welches) eintritt, ist offenbar gleich der Summe der beiden Einzelwahrscheinlichkeiten. Vor der etwas genaueren Formulierung dieser Gesetzmäßigkeit sei eine weitere Definition genannt.

DEFINITION DER VEREINIGUNG ZWEIER EREIGNISSE:

Die Vereinigung zweier Ereignisse E_1 und E_2, geschrieben $E_1 \cup E_2$ (gelesen: E_1 vereinigt mit E_2), ist das Ereignis, das eintritt, wenn entweder E_1 oder E_2 eintritt oder E_1 und E_2 zusammen eintreten.

Entsprechendes gilt sinngemäß für mehrere Ereignisse $E_1, \ldots, E_k$.

Mit dieser Definition lässt sich der folgende elementare Satz der Wahrscheinlichkeitsrechnung formulieren.

ADDITIONSSATZ DER WAHRSCHEINLICHKEITSRECHNUNG:

Die Wahrscheinlichkeit von k Ereignissen, die einander wechselseitig ausschließen, ist gleich der Summe der Wahrscheinlichkeiten dieser Ereignisse:

$$p(E_1 \cup E_2 \cup \ldots \cup E_k) = p(E_1) + p(E_2) + \ldots + p(E_k)$$

Entscheidend für die Gültigkeit dieses Satzes ist, dass sich die Ereignisse gegenseitig ausschließen müssen. So schließen bei einem Roulettedurchgang die Ereignisse „Rot“ und „Schwarz“ einander aus, so dass man ihre Wahrscheinlichkeiten addieren kann, um die Wahrscheinlichkeit für das Ereignis „Rot oder Schwarz“ zu erhalten.

Nimmt man aber zwei aufeinander folgende Roulettedurchgänge, so schließen die Ereignisse „Rot im ersten Durchgang“ und „Rot im zweiten Durchgang“ einander nicht aus. Möchten Sie also die Wahrscheinlichkeit dafür ermitteln, dass in mindestens einem Durchgang Rot gewinnt, so ist es falsch, die beiden Wahrscheinlichkeiten von je 18/37 zu 36/37 zu addieren. Wie es richtig ist, wird noch gezeigt.

Der Additionssatz der Wahrscheinlichkeitsrechnung wird auch als das dritte Kolmogorov-Axiom bezeichnet. Das erste Axiom ist die Festlegung der Wahrscheinlichkeit eines Ereignisses als Zahl zwischen 0 und 1, das zweite Axiom die Festlegung der Zahl 1 für die Wahrscheinlichkeit des sicheren Ereignisses. So kann man die Wahrscheinlichkeit auch als Maß definieren, welches die Kolmogorov-Axiome erfüllt.

Nach der Vereinigung zweier Ereignisse soll nun der *Durchschnitt* zweier Ereignisse definiert werden. Dabei ist diese Definition sinngemäß auf beliebig viele Ereignisse erweiterbar.

DEFINITION DES DURCHSCHNITTS ZWEIER EREIGNISSE:

Der Durchschnitt zweier Ereignisse E_1 und E_2, geschrieben $E_1 \cap E_2$ (gelesen: E_1 geschnitten mit E_2), ist das Ereignis, das eintritt, wenn sowohl E_1 als auch E_2 eintritt.

Hiermit lässt sich der Multiplikationssatz der Wahrscheinlichkeitsrechnung formulieren.

MULTIPLIKATIONSSATZ DER WAHRSCHEINLICHKEITSRECHNUNG:

Die Wahrscheinlichkeit des Durchschnitts von k Ereignissen, die wechselseitig voneinander unabhängig sind, ist gleich dem Produkt der Wahrscheinlichkeiten dieser Ereignisse:

$$p(E_1 \cap E_2 \cap \ldots \cap E_k) = p(E_1) \cdot p(E_2) \cdot \ldots \cdot p(E_k)$$

Die entscheidende Voraussetzung in diesem Satz ist die Unabhängigkeit der Ereignisse. Betrachtet man zwei aufeinander folgende Durchgänge im Roulette, so sind die Ereignisse „Rot im ersten Durchgang“ und „Rot im zweiten Durchgang“ zwei voneinander unabhängige Ereignisse. Die Roulettekugel hat schließlich kein Gedächtnis, so dass sie sich nicht merken kann, was im vorhergehenden Durchgang passiert war. Die Wahrscheinlichkeit für das Ereignis „Rot“ ist somit immer 18/37, gleichgültig, welche Zahlen vorher erschienen sind.

Die Nichtbeachtung dieses eigentlich einleuchtenden Sachverhalts ist das Unglück vieler Roulettespieler, die unter Fehlinterpretation des so genannten „Gesetzes der großen Zahl“ glauben, nach einer längeren Serie einer Farbe sei die Wahrscheinlichkeit für die andere Farbe gestiegen. Alle hierauf aufbauenden Spielsysteme kann man getrost vergessen.

Nach dem Multiplikationssatz der Wahrscheinlichkeitsrechnung ist die Wahrscheinlichkeit dafür, dass zweimal hintereinander Rot gewinnt

$$p = \frac{18}{37} \cdot \frac{18}{37} = 0{,}237$$

Die Wahrscheinlichkeit, dass zehnmal hintereinander Rot gewinnt, beträgt

$$p = \left(\frac{18}{37}\right)^{10} = 0{,}0007$$

Schließlich soll noch das *komplementäre Ereignis* definiert werden.

Definition des komplementären Ereignisses:

Das zu einem Ereignis E komplementäre Ereignis $\overline{E}$ ist das Ereignis, das eintritt, wenn E nicht eintritt:

$$p(\overline{E}) = 1 - p(E)$$

Mit Hilfe der Definition des Komplementärereignisses ist es möglich, die Wahrscheinlichkeit dafür zu berechnen, dass in zwei aufeinander folgenden Durchgängen mindestens einmal Rot gewinnt. Die einfache Berechnung zu $2 \cdot 18/37 = 0{,}9730$ hatten wir bereits als falsch erkannt.

Die Wahrscheinlichkeit, dass im ersten Durchgang Rot nicht gewinnt, beträgt

$$p = \frac{19}{37}$$

Nach dem Multiplikationssatz ist dann die Wahrscheinlichkeit dafür, dass Rot weder im ersten noch im zweiten Durchgang gewinnt

$$p = \left(\frac{19}{37}\right)^2 = 0{,}264$$

Die Komplementärwahrscheinlichkeit hierzu ist die Wahrscheinlichkeit dafür, dass Rot in mindestens einem der beiden Durchgänge gewinnt:

$$p = 1 - 0{,}2637 = 0{,}736$$

Wir wollen nun einige praktische Beispiele betrachten.

3.3 Praktische Beispiele

Zunächst wollen wir die beiden eingangs erwähnten Beispiele aus dem Bereich des Würfelspiels betrachten.

Erstes Beispiel: Wie groß ist die Wahrscheinlichkeit dafür, dass beim Spiel mit einem Würfel viermal hintereinander keine Sechs gewürfelt wird?

Die Wahrscheinlichkeit dafür, dass in einem Wurf keine Sechs gewürfelt wird, ist $5/6$. Dann ist nach dem Multiplikationssatz die Wahrscheinlichkeit dafür, dass viermal hintereinander keine Sechs gewürfelt wird:

$$\left(\frac{5}{6}\right)^4 = 0{,}482$$

Die Wahrscheinlichkeit ist also etwas geringer als 0,5, so dass ein Spieler, der diese Strategie verfolgt, auf Dauer verlieren wird.

ZWEITES BEISPIEL: Wie groß ist die Wahrscheinlichkeit dafür, dass beim Spiel mit zwei Würfeln vierundzwanzigmal hintereinander keine Doppelsechs gewürfelt wird?

Die Wahrscheinlichkeit, dass in einem Wurf mit zwei Würfeln keine Doppelsechs gewürfelt wird, ist $35/36$. Dann ist nach dem Multiplikationssatz die Wahrscheinlichkeit dafür, dass vierundzwanzigmal hintereinander keine Doppelsechs gewürfelt wird:

$$\left(\frac{35}{36}\right)^{24} = 0{,}509$$

Die Wahrscheinlichkeit ist also etwas größer als 0,5, so dass ein Spieler, der diese Strategie verfolgt, auf Dauer gewinnen wird.

DRITTES BEISPIEL: ein Problem vom Skatspiel

Ein Skatspieler mit Kreuz- und Karobube auf der Hand liebäugelt, nachdem er zwei Karten gedrückt hat, mit einem Grand, der aber vermutlich verloren ist, wenn die restlichen beiden Buben auf einer Hand sitzen. Er stellt die folgenden Überlegungen an.

Die Anzahl der möglichen Fälle ist 4:

Pik- und Herzbube bei Gegenspieler A

Pik- und Herzbube bei Gegenspieler B

Pikbube bei A und Herzbube bei B

Pikbube bei B und Herzbube bei A

Die Anzahl der für ihn günstigen Fälle ist 2:

Pikbube bei A und Herzbube bei B

Pikbube bei B und Herzbube bei A

Damit berechnet er nach der klassischen Definition die Wahrscheinlichkeit dafür, dass die beiden Buben verteilt sitzen, zu

$$p = \frac{2}{4} = 0{,}500$$

Diese Rechnung ist falsch und der Autor gibt gerne zu, dass er zu Studentenzeiten, als er seine eigenen Bücher noch nicht gelesen hatte, selbst diesem Irrtum erlag und bei einer entsprechenden Wette einen Kasten Bier verlor.

Der Fehler bei dieser zu simplen Rechnung liegt darin, dass die Wahrscheinlichkeiten für die vier geschilderten Ereignisse nicht gleich sind. Wir wollen dies nachvollziehen, indem wir zum Beispiel die Wahrscheinlichkeit dafür berechnen, dass sowohl Pik- und Herzbube bei Gegenspieler A sitzen. Dies ist natürlich genau dann der Fall, wenn Gegenspieler B keinen Buben hat, so dass wir bei der Wahrscheinlichkeitsberechnung auch hier ansetzen können.

Zieht B von den zwanzig Karten, die sich auf A und B verteilen, eine Karte, so ist die Wahrscheinlichkeit dafür, dass diese Karte keiner der beiden Buben ist,

$$p = \frac{18}{20}$$

Zieht er eine zweite Karte aus den nunmehr verbleibenden neunzehn Karten, so ist die Wahrscheinlichkeit dafür, dass diese Karte kein Bube ist,

$$p = \frac{17}{19}$$

Nach dem Multiplikationssatz ist die Wahrscheinlichkeit dafür, dass weder die erste noch die zweite Karte ein Bube ist,

$$p = \frac{18 \cdot 17}{20 \cdot 19}$$

Auf zehn Karten ausgedehnt bedeutet dies, dass sich die Wahrscheinlichkeit, dass die Karten des Spielers B keinen Buben enthalten, wie folgt berechnet:

$$p = \frac{18 \cdot 17 \cdot 16 \cdot 15 \cdot 14 \cdot 13 \cdot 12 \cdot 11 \cdot 10 \cdot 9}{20 \cdot 19 \cdot 18 \cdot 17 \cdot 16 \cdot 15 \cdot 14 \cdot 13 \cdot 12 \cdot 11} = \frac{10 \cdot 9}{20 \cdot 19} = \frac{9}{38}$$

Wenn dies die Wahrscheinlichkeit dafür ist, dass B keinen Buben hat, so ist es gleichzeitig die Wahrscheinlichkeit dafür, dass A beide Buben hat (denn dort müssen sie dann ja sein). Aus Symmetriegründen ist es auch die Wahrscheinlichkeit dafür, dass B beide Buben hat.

Nach dem Additionssatz ist dann die Wahrscheinlichkeit, dass B keinen Buben oder beide hat (gleiche Überlegungen gelten für A)

$$p = \frac{9}{38} + \frac{9}{38} = \frac{18}{38} = 0{,}474$$

Dies ist also die Wahrscheinlichkeit dafür, dass beide Buben in einer Hand liegen. Sie ist damit kleiner als 0,5, was die Chancen des Alleinspielers, den Grand zu gewinnen, erhöht.

VIERTES BEISPIEL: das Drei-Türen-Problem oder die Schönheit des Denkens

Ein wirklich schönes Beispiel für ein wahrscheinlichkeitstheoretisches Problem wurde vor einigen Jahren in den USA heftig diskutiert. Es spaltete die Nation in zwei Lager, nämlich in einige wenige, welche die richtige Lösung propagierten, und in die restlichen Millionen einschließlich unzähliger Mathematiklehrer und Mathematikprofessoren, die angesichts der vermeintlichen Einfalt ihrer Gegner wieder einmal am amerikanischen Schulsystem zu verzweifeln drohten. Sogar das Nachrichtenmagazin „Der Spiegel“ (34[1]91) widmete diesem Problem seinerzeit einen Artikel unter der Überschrift „Schönheit des Denkens“.

Stellen Sie sich vor, Sie nehmen an einer Quizsendung teil, bei der Sie mit zwei Türen konfrontiert werden, wobei sich hinter einer der beiden Türen als Gewinn ein Auto, hinter der anderen nichts verbirgt. Ihre Gewinnwahrscheinlichkeit werden Sie als aufmerksamer Leser dieses Kapitels leicht mit $p = 1/2$ angeben (ein Auto, zwei Türen).

In der amerikanischen Quizfindung gestaltete man das Verfahren etwas komplizierter. Der Kandidat wurde zunächst mit drei Türen konfrontiert. Im ersten Durchgang musste er die Tür benennen, hinter der sich seiner Meinung nach das Auto verbarg. Traf er die richtige Tür, öffnete der Quizmaster eine der beiden leeren Türen und stellte den Kandidaten dann vor die Entscheidung, seine Wahl beizubehalten oder zu revidieren. Wählte der Kandidat eine der beiden falschen Türen, öffnete der Quizmaster die andere leere Tür; anschließend konnte die ursprüngliche Wahl auch hier revidiert werden.

Die entscheidende Frage war nun: Kann man durch die Revision der ursprünglichen Wahl die Gewinnchancen verbessern?

Die Vertreter der Mehrheitsmeinung argumentierten, der Kandidat sehe im Endeffekt zwei Türen, wobei hinter einer ein Auto steht. Die Wahrscheinlichkeit, die richtige Tür zu treffen, sei also jeweils 1/2, gleichgültig, was vorher war. Eine Revision der ursprünglichen Entscheidung bringe also nichts.

Dies ist überraschenderweise falsch; eine Revision der Entscheidung verdoppelt nämlich die Gewinnchancen. Am Anfang ist die Wahrscheinlichkeit, die richtige Tür zu treffen, natürlich 1/3. Dafür, dass eine der nicht gewählten Türen die richtige ist, ist die Wahrscheinlichkeit 2/3. Eine dieser beiden nicht gewählten Türen wird vom Quizmaster geöffnet, quasi also aus dem Verkehr gezogen. Die Wahrscheinlichkeit von 2/3 konzentriert sich somit allein auf die andere nicht gewählte Tür. Revidieren Sie also Ihre erste Entscheidung, erhöhen sich Ihre Gewinnchancen von 1/3 auf 2/3. Einfach und faszinierend, finden Sie nicht auch?

3.4 Bedingte Wahrscheinlichkeit und Theorem von Bayes

Eine wichtige Rolle in der Wahrscheinlichkeitsrechnung spielen die *bedingten* Wahrscheinlichkeiten. Als Beispiel seien 70 Personen eines Betriebs betrachtet, die danach eingeteilt wurden, ob sie mit ihrer Arbeit zufrieden waren oder nicht. Ferner wurde festgestellt, ob diese Personen im letzten Jahr wegen Grippe fehlten (siehe Tabelle 3.1).

	Grippe	**keine Grippe**	**Summe**
zufrieden	11	19	30
nicht zufrieden	24	16	40
Summe	35	35	70

Tabelle 3.1: Arbeitszufriedenheit und Grippe

Nimmt man alle Personen zusammen, so ist die Wahrscheinlichkeit dafür, dass sie Grippe hatten, nach der klassischen Definition der Wahrscheinlichkeit

$$p = \frac{35}{70} = 0{,}500$$

Die Anzahl der günstigen Fälle (Grippe) beträgt nämlich 35, die Gesamtzahl der Fälle 70.

Unter der Bedingung aber, dass die Personen mit ihrer Arbeit zufrieden waren, beträgt nach der klassischen Wahrscheinlichkeitsdefinition die Wahrscheinlichkeit für das Fehlen wegen Grippe

$$p = \frac{11}{30} = 0{,}367$$

Im Allgemeinen bezeichnet man die Wahrscheinlichkeit dafür, dass Ereignis B unter der Bedingung eingetreten ist, dass Ereignis A eingetreten ist, mit

$$p(B|A)$$

Im gegebenen Beispiel ist A das Ereignis der Zufriedenheit, B das Ereignis der Grippe.

Bei 314 Patienten mit einer bestimmten Krankheit wurde die Überlebenszeit nach der Diagnosestellung aufgezeichnet. Dabei ergaben sich die Werte von Tabelle 3.2.

Zeitraum	**Überlebende**	**Überlebenswahrscheinlichkeit**
nach 1 Jahr	262	0,834
nach 2 Jahren	191	0,608
nach 3 Jahren	146	0,465
nach 4 Jahren	109	0,347
nach 5 Jahren	83	0,264

Tabelle 3.2: Überlebenswahrscheinlichkeiten

Die Überlebenswahrscheinlichkeit wurde mit der klassischen Wahrscheinlichkeitsdefintion ermittelt, zum Beispiel die Wahrscheinlichkeit, nach fünf Jahren noch zu leben, zu

$$p = \frac{83}{314} = 0{,}264$$

Die Wahrscheinlichkeit, nach fünf Jahren noch zu leben, wenn man nach drei Jahren noch lebt, ergibt sich entsprechend zu

$$p = \frac{83}{146} = 0{,}568$$

Es ist dies die bedingte Wahrscheinlichkeit $p(B|A)$ des Ereignisses B (Überleben nach fünf Jahren) unter der Bedingung, dass das Ereignis A (Überleben nach drei Jahren) eingetreten ist.

Die bedingte Wahrscheinlichkeit des Ereignisses B unter der Bedingung, dass Ereignis A eingetreten ist, lässt sich wie folgt berechnen:

$$p(B|A) = \frac{p(A \cap B)}{p(A)}$$

Wir wollen diese Formel auf unser erstes Beispiel anwenden und die bedingte Wahrscheinlichkeit $p(B|A)$ dafür berechnen, dass eine Grippe (Ereignis B) unter der Bedingung eintritt, dass Arbeitszufriedenheit vorliegt (Ereignis A).

Mit den vorliegenden Zahlen ergibt sich Folgendes:

$$p(A \cap B) = \frac{11}{70}$$

$$p(A) = \frac{30}{70}$$

$$p(B|A) = \frac{11 \cdot 70}{70 \cdot 30} = \frac{11}{30} = 0{,}367$$

Das stimmt mit dem eingangs angegebenen Wert überein.

Bei der Berechnung der Überlebenswahrscheinlichkeit nach fünf Jahren unter der Bedingung, dass schon drei Jahre vergangen sind, ist $P(A) = 0{,}465$ und $P(A \cap B) = 0{,}264$. Damit gilt für die bedingte Überlebenswahrscheinlichkeit

$$p(B|A) = \frac{0{,}264}{0{,}465} = 0{,}568$$

Dieser Wert stimmt mit dem bereits angegebenen überein.

Die Formel für die bedingte Wahrscheinlichkeit kann umgeformt werden zu

$$p(B|A) \cdot p(A) = p(A \cap B)$$

Entsprechend gilt

$$p(A|B) \cdot p(B) = p(A \cap B)$$

Setzt man die beiden linken Seiten gleich, so erhält man

$$p(B|A) \cdot p(A) = p(A|B) \cdot p(B)$$

und hieraus das Theorem von Bayes.

THEOREM VON BAYES:

$$p(B|A) = \frac{p(B)}{p(A)} \cdot p(A|B)$$

Danach kann man in einfacher Weise die bedingte Wahrscheinlichkeit für das Ereignis B bei Eintreffen des Ereignisses A aus der bedingten Wahrscheinlichkeit für das Ereignis A bei Eintreffen von B bestimmen.

Zu diesem Theorem sei ein Anwendungsbeispiel gegeben. Ein Villenbesitzer, bei dem in den zwanzig Jahren seit Bestehen seiner Villa zweimal eingebrochen wurde, hat einen Hund, der etwa dreimal wöchentlich nachts bellt. Die Wahrscheinlichkeit, dass er im Falle eines Einbruchs bellt, sei mit 0,9 eingeschätzt. Wie groß ist die Wahrscheinlichkeit, dass Einbrecher am Werk sind, wenn der Hund nachts bellt?

Es sei A das Ereignis, dass der Hund nachts bellt. Die Wahrscheinlichkeit hierfür ist

$$p(A) = \frac{3}{7}$$

Ferner sei B das Ereignis, dass ein Einbruch stattfindet. Da in zwanzig Jahren, also in $20 \cdot 365 = 7300$ Nächten (wenn man von den Schalttagen absieht), zweimal eingebrochen wurde, ergibt sich

$$p(B) = \frac{2}{7300}$$

Die bedingte Wahrscheinlichkeit, dass der Hund bellt, wenn ein Einbruch stattfindet, ist mit 0,9 vorgegeben:

$$p(A|B) = 0{,}9$$

Mit diesen Angaben kann man nach dem Theorem von Bayes die bedingte Wahrscheinlichkeit $p(B|A)$ dafür berechnen, dass ein Einbruch stattfindet, wenn der Hund bellt:

$$p(B|A) = \frac{2 \cdot 7}{7300 \cdot 3} \cdot 0{,}9 = 0{,}00058$$

Die Wahrscheinlichkeit, dass Einbrecher am Werk sind, wenn der Hund nachts bellt, beträgt also $p = 0{,}00058$ und damit weniger als 1 Promille.

3.5 THEOREM DER TOTALEN WAHRSCHEINLICHKEIT

$A_1, A_2, \ldots, A_n$ seien sich gegenseitig ausschließende Ereignisse, so dass

$$p(A_i \cap A_j) = 0 \qquad\qquad i, j = 1, \ldots, n$$

Ferner sei die Summe der Wahrscheinlichkeiten dieser Ereignisse gleich 1, d. h., die Ereignisse mögen einen „Ereignisraum“ vollständig ausfüllen:

$$\sum_{i=1}^{n} A_i = 1$$

Mit einem weiteren Ereignis E wird dann das folgende Theorem formuliert.

THEOREM DER TOTALEN WAHRSCHEINLICHKEIT:

$$p(E) = \sum_{i=1}^{n} p(A_i) \cdot p(E|A_i)$$

Diese Formel soll anhand eines Beispiels erläutert werden. Bei einer Tombola gebe es vier Lostöpfe mit verschiedenen Anzahlen von Losen und verschiedenen Anteilen von Gewinnlosen. Es sei A_i das Ereignis, dass ein Los aus dem Topf i gezogen wird, und E das Ereignis, dass es ein Gewinn ist. Bestimmt werden soll die Wahrscheinlichkeit $p(E)$ dafür, dass bei zufälliger Wahl eines Lostopfs ein Gewinn gezogen wird.

Topf	Anzahl der Lose	Gewinnanteil	$p(A_i)$	$p(E\|A_i)$	$p(A_i) \cdot p(E\|A_i)$
1	200	30 %	0,167	0,3	0,050
2	300	40 %	0,250	0,4	0,100
3	250	20 %	0,208	0,2	0,042
4	450	50 %	0,375	0,5	0,188
Summe	1200		1,000		0,380

Tabelle 3.3: Berechnung der totalen Wahrscheinlichkeit

Hiermit wird

$$p(E) = \sum_{i=1}^{n} p(A_i) \cdot p(E|A_i) = 0{,}380$$

Die Wahrscheinlichkeit, bei zufälliger Topfwahl einen Gewinn zu ziehen, beträgt also 0,380.

3.6 KOMBINATORIK

Die Kombinatorik als ein Hilfsmittel der Wahrscheinlichkeitsrechnung beschäftigt sich mit der Frage, wie oft eine Menge von Elementen unterschiedlich angeordnet werden kann bzw. wie viele Möglichkeiten es gibt, aus einer Menge Teilmengen auszuwählen und anzuordnen. Man unterscheidet dabei zwischen Variationen, Permutationen und Kombinationen.

Bei den im Folgenden angegebenen Formeln treten die Begriffe *Fakultät* und *Binomialkoeffizient* auf, die vorab erläutert werden sollen.

FAKULTÄT

Für natürliche Zahlen n bezeichnet man das Produkt der Zahlen 1 bis n mit $n!$ (gesprochen: „n Fakultät“):

$$n! = 1 \cdot 2 \cdot 3 \cdot \ldots \cdot n$$

BINOMIALKOEFFIZIENT

Der Binomialkoeffizient „n über k" ist definiert durch

$$\binom{n}{k} = \frac{n \cdot (n-1) \cdot (n-2) \cdot \ldots \cdot (n-k+1)}{1 \cdot 2 \cdot \ldots \cdot k}$$

Dabei gilt

$$\binom{n}{0} = 1$$

3.6.1 VARIATIONEN

Falls Sie mit einer Münze werfen, sind zwei Ereignisse möglich:

Wappen
Zahl

Bei zwei Würfen gibt es vier mögliche Ereignisfolgen:

Wappen	Wappen
Wappen	Zahl
Zahl	Wappen
Zahl	Zahl

Bei drei Würfen existieren acht mögliche Ereignisfolgen:

Wappen	Wappen	Wappen
Wappen	Wappen	Zahl
Wappen	Zahl	Wappen
Wappen	Zahl	Zahl
Zahl	Wappen	Wappen
Zahl	Wappen	Zahl
Zahl	Zahl	Wappen
Zahl	Zahl	Zahl

Bei n Würfen gibt es offensichtlich 2^n Möglichkeiten, zum Beispiel bei zehn Würfen

$$2^{10} = 1024$$

verschiedene Ereignisfolgen.

Allgemein lässt sich dies wie folgt formulieren:

> Werden n Versuche mit jeweils k sich ausschließenden Ereignissen ausgeführt, ergeben sich k^n verschiedene Ereignisabfolgen.

Bei der Elferwette im Fußball-Toto sind elf Spielausgänge mit jeweils 1, 2 oder 0 zu tippen (für Heimsieg, Auswärtssieg bzw. Unentschieden). Die Anzahl der verschiedenen Tippreihen ist

$$3^{11} = 177147$$

Kreuzen Sie also per Zufall eine Reihe an, so ist die Wahrscheinlichkeit, dass Sie elf „Richtige" getippt haben, nach der klassischen Wahrscheinlichkeitsdefinition

$$p = \frac{1}{177147} = 0{,}0000056$$

3.6.2 PERMUTATIONEN

Eine Grundaufgabe der Kombinatorik ist die Bestimmung der Anzahl der möglichen Anordnungen von n verschiedenen Elementen.

So möchten etwa drei Freunde (Peter, Christian und Oliver) mit dem Auto verreisen und können sich nicht einigen, wer wo im Auto sitzen soll. Würde Peter allein fahren, gäbe es nur eine Möglichkeit: Peter setzt sich ans Steuer.

Fährt auch Christian mit, gibt es zwei Möglichkeiten: Peter ans Steuer und Christian auf den Beifahrersitz oder umgekehrt. Steigt auch noch Oliver hinzu, gibt es sechs Möglichkeiten:

Steuer	Beifahrersitz	Rückbank
Peter	Christian	Oliver
Peter	Oliver	Christian
Christian	Peter	Oliver
Christian	Oliver	Peter
Oliver	Peter	Christian
Oliver	Christian	Peter

Allgemein gilt folgender Satz:

> n verschiedene Elemente können in $n!$ verschiedenen Möglichkeiten angeordnet werden.

Bei drei Elementen wie im gegebenen Beispiel ergibt dies

$$3! = 1 \cdot 2 \cdot 3 = 6$$

verschiedene Möglichkeiten. Jede einzelne Anordnung wird als *Permutation* bezeichnet.

Sitzen zum Beispiel zehn Personen an einem Tisch, so sind

$$10! = 3628800$$

Permutationen möglich.

Ein anderes Problem entsteht, wenn aus einer Menge von n Elementen k Elemente herausgezogen werden und man wissen möchte, wie viele Permutationsmöglichkeiten diese Teilmengen bieten.

Angenommen, bei einem Pferderennen, an dem acht Pferde teilnehmen, sollen Sie den ersten, zweiten und dritten Sieger tippen. Um die Wahrscheinlichkeit zu ermitteln, dass ein zufälliger Tipp richtig ist, benötigt man die Anzahl der Permutationsmöglichkeiten, die Teilmengen aus drei Elementen aus einer Gesamtmenge von acht Elementen ergeben.

Dazu gilt die folgende Formel:

> Wählt man aus n verschiedenen Elementen k Elemente zufällig aus, so ergeben sich
>
> $$\frac{n!}{(n-k)!}$$
>
> verschiedene Permutationen.

Mit $n = 8$ und $k = 3$ wie im gegebenen Beispiel ergibt sich

$$\frac{n!}{(n-k)!} = \frac{8!}{(8-3)!} = 4 \cdot 5 \cdot 6 \cdot 7 \cdot 8 = 6720$$

Es existieren 6720 Permutationen, so dass die Wahrscheinlichkeit, mit einem Zufallstipp einen Volltreffer zu landen, folgenden Wert hat:

$$p = \frac{1}{6720} = 0{,}00015$$

Das beschriebene Problem nennt man „Ziehen ohne Zurücklegen“ oder „Permutation ohne Wiederholung“. So kann man ein Pferd, wenn man es für eine bestimmte Platzierung ausgesucht hat, nicht noch für einen anderen Platz vorsehen.

Eine Variante ist das „Ziehen mit Zurücklegen“ oder „Permutation mit Wiederholung“. Angenommen, Sie nehmen an einer Weinprobe mit acht verschiedenen Weinen teil und legen Wert auf die Reihenfolge „Trabentrarbacher Nordhang“ (trocken), „Rheinischer Frohsinn“ (halbtrocken) und „Badischer Liebling“ (lieblich), so handelt es sich um eine Permutation mit Wiederholung, da der Weinvorrat im Prinzip unerschöpflich ist und von jeder Sorte noch etwas da ist, auch wenn sie gerade getrunken wurde. Bei n angebotenen und k ausgewählten Weinsorten ergeben sich dann

$$n^k$$

Permutationen.

Im gegebenen Beispiel führt dies zu

$$8^3 = 512$$

verschiedenen Möglichkeiten, so dass die Wahrscheinlichkeit, die gewünschte Reihenfolge per Zufall zu erhalten, folgenden Wert hat:

$$p = \frac{1}{512} = 0{,}002$$

Der aufmerksame Leser wird sicherlich registriert haben, dass die Permutationen mit Wiederholung identisch sind mit den Variationen.

3.6.3 KOMBINATIONEN

Während Permutationen Teilmengen sind, bei denen die Reihenfolge der einzelnen Elemente eine Rolle spielt, werden Teilmengen, bei denen die Reihenfolge der Elemente nicht berücksichtigt wird, als Kombinationen bezeichnet.

Das bekannteste Beispiel dürfte das Zahlenlotto sein. Hier werden aus 49 Zahlen (von 1 bis 49) sechs Gewinnzahlen ermittelt, wobei es auf die Reihenfolge nicht ankommt.

Hier gilt die folgende Formel:

Wählt man aus n verschiedenen Elementen k Elemente zufällig aus, so ergeben sich

$$\binom{n}{k}$$

verschiedene Kombinationen.

Im Falle des Zahlenlottos ergibt das

$$\binom{49}{6} = \frac{49 \cdot 48 \cdot 47 \cdot 46 \cdot 45 \cdot 44}{1 \cdot 2 \cdot 3 \cdot 4 \cdot 5 \cdot 6} = 13\,983\,816$$

Möglichkeiten.

Das geschilderte Problem ist wieder von der Art „Ziehen ohne Zurücklegen“. Eine gezogene Kugel wird schließlich nicht wieder in das Ziehungsgerät zurückgeworfen.

Die Variante „Ziehen mit Zurücklegen“ ergibt sich aus dem Weinproben-Beispiel des vorigen Abschnitts, wenn es nicht auf die Reihenfolge der Weine ankommt. Bei n vorhandenen Weinen und k gewünschten Weinen ergeben sich dann

$$\binom{n+k-1}{k}$$

verschiedene Möglichkeiten.

Bei $n = 8$ Weinen und $k = 3$ auszuwählenden Weinen führt das zu

$$\binom{8+3-1}{3} = \binom{10}{3} = \frac{10 \cdot 9 \cdot 8}{1 \cdot 2 \cdot 3} = 120$$

Kombinationen.

3.6.4 ZUSAMMENFASSUNG

Die in den beiden vorhergehenden Abschnitten angegebenen Formeln seien noch einmal zusammengestellt.

	Permutationen	**Kombinationen**
ohne Zurücklegen	$\frac{n!}{(n-k)!}$	$\binom{n}{k}$
mit Zurücklegen	n^k	$\binom{n+k-1}{k}$

Werden die anhand dieser Formeln berechneten Permutations- und Kombinationsmöglichkeiten zur Bestimmung von Wahrscheinlichkeiten verwendet, so führt das nur dann zu einem richtigen Ergebnis, wenn die einzelnen Elemente unabhängig voneinander mit gleichen Wahrscheinlichkeiten auftreten. Das ist in allen geschilderten Beispielen der Fall. So ist zum Beispiel die Ziehungswahrscheinlichkeit bei jedem Lauf für alle noch in der Urne befindlichen Lottozahlen gleich.

3.7 STATISTISCHE DEFINITION DER WAHRSCHEINLICHKEIT

Insbesondere das letzte Beispiel aus Kapitel 3.3 zeigt, wie leicht man bei wahrscheinlichkeitstheoretischen Überlegungen daneben liegen kann. Und manchmal oder sogar meistens erweisen sich die Probleme als so schwierig, dass man sie, zumindest in vertretbarer Zeit, nicht lösen kann.

Nicht alle Probleme sind schließlich so einfach wie zum Beispiel das im ersten Beispiel dargestellte Würfelproblem. Dennoch wollen wir einmal annehmen, wir schafften es nicht, die gesuchte Wahrscheinlichkeit aufgrund mathematischer Überlegungen zu finden. Es bliebe uns dann nichts anderes übrig, als eine große Anzahl von

Versuchen zu machen und jeweils festzustellen, wie oft dabei das fragliche Ereignis eintrifft.

Die Ergebnisse von solchen Versuchen sind in Tabelle 3.4 zusammengestellt. Jeder Versuch bestand aus maximal vier Würfen eines Würfels, wobei jedes Mal festgestellt wurde, ob die Sechs gewürfelt wurde oder nicht. In der ersten Spalte ist die Anzahl der Versuche (n) angegeben, in der zweiten Spalte die Anzahl der Versuche (k), bei denen das Ereignis „keine Sechs in vier Würfen" auftrat. Die dritte Spalte enthält den Quotienten aus k und n, der die hieraus resultierende relative Häufigkeit für dieses Ereignis angibt.

n	k	**relative Häufigkeit**
100	53	0,530
500	249	0,498
1 000	470	0,470
5 000	2 433	0,487
10 000	4 786	0,479
100 000	48 402	0,484
1 000 000	481 522	0,482
2 000 000	964 173	0,482

Tabelle 3.4: Ereignishäufigkeiten „keine Sechs in vier Würfen"

Die relative Häufigkeit ist offenbar ein Maß für die Wahrscheinlichkeit des beschriebenen Ereignisses; sie nähert sich mit steigender Versuchszahl dem theoretischen Wert $p = 0{,}482$.

Entsprechende Versuche mit dem im zweiten Beispiel geschilderten Ereignis (vierundzwanzigmal hintereinander keine Doppelsechs beim Spiel mit zwei Würfeln) erbrachten das in Tabelle 3.5 dargestellte Ergebnis.

n	k	**relative Häufigkeit**
100	53	0,530
500	240	0,480
1 000	513	0,513
5 000	2 515	0,503
10 000	5 077	0,508
100 000	50 698	0,507
1 000 000	508 480	0,508
2 000 000	1 017 365	0,509

Tabelle 3.5: Ereignishäufigkeiten „keine Doppelsechs in 24 Würfen"

Als theoretischer Wert hatte sich hier $p = 0{,}509$ ergeben.

Neben der klassischen Wahrscheinlichkeitsdefinition lässt sich also eine weitere Definition der Wahrscheinlichkeit angeben.

STATISTISCHE DEFINITION DER WAHRSCHEINLICHKEIT:

Tritt unter n Versuchen ein Ereignis k-mal auf und nähert sich mit größer werdendem n die relative Häufigkeit

$$\frac{k}{n}$$

einer festen Zahl, so wird diese Zahl als (statistische) Wahrscheinlichkeit dieses Ereignisses bezeichnet.

Statistische Wahrscheinlichkeiten lassen sich also stets erst im Nachhinein angeben, wenn genügend viele Versuche zu ihrer Ermittlung durchgeführt wurden. Man spricht daher auch von einer *a posteriori*-Wahrscheinlichkeit.

Die Tatsache, dass sich bei immer größer werdender Versuchszahl die relative Häufigkeit eines Ereignisses immer mehr einem festen Wert annähert, wird als *Gesetz der großen Zahl* bezeichnet. Es ist die Ursache für den Irrglauben vieler Glücksspieler, nach einer längeren Serie des gleichen Ereignisses erhöhe sich die Wahrscheinlichkeit für ein anderes Ereignis. So müssten etwa Roulettespieler eine längere Serie der gleichen Farbe abwarten, um dann mit erhöhten Gewinnchancen die andere Farbe zu spielen. Dies ist, worauf schon hingewiesen wurde, falsch. Zwar nähert sich die relative Häufigkeit einem konstanten Wert, für das einzelne Ereignis ist dies aber ohne Relevanz.

Die Würfelversuche wurden natürlich nicht von Hand ausgeführt, sondern mit einem Computer simuliert. Hierfür stellt jede Programmiersprache einen Zufallszahlengenerator zur Verfügung.

3.8 Zusammenfassung

- Die Wahrscheinlichkeit eines Ereignisses kann Werte zwischen 0 und 1 annehmen.
- Die klassische Wahrscheinlichkeit eines Ereignisses ist die Anzahl der für das Ereignis günstigen Fälle geteilt durch die Anzahl der insgesamt möglichen Fälle.
- Als grundlegende Gesetze gelten Additionssatz und Multiplikationssatz.
- Bedingte Wahrscheinlichkeiten sind vom Eintreten eines anderen Ereignisses abhängig.
- Wichtige Sätze in Zusammenhang mit bedingten Wahrscheinlichkeiten sind das Theorem von Bayes und das Theorem der totalen Wahrscheinlichkeit.
- In der Kombinatorik wird unterschieden zwischen Variationen, Permutationen und Kombinationen.
- Die statistische Wahrscheinlichkeit ist die relative Häufigkeit des Eintretens eines Ereignisses in einer großen Anzahl von Versuchen.

3.9 Übungen

1. In einer Urne liegen 10 rote und 4 schwarze Kugeln. Wie groß ist die Wahrscheinlichkeit dafür, zuerst eine rote und dann eine schwarze Kugel zu ziehen, wenn die erste Kugel nicht zurückgelegt wird? Wie groß ist unter dieser Voraussetzung die Wahrscheinlichkeit dafür, dass zuerst eine schwarze und dann eine rote Kugel gezogen wird?
2. Wie ändern sich die Wahrscheinlichkeiten von Übung 3.1, wenn die erste Kugel jeweils wieder zurückgelegt wird?
3. Ein Fußballtrainer hat elf Allroundspieler zur Verfügung, die auf jeder Position eingesetzt werden können. Wie viele verschiedene Mannschaftsaufstellungen sind möglich?
4. In einer Quizsendung sollen aus sieben deutschen Flüssen (Neckar, Mosel, Nidda, Elbe, Main, Rhein, Leine) die beiden Flüsse genannt werden, die ins Meer fließen. Wie groß ist die Wahrscheinlichkeit, die richtige Lösung durch Raten zu finden?
5. Ein Eisverkäufer in Spanien bietet acht verschiedene Eissorten an. Ein Tourist möchte davon in ein Hörnchen jeweils eine Kugel Schokoladeneis, Vanilleeis und Zitroneneis gefüllt haben, wobei es ihm auf genau diese Reihenfolge ankommt, damit er mit sauer beginnen und süß enden kann. Der Eisverkäufer spricht kein

Deutsch und füllt das Hörnchen nach dem Zufallsprinzip, wobei er auch nicht darauf achtet, dass alle drei Eissorten verschieden sind.

Wie groß ist die Wahrscheinlichkeit, dass er die gewünschte Reihenfolge trifft, und wie groß wäre diese Wahrscheinlichkeit, wenn er wenigstens darauf achten würde, dass alle drei Eissorten verschieden sind?

6. In einem Universitätsinstitut wurde im letzten Jahr alle 14 Tage Feueralarm ausgelöst, wobei es aber nur einmal auch wirklich brannte. Die Wahrscheinlichkeit, dass bei einem Brand der Alarm ausgelöst wird, ist mit 99 % angegeben. Wie groß ist die Wahrscheinlichkeit, dass ein Alarm kein Fehlalarm ist, es also wirklich brennt?

7. Zur Früherkennung einer Krankheit, an welcher 1 % der Bevölkerung leidet, wurde ein diagnostischer Test mit der „Sensitivität" 0,9 und der „Spezifität" 0,95 entwickelt. Das bedeutet, dass bei 90 % der Erkrankten das Testergebnis positiv ist, aber nur bei 5 % der Gesunden. Wie groß ist die Wahrscheinlichkeit, dass ein Testpositiver wirklich erkrankt ist?

4 ZUFALLSVARIABLEN UND VERTEILUNGEN

Lernziele:

- ➔ Zufallsvariablen
- ➔ diskrete Verteilungen
- ➔ stetige Verteilungen (Normalverteilung)

4.1 ZUFALLSVARIABLEN

In Verbindung mit dem Begriff der *Variablen* spricht man auch von *Zufallsvariablen.* Damit soll betont werden, dass die möglichen Werte (Ausprägungen, Realisationen) der Variablen Ergebnisse eines Zufallsvorgangs sind.

Zufallsvariablen werden mit Großbuchstaben bezeichnet, ihre Ausprägungen mit Kleinbuchstaben. Bezeichnet man zum Beispiel die Zufallsvariable „Häufigkeit von Wappen beim zweimaligen Werfen einer Münze“ mit X, so hat X die möglichen Ausprägungen $x_1 = 0, x_2 = 1$ und $x_3 = 2$. Ist Y die Zufallsvariable „Ergebnis eines einmaligen Würfelns“, so sind die möglichen Ausprägungen $y_1 = 1, y_2 = 2, y_3 = 3, y_4 = 4, y_5 = 5$ und $y_6 = 6$. Im ersten Beispiel besteht der *Ereignisraum* (meist mit dem großen griechischen Buchstaben Omega bezeichnet) aus den Zahlen 0, 1 und 2, im zweiten Beispiel aus den Zahlen 1, 2, 3, 4, 5 und 6:

$$\Omega = \{0, 1, 2\} \qquad \Omega = \{1, 2, 3, 4, 5, 6\}$$

Wird eine Fragebogenaktion an zufällig ausgewählten Personen vorgenommen, so ist das Geschlecht eine Zufallsvariable mit dem Ereignisraum {männlich, weiblich} oder, falls man eine entsprechende Kodierung wählt, mit dem Ereignisraum $\{1, 2\}$. Ebenso sind das Alter, das Körpergewicht oder die Körpergröße Zufallsvariablen. Gibt man etwa das Alter in Jahren an, so besteht der Ereignisraum aus endlich vielen natürlichen Zahlen. Gleiches gilt, wenn man Körpergewicht und Körpergröße in vollen Zentimetern bzw. Kilogramm angibt.

DEFINITION EINER ZUFALLSVARIABLEN:

Eine Variable X, deren Werte (Ausprägungen) x_i aus dem zugeordneten Ereignisraum Ω die Ergebnisse eines Zufallsvorgangs sind, bezeichnet man als Zufallsvariable.

Die bisherigen Beispiele beziehen sich auf Zufallsvariablen, deren Ereignisraum aus diskreten Werten besteht. Das sind Zufallsvariablen, die nur endlich viele oder abzählbar unendlich viele Ausprägungen besitzen. Dabei wird mit abzählbar unendlich eine Zahlenmenge bezeichnet, die zwar unendlich viele Elemente besitzt, wobei sich aber jedem Element eine natürliche Zahl zuordnen lässt.

DEFINITION EINER DISKRETEN ZUFALLSVARIABLEN:

Eine Zufallsvariable X heißt diskret, wenn sie nur endlich viele oder abzählbar unendlich viele Werte x_i annehmen kann.

Im Gegensatz zu den diskreten Zufallsvariablen stehen die stetigen Zufallsvariablen. Das sind solche, die im Prinzip jeden reellen Zahlenwert annehmen können. Beispiele sind die Länge eines Werkstücks, eine bestimmte Zeitspanne oder aber auch die schon genannte Körpergröße, wenn sie nicht auf volle Zentimeter gerundet wird.

DEFINITION EINER STETIGEN ZUFALLSVARIABLEN:

Eine Zufallsvariable X heißt stetig, wenn sie zumindest in einem bestimmten Bereich jeden reellen Zahlenwert annehmen kann.

Nominal- und ordinalskalierte Variablen sind stets diskret, bei intervall- und verhältnisskalierten Variablen entscheidet im Prinzip die Messgenauigkeit, ob sie als diskret oder stetig einzuordnen sind; man ist aber geneigt, diese Variablen als stetig anzusehen.

Ein wichtiger Begriff in Zusammenhang mit Zufallsvariablen ist die *Wahrscheinlichkeitsfunktion*. Die Wahrscheinlichkeitsfunktion gibt bei diskreten Zufallsvariablen für jede Ausprägung x_i die Wahrscheinlichkeit $f(x_i)$ ihres Auftretens an.

Im Beispiel des einmaligen Würfelns gilt

$$f(1) = f(2) = f(3) = f(4) = f(5) = f(6) = \frac{1}{6}$$

Bei der Zufallsvariablen „Häufigkeit von Wappen beim zweimaligen Werfen einer Münze" ergibt sich

$$f(0) = \frac{1}{4} \qquad f(1) = \frac{1}{2} \qquad f(2) = \frac{1}{4}$$

Beim zweimaligen Werfen einer Münze können nämlich die folgenden vier gleich wahrscheinlichen Ergebnisse auftreten:

Zahl – Zahl *Zahl – Wappen* *Wappen – Zahl* *Wappen – Wappen*

DEFINITION DER WAHRSCHEINLICHKEITSFUNKTION EINER DISKRETEN ZUFALLSVARIABLEN:

Die Wahrscheinlichkeitsfunktion einer diskreten Zufallsvariablen ist die Funktion $f(x_i)$, die für jede Ausprägung der Zufallsvariablen die Wahrscheinlichkeit ihres Auftretens angibt.

Hat der Ereignisraum n Ausprägungen, so gilt für die Wahrscheinlichkeitsfunktion die Eigenschaft

$$\sum_{i=1}^{n} f(x_i) = 1$$

Beim Beispiel des einmaligen Würfelns kann man auch Fragen der Art „Wie groß ist die Wahrscheinlichkeit, höchstens die Vier zu würfeln?" stellen oder beim Beispiel des zweimaligen Werfens einer Münze: „Wie groß ist die Wahrscheinlichkeit, höchstens einmal Wappen zu werfen?" Das führt zum Begriff der *Verteilungsfunktion*.

DEFINITION DER VERTEILUNGSFUNKTION EINER DISKRETEN ZUFALLSVARIABLEN:

Die Verteilungsfunktion einer diskreten Zufallsvariablen berechnet sich aus ihrer Wahrscheinlichkeitsfunktion $f(x_i)$ zu

$$F(x_i) = \sum_{j=1}^{i} f(x_j)$$

So ist die Wahrscheinlichkeit, beim zweimaligen Münzwurf höchstens einmal Wappen zu werfen;

$$F(1) = F(x_2) = f(x_1) + f(x_2) = f(0) + f(1) = \frac{1}{4} + \frac{1}{2} = \frac{3}{4}$$

Die Verteilungsfunktion einer diskreten Zufallsvariablen ist somit eine Treppenfunktion, die an den Stellen x_i nach oben springt.

Für stetige Zufallsvariablen kann die Wahrscheinlichkeitsfunktion nicht in Form einer Treppenfunktion angegeben werden, da die Werte x_i nicht mehr abzählbar sind. Bei stetigen Zufallsvariablen kann somit nicht mehr die Wahrscheinlichkeit für das Auftreten eines bestimmten Werts berechnet werden, sondern nur die Wahrscheinlichkeit $F(a \leq x \leq b)$ dafür, dass ein Wert im Intervall zwischen den beiden Intervallgrenzen a und b liegt.

DEFINITION DER WAHRSCHEINLICHKEITSFUNKTION EINER STETIGEN ZUFALLSVARIABLEN:

Die Wahrscheinlichkeitsfunktion $f(x)$ einer stetigen Zufallsvariablen hat die Eigenschaft

$$F(a \leq x \leq b) = \int_a^b f(x)dx$$

Hieraus folgt

$$\int_{-\infty}^{\infty} f(x)dx = 1$$

Die Funktion $f(x)$ nennt man auch *Dichtefunktion*. Als Verteilungsfunktion einer stetigen Zufallsvariablen bezeichnet man das Integral zwischen dem linken Ende der Verteilung und dem betreffenden Wert x.

DEFINITION DER VERTEILUNGSFUNKTION EINER STETIGEN ZUFALLSVARIABLEN:

Die Verteilungsfunktion einer stetigen Zufallsvariablen ist gegeben durch

$$F(x) = \int_{-\infty}^{x} f(t)dt$$

Die beiden folgenden Abschnitte enthalten einen Überblick über die wichtigsten diskreten und stetigen Verteilungen.

4.2 DISKRETE VERTEILUNGEN

An diskreten Verteilungen sollen die Gleichverteilung, die Binomialverteilung, die hypergeometrische Verteilung und die Poisson-Verteilung vorgestellt werden.

4.2.1 GLEICHVERTEILUNG

Bei einer gleichverteilten Zufallsvariablen ist die Wahrscheinlichkeitsfunktion für alle n Ausprägungen gleich:

$$f(x_1) = f(x_2) = \ldots = f(x_n) = \frac{1}{n}$$

Dies trifft zu beim einmaligen Würfeln ($f(x_i) = \frac{1}{6}$), beim Münzwurf ($f(x_i) = \frac{1}{2}$) oder beim Setzen von einer der Zahlen 0 bis 36 beim Roulette ($f(x_i) = \frac{1}{37}$).

4.2.2 BINOMIALVERTEILUNG

Wir wollen die Wahrscheinlichkeit dafür berechnen, dass beim dreimaligen Wurf mit einem Würfel nie die Sechs erscheint.

Nach der klassischen Wahrscheinlichkeitsdefinition ist die Wahrscheinlichkeit, dass bei einem Wurf keine Sechs erscheint,

$$p = \frac{5}{6}$$

Dann ist nach dem Multiplikationssatz der Wahrscheinlichkeitsrechnung die Wahrscheinlichkeit dafür, dass dreimal hintereinander keine Sechs gewürfelt wird,

$$p = \frac{5}{6} \cdot \frac{5}{6} \cdot \frac{5}{6} = \frac{125}{216} = 0{,}579$$

Die Wahrscheinlichkeit, in drei Würfen keine Sechs zu würfeln, beträgt also 0,579.

Ein Roulettespieler möchte wissen, wie groß die Wahrscheinlichkeit dafür ist, dass in zwei Spielen mindestens einmal Rot gewinnt. Unter Berücksichtigung der Tatsache, dass es beim Roulette 37 Zahlen gibt (von 0 bis 36), von denen 18 rot und 18 schwarz sind, ist die Wahrscheinlichkeit, dass in einem Spiel Rot gewinnt,

$$p = \frac{18}{37}$$

Die Wahrscheinlichkeit, dass in einem Spiel Rot nicht gewinnt, ist dann die Komplementärwahrscheinlichkeit

$$p = 1 - \frac{18}{37} = \frac{19}{37}$$

Die Wahrscheinlichkeit, dass Rot in zwei Spielen nicht gewinnt, ist dann nach dem Multiplikationssatz der Wahrscheinlichkeitsrechnung

$$p = \frac{19}{37} \cdot \frac{19}{37} = \frac{361}{1369} = 0{,}264$$

Die Wahrscheinlichkeit, dass in zwei Würfen mindestens einmal Rot gewinnt, ist dann wieder die Komplementärwahrscheinlichkeit hiervon:

$$p = 1 - 0{,}264 = 0{,}736$$

Allgemein kann man solche Probleme mit einer Formel lösen, die der Schweizer Mathematiker Bernoulli entwickelte.

Die Wahrscheinlichkeit, dass ein Ereignis, das bei einem einmaligen Versuch mit der Wahrscheinlichkeit p eintritt, bei n Versuchen k-mal auftritt, ist

$$f(n,k,p) = \binom{n}{k} \cdot p^k \cdot (1-p)^{n-k}$$

Diese Wahrscheinlichkeitsverteilung in Abhängigkeit von den Parametern n, k und p nennt man *Binomialverteilung*.

Wir wollen zunächst mithilfe der Binomialverteilung die beiden geschilderten Probleme lösen. Um die Wahrscheinlichkeit zu berechnen, dass beim dreimaligen Wurf mit einem Würfel nicht einmal die Sechs erscheint, ist $n = 3$, $k = 0$ und $p = \frac{1}{6}$ zu setzen:

$$f(3{,}0,\frac{1}{6}) = \binom{3}{0} \cdot \left(\frac{1}{6}\right)^0 \cdot \left(\frac{5}{6}\right)^3 = 1 \cdot 1 \cdot \frac{125}{216} = 0{,}579$$

Das stimmt mit dem eingangs berechneten Wert überein.

Um die Wahrscheinlichkeit dafür zu berechnen, dass in zwei Spielen mindestens einmal Rot gewinnt, ist zunächst die Wahrscheinlichkeit dafür zu bestimmen, dass in zwei Spielen einmal Rot gewinnt ($n = 2$, $k = 1$, $p = \frac{18}{37}$):

$$f(2{,}1,\frac{18}{37}) = \binom{2}{1} \cdot \left(\frac{18}{37}\right)^1 \cdot \left(\frac{19}{37}\right)^{2-1} = 2 \cdot \frac{18}{37} \cdot \frac{19}{37} = 0{,}499$$

Ferner ist die Wahrscheinlichkeit dafür zu berechnen, dass in zwei Spielen zweimal Rot gewinnt ($n = 2$, $k = 2$, $p = \frac{18}{37}$):

$$f(2{,}2,\frac{18}{37}) = \binom{2}{2} \cdot \left(\frac{18}{37}\right)^2 \cdot \left(\frac{19}{37}\right)^{2-2} = 1 \cdot \left(\frac{18}{37}\right)^2 \cdot 1 = 0{,}237$$

Die gesuchte Wahrscheinlichkeit dafür, dass mindestens einmal Rot gewinnt, berechnet sich dann zu

$$0{,}499 + 0{,}237 = 0{,}736$$

Auch das stimmt mit dem eingangs berechneten Wert überein.

Im Folgenden seien jeweils zehn Versuche beim Würfeln, beim Roulette und beim Münzwurf betrachtet. In Tabelle 4.1 sind die Wahrscheinlichkeiten dafür dargestellt, dass die Ereignisse „Sechs" ($p = \frac{1}{6}$), „Rot" ($p = \frac{18}{37}$) bzw. „Zahl" ($p = \frac{1}{2}$) k-mal auftreten, wobei k die Werte 0 bis 10 annimmt.

Wie man sieht, ist die Binomialverteilung für $p = \frac{1}{2}$ symmetrisch. Die Verteilung ist umso asymmetrischer, je stärker p von $\frac{1}{2}$ abweicht.

Wenn n immer größere Werte annimmt, verschwindet die Asymmetrie zunehmend. Die Binomialverteilung nähert sich dann der Normalverteilung.

k	$p = \frac{1}{6}$	$p = \frac{18}{37}$	$p = \frac{1}{2}$
0	0,1615	0,0013	0,0010
1	0,3230	0,0121	0,0098
2	0,2907	0,0515	0,0439
3	0,1550	0,1301	0,1172
4	0,0543	0,2157	0,2051
5	0,0130	0,2452	0,2461
6	0,0022	0,1936	0,2051
7	0,0002	0,1048	0,1172
8	0,0000	0,0372	0,0439
9	0,0000	0,0078	0,0098
10	0,0000	0,0007	0,0010

Tabelle 4.1: Binomialverteilungen

Die Summe der Wahrscheinlichkeiten aller k-Werte von 0 bis n ist jeweils gleich 1, da das Ereignis, dass bei n Versuchen k einen der Werte von 0 bis n annimmt, das sichere Ereignis ist:

$$\sum_{k=0}^{n} f(n, k, p) = 1$$

In Kapitel 2 wurden die Begriffe *Mittelwert* und *Standardabweichung* erläutert. Diese werden in Stichproben gewöhnlich mit $\overline{x}$ bzw. s bezeichnet, in zugehörigen Grundgesamtheiten mit μ bzw. σ (siehe Kapitel 6).

Mittelwert μ und Standardabweichung σ der Binomialverteilung berechnen sich nach den folgenden Formeln:

$$\mu = n \cdot p$$

$$\sigma = \sqrt{n \cdot p \cdot (1 - p)}$$

Bei zehnmaligem Münzenwurf ($n = 10$) gilt für das Ergebnis „Zahl" demnach

$$\mu = 10 \cdot \frac{1}{2} = 5$$

$$\sigma = \sqrt{10 \cdot \frac{1}{2} \cdot (1 - \frac{1}{2})} = 1{,}581$$

Bei zehnmaligem Münzenwurf tritt das Ereignis „Zahl" also im Mittel fünfmal auf; die Standardabweichung ist 1,581.

4.2.3 HYPERGEOMETRISCHE VERTEILUNG

In einer Urne mögen sich N Kugeln befinden, davon M schwarze. Mithilfe der hypergeometrischen Verteilung lässt sich die Frage beantworten, wie groß die Wahrscheinlichkeit dafür ist, dass sich unter n gezogenen Kugeln ohne Zurücklegen x schwarze Kugeln befinden.

Diese Wahrscheinlichkeit ist nach der hypergeometrischen Verteilung

$$f(x, n, M, N) = \frac{\binom{M}{x} \cdot \binom{N-M}{n-x}}{\binom{N}{n}}$$

Diese Formel ist natürlich auch auf entsprechende Situationen übertragbar. So sei etwa ein Lostopf mit 100 Losen gegeben, unter denen sich 70 Nieten befinden. Wie groß ist die Wahrscheinlichkeit, dass von fünf gezogenen Losen alle Nieten sind?

In diesem Falle ist

$$N = 100 \qquad M = 70 \qquad n = 5 \qquad x = 5$$

Damit wird

$$f(5, 5, 70, 100) = \frac{\binom{70}{5} \cdot \binom{100-70}{5-5}}{\binom{100}{5}} = 0{,}161$$

Die Gefahr, nur Nieten zu ziehen, beträgt also in Prozenten ausgedrückt 16,1 %.

Möchte man die Wahrscheinlichkeit berechnen, genau einen Gewinn zu ergattern, ist $x = 4$ zu setzen. Dann wird $P = 0{,}365$.

Mittelwert μ und Standardabweichung σ der hypergeometrischen Verteilung berechnen sich nach folgenden Formeln:

$$\mu = n \cdot \frac{M}{N}$$

$$\sigma = \sqrt{n \cdot \frac{M}{N} \cdot \left(1 - \frac{M}{N}\right) \cdot \frac{N-n}{N-1}}$$

4.2.4 POISSON-VERTEILUNG

Die Poisson-Verteilung geht für kleine Ereigniswahrscheinlichkeiten p und große Versuchszahl n aus der Binomialverteilung hervor. Man nennt sie daher auch die Verteilung seltener Ereignisse.

Die Wahrscheinlichkeit, dass ein Ereignis, das bei einem einmaligen Versuch mit der Wahrscheinlichkeit p eintritt, bei n Versuchen k-mal auftritt, ist nach der Poisson-Verteilung

$$f(n,k,p) = \frac{(n \cdot p)^k}{e^{n \cdot p} \cdot k!}$$

Dabei ist $e = 2{,}71828\ldots$ die Basis der natürlichen Logarithmen. Mittelwert und Standardabweichung der Verteilung berechnen sich zu

$$\mu = n \cdot p \qquad \sigma = \sqrt{n \cdot p}$$

An einer geplanten Langzeitstudie sollen mindestens einhundert Probanden teilnehmen, wobei aus früheren Studien bekannt ist, dass ungefähr einer von fünfzig Probanden die Studie vorzeitig abbricht. Wie groß ist die Wahrscheinlichkeit, dass mindestens einhundert Probanden die Studie ordnungsgemäß beenden, wenn vorsorglich 105 Probanden die Studie beginnen?

Die Anzahl der Probanden reicht offenbar dann nicht aus, wenn sechs oder mehr die Studie abbrechen. Die Wahrscheinlichkeit, dass unter 105 Probanden genau sechs Probanden die Studie abbrechen, berechnet sich wie folgt:

$$n \cdot p = 105 \cdot \frac{1}{50} = 2{,}1$$

$$f = \frac{2{,}1^6}{e^{2{,}1} \cdot 6!} = 0{,}015$$

Die Wahrscheinlichkeit, dass genau sieben Probanden ausscheiden, berechnet sich entsprechend zu 0,004, dass genau acht Probanden ausscheiden, zu 0,001. Höhere Ausscheiderzahlen liefern keinen wesentlichen Beitrag mehr. Die Wahrscheinlichkeit, dass sechs oder mehr Probanden die Studie abbrechen, ist damit

$$0{,}015 + 0{,}004 + 0{,}001 = 0{,}020$$

Mit einer Wahrscheinlichkeit von 0,98 bzw. 98 % kann also angenommen werden, dass 105 Probanden zu Studienbeginn ausreichend sind.

Ein Angestellter einer Firma erhalte durchschnittlich alle halbe Stunde einen Anruf. Wie groß ist die Wahrscheinlichkeit, dass er keinen Anruf versäumt, wenn er sein Zimmer für fünf Minuten verlässt?

$$n \cdot p = 5 \cdot \frac{1}{30} = 0{,}167$$

$$f = \frac{0{,}167^0}{e^{0{,}167} \cdot 0!} = 0{,}846$$

Die Wahrscheinlichkeit, dass der Angestellte keinen Anruf versäumt, beträgt 84,6 %.

4.3 STETIGE VERTEILUNGEN

An stetigen Verteilungen sollen die Normalverteilung und die Exponentialverteilung behandelt werden. Dabei kommt der Normalverteilung eine herausragende Bedeutung zu.

Weitere stetige Verteilungen sind die t-Verteilung, die F-Verteilung und die χ^2-Verteilung. Diese werden in Kapitel 5.3 vorgestellt.

4.3.1 NORMALVERTEILUNG

Eine entscheidende Rolle in der Statistik spielt bei intervallskalierten Variablen die Tatsache, ob deren Werte einer *Normalverteilung* folgen oder nicht. Danach richtet sich, welche statistischen Kennwerte zu ihrer Beschreibung verwendet werden können (siehe Kapitel 2) bzw. welche analytischen Tests gegebenenfalls bei einer Hypothesenprüfung zur Anwendung kommen (siehe Kapitel 5.2). Das Wesen der Normalverteilung soll anhand eines Beispiels erläutert werden.

In der Datei iq.txt sind von insgesamt 200 Probanden die Werte des Intelligenzquotienten (IQ) gespeichert. Fasst man die Werte in Klassen der Breite 5 zusammen, so erhält man die Häufigkeiten der Tabelle 4.2.

Die größten Häufigkeiten finden sich in der Mitte, während sie nach beiden Seiten hin recht gleichmäßig abfallen. Diese Häufigkeitsverteilung kann grafisch in Form eines *Histogramms* dargestellt werden (Abbildung 4.1).

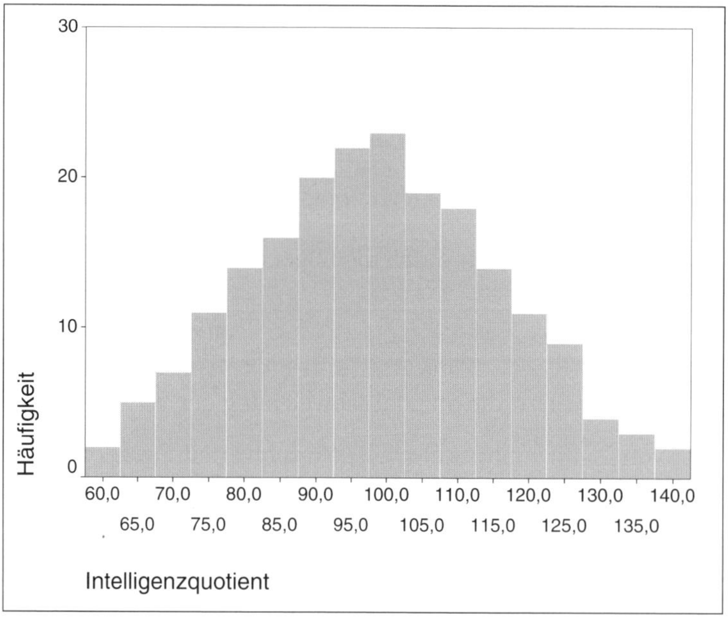

Abbildung 4.1: Histogramm mit normalverteilten Werten

Klasse	Häufigkeit
≤ 62	2
63–67	5
68–72	7
73–77	11
78–82	14
83–87	16
88–92	20
93–97	22
98–102	23
103–107	19
108–112	18
113–117	14
118–122	11
123–127	9
128–132	4
133–137	3
≥ 138	2

Tabelle 4.2: Klassenhäufigkeiten

Eine solche eingipflige und symmetrische Verteilung nennt man eine *Normalverteilung* bzw. nach ihrem Entdecker, dem deutschen Mathematiker Carl Friedrich Gauß, eine *Gaußsche Normalverteilung*. Diese Verteilung kann man mit einer Kurve beschreiben, die man wegen ihrer Gestalt auch als *Glockenkurve* bezeichnet. Diese idealisierte Verteilungskurve kann zu dem gegebenen Histogramm mit eingezeichnet werden (Abbildung 4.2).

Die Form dieser Glockenkurve ist durch die folgende Dichtefunktion gegeben:

$$f(x) = \frac{1}{\sigma \cdot \sqrt{2 \cdot \pi}} \cdot e^{-\frac{1}{2} \cdot (\frac{x-\mu}{\sigma})^2}$$

Dabei ist μ der Mittelwert, σ die Standardabweichung der Verteilung.

Zu jedem Paar von μ und σ gibt es also eine Normalverteilung. Die Kurven haben ihr Maximum bei $x = \mu$ und sind umso schlanker, je kleiner die Standardabweichung σ ist.

Die Fläche unter jeder Normalverteilungskurve ist jeweils gleich 1:

$$\int_{-\infty}^{\infty} f(t)dt = 1$$

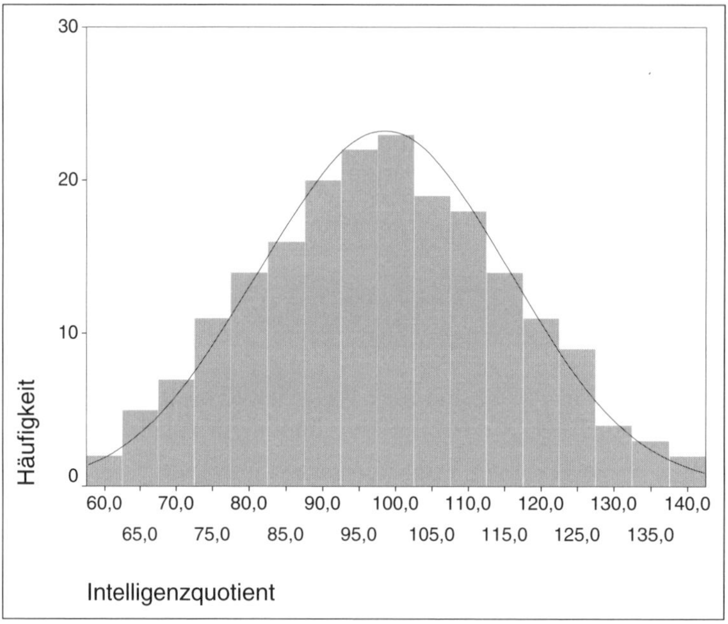

Abbildung 4.2: Histogramm mit Normalverteilungskurve

Die Verteilungsfunktion ist

$$F(x) = \int_{-\infty}^{x} f(t)dt$$

und unter Einbeziehung der Formel für $f(x)$

$$F(x) = \frac{1}{\sigma \cdot \sqrt{2 \cdot \pi}} \cdot \int_{-\infty}^{x} e^{-\frac{1}{2} \cdot (\frac{t-\mu}{\sigma})^2} dt$$

Für den Mittelwert $\overline{x}$ und die Standardabweichung s der gegebenen IQ-Werte erhält man

$$\overline{x} = 98{,}5 \qquad s = 17{,}1$$

Setzt man diese Werte für μ bzw. σ in die Formel für $F(x)$ ein, so kann man theoretisch zu jedem Variablenwert x den Funktionswert $F(x)$ berechnen, also dasjenige Flächenstück unter der Normalverteilungskurve, das für den relativen Anteil der Werte steht, die $\leq x$ sind.

Selbstverständlich ist die Berechnung nicht per Hand, sondern allenfalls mit einem Computer zu leisten. Führt man diese zum Beispiel beim IQ-Wert 102 ($x = 102$) durch, so ergibt sich für die Klassengrenze 102,5 der Wert

$$F(x) = 0{,}591$$

Dies bedeutet, dass bei idealer Normalverteilung

$$0{,}591 \cdot 200 = 118$$

IQ-Werte erwartet werden, die ≤ 102 sind. Eine Auszählung in der eingangs aufgeführten Tabelle ergibt 120 Werte.

Da eine Berechnung von $F(x)$ aus der gegebenen Integralformel ohne Computer bzw. ohne entsprechendes Computerprogramm nicht möglich ist, behilft man sich mit tabellierten Werten, und zwar Werten zu der Normalverteilung, die zu $\mu = 0$ und $\sigma = 1$ gehört. Diese Normalverteilung nennt man die *Standardnormalverteilung*; ihre Verteilungsfunktion lautet

$$\Phi(z) = \frac{1}{\sqrt{2 \cdot \pi}} \cdot \int_{-\infty}^{z} e^{-\frac{1}{2} \cdot t^2} dt$$

Die Werte von $\Phi(z)$ und $\Phi(-z)$ sind für z-Werte von 0 bis 3,49 in Schritten von 0,01 in der z-Tabelle aufgelistet. Aus Symmetriegründen gilt dabei

$$\Phi(-z) = 1 - \Phi(z)$$

Auf die Bedeutung der in der z-Tabelle aufgeführten p-Werte wird in Kapitel 5 eingegangen.

Vor Gebrauch der z-Tabelle sind die Variablenwerte somit einer *z-Transformation* zu unterziehen:

$$z = \frac{x - \overline{x}}{s}$$

Dabei sind, wie bereits erwähnt, $\overline{x}$ und s Mittelwert bzw. Standardabweichung der Stichprobe.

Greifen wir noch einmal das Beispiel auf, in dem die Anzahl der IQ-Werte ermittelt werden soll, die ≤ 102 sind. Wir nehmen zunächst eine z-Transformation der Klassengrenze 102,5 vor:

$$z = \frac{102{,}5 - 98{,}5}{17{,}1} = 0{,}23$$

Nach der z-Tabelle gehört hierzu das Flächenstück

$$\Phi(z) = 0{,}591$$

Damit ergibt sich in Übereinstimmung mit obiger Berechnung für die Anzahl der Werte, die ≤ 102 sind:

$$0{,}591 \cdot 200 = 118$$

Die bis zu einem bestimmten Klassenende aufsummierten Häufigkeiten bezeichnet man auch als *kumulierte* Häufigkeiten (siehe Kapitel 2.1.2). Tabelle 4.3 enthält für alle Klassen des gegebenen Beispiels die beobachteten und die auf die beschriebene Weise bei Normalverteilung zu erwartenden kumulierten Häufigkeiten. Die z-Werte sind für die Klassengrenzen (62,5, 67,5 usw.) berechnet. Sie sind auf zwei und die gemäß Tabelle 1 ermittelten $\Phi(z)$-Werte auf drei Nachkommastellen angegeben.

Die Übereinstimmung zwischen den beobachteten und den berechneten kumulierten Häufigkeiten ist gut, was für die Annäherung der gegebenen Verteilung an eine Normalverteilung spricht. Durch entsprechende Differenzenbildung zwischen benach-

Klasse	Häufigkeit	beobachtete kum. Häufigkeit	z	$\Phi(z)$	berechnete kum. Häufigkeit
≤ 62	2	2	−2,11	0,017	3
63–67	5	7	−1,81	0,035	7
68–72	7	14	−1,52	0,064	13
73–77	11	25	−1,23	0,109	22
78–82	14	39	−0,94	0,174	35
83–87	16	55	−0,64	0,261	52
88–92	20	75	−0,35	0,363	73
93–97	22	97	−0,06	0,476	95
98–102	23	120	0,23	0,591	118
103–107	19	139	0,53	0,702	140
108–112	18	157	0,82	0,794	159
113–117	14	171	1,11	0,867	173
118–122	11	182	1,40	0,919	184
123–127	9	191	1,70	0,955	191
128–132	4	195	1,99	0,977	195
133–137	3	198	2,28	0,989	198
≥ 138	2	200			200

Tabelle 4.3: Beobachtete und berechnete Häufigkeiten

barten kumulierten Häufigkeiten lassen sich auch die bei Normalverteilung zu erwartenden Häufigkeiten in den einzelnen Klassen bestimmen.

Entscheidend für die Beantwortung der Frage, ob die gegebene Häufigkeitsverteilung der Werte einer Variablen als normalverteilt angesehen werden kann, ist der Sachverhalt, ob sich diese Verteilung *signifikant* (siehe Kapitel 5) von einer Normalverteilung unterscheidet oder nicht. Hierzu werden in Kapitel 7 passende Tests vorgestellt.

4.3.2 Exponentialverteilung

Ein exponentieller Abfall ist vor allem bei Zeitdauern zu beobachten (Lebensdauern, Wartezeiten, Bearbeitungszeiten).

Eine exponentialverteilte stetige Zufallsvariable hat die Dichtefunktion

$$f(x, \lambda) = \lambda \cdot e^{-\lambda \cdot x}$$

mit $x \geq 0$ und $\lambda > 0$.

Der Parameter λ steuert, wie schnell die Exponentialfunktion für große Werte von x gegen null geht.

Aus der Dichtefunktion berechnet sich die Verteilungsfunktion zu

$$F(x, \lambda) = 1 - e^{-\lambda \cdot x}$$

Mittelwert und Standardabweichung bestimmen sich zu

$$\mu = \sigma = \frac{1}{\lambda}$$

In Tabelle 4.4 seien die Zeiten zum Lösen einer bestimmten Testaufgabe wiedergegeben.

Zeit	Anzahl
bis 1 Minute	182
bis 2 Minuten	80
bis 3 Minuten	39
bis 4 Minuten	15
bis 5 Minuten	9
über 5 Minuten	5
Summe	330

Tabelle 4.4: Zeiten zum Lösen einer Testaufgabe

Wir wollen überprüfen, ob diese Werte gemäß einer Exponentialverteilung abfallen. In diesem Fall wäre der Parameter λ nach der Verteilungsfunktion aus folgender Gleichung zu schätzen:

$$1 - e^{-\lambda \cdot 1} = \frac{182}{330}$$

Hieraus ergibt sich

$$\lambda = -\ln(\frac{148}{330}) = 0{,}802$$

Setzen wir also $\lambda = 0{,}8$ an, so ergibt sich die in Tabelle 4.5 berechnete Zuordnung der beobachteten mit den erwarteten Häufigkeiten.

x	beobachtete Häufigkeit	$F(x; 0{,}8)$	berechnete kum. Häufigkeit	berechnete Häufigkeit
1	182	0,551	182	182
2	80	0,798	263	81
3	39	0,909	300	37
4	15	0,959	316	16
5	9	0,982	324	8
> 5	5		330	6

Tabelle 4.5: Beobachtete und berechnete Häufigkeiten

Beobachtete und erwartete Häufigkeiten stimmen also sehr gut miteinander überein.

Die Dauer von Telefongesprächen sei exponentialverteilt mit einem Mittelwert von zwei Minuten. Wie groß ist die Wahrscheinlichkeit, dass ein Telefongespräch nicht länger als fünf Minuten dauert?

Aus der Beziehung

$$\mu = \frac{1}{\lambda}$$

errechnet sich

$$\lambda = \frac{1}{2} = 0{,}5$$

und damit

$$F(5; 0{,}5) = 1 - e^{-0{,}5 \cdot 5} = 0{,}918$$

Mit einer Wahrscheinlichkeit von 91,8 % dauert ein Telefongespräch nicht länger als fünf Minuten.

Die Exponentialverteilung eignet sich zur Analyse von Zeitdauern nur dann, wenn für jeden Zeitpunkt die noch verbleibende Zeitdauer nicht von der bereits verstrichenen Zeitdauer abhängt. Man spricht daher von der Exponentialverteilung als einer gedächtnislosen oder nicht alternden Verteilung.

4.4 ZUSAMMENFASSENDE KLASSIFIKATION VON VARIABLEN

In Kapitel 2.2 wurden die einzelnen Skalenniveaus vorgestellt, wobei das Verhältnisniveau in das Intervallniveau integriert werden kann, da die Unterschiede zu diesem zumindest bei den in diesem Buch vorgestellten Verfahren bedeutungslos sind. Ferner wurde darauf hingewiesen, dass dichotome nominalskalierte Variablen eine Ordnungsrelation beinhalten und sozusagen den Übergang zwischen Nominal- und Ordinalniveau darstellen.

Auf die Bedeutung der Normalverteilung bei intervallskalierten Variablen wurde in Abschnitt 4.3.1 hingewiesen. Je nachdem, ob diese Verteilungsform gegeben ist oder nicht, sind gegebenenfalls verschiedene statistische Kennwerte zu berechnen bzw. verschiedene statistische Verfahren anzuwenden.

Zusammenfassend lässt sich sagen, dass man Variablen gemäß Tabelle 4.6 in fünf Stufen einteilen kann:

Es empfiehlt sich dringend, am Anfang der statistischen Auswertung einer Datenmenge eine solche Klassifikation aller relevanten Variablen vorzunehmen. Diese gedankliche Arbeit kann Ihnen der Computer nicht abnehmen. Auch die Art der dann jeweils in Frage kommenden Tests müssen Sie selbst bestimmen.

Stufe	Skalenniveau
1	nominalskaliert mit mehr als zwei Kategorien
2	nominalskaliert mit zwei Kategorien
3	ordinalskaliert
4	intervallskaliert und nicht normalverteilt
5	intervallskaliert und normalverteilt

Tabelle 4.6: Variablenklassifikation

4.5 ZUSAMMENFASSUNG

- Die Variablen können als Zufallsvariablen mit der Unterscheidung zwischen diskreten und stetigen Zufallsvariablen betrachtet werden.
- Zu diskreten und stetigen Zufallsvariablen gehören Wahrscheinlichkeitsfunktion und Verteilungsfunktion.
- Zu den diskreten Verteilungen zählen unter anderem die Gleichverteilung, die Binomialverteilung, die hypergeometrische Verteilung und die Poisson-Verteilung.
- Zu den stetigen Verteilungen gehören unter anderem die Normalverteilung und die Exponentialverteilung, wobei Erstere eine herausragende Bedeutung hat.

4.6 ÜBUNGEN

1. Ein Roulettespieler denkt sich folgenden Plan aus, wie er jeden Abend im Casino 100 Euro gewinnen kann. Er setzt 10 Euro auf Rot. Gewinnt diese Farbe, steckt er den Gewinn von 10 Euro in die Tasche und ein Durchgang ist für ihn beendet. Gewinnt Rot nicht, verdoppelt er den Einsatz auf 20 Euro. Gewinnt Rot diesmal, gewinnt er in diesem Spiel 20 Euro, was zusammen mit den 10 Euro Verlust im ersten Spiel wieder 10 Euro Gewinn bringt. Auch jetzt ist dieser Durchgang beendet, wieder wandern 10 Euro in die Tasche.

   Um sich vor großen Verlusten zu schützen, nimmt er sich vor, nur soviel Geld einzustecken, dass er höchstens fünfmal verdoppeln kann. So verliert er nur dann sein ganzes Geld, wenn sechsmal hintereinander nicht Rot gewinnt, was ihm höchst unwahrscheinlich vorkommt. Hat er zehn Durchgänge erfolgreich beendet, geht er mit 100 Euro nach Hause. Mit diesem kleinen Nebenverdienst, jeden Abend eingenommen, ist er zufrieden. Was ist davon zu halten?

2. „Jedes zweite Los gewinnt!" versprach der Vereinsvorsitzende, als er vor etwa hundert Gästen die Tombola eröffnete. Anschließend beschwerten sich zehn Leute, die jeweils fünf Lose kauften, sie hätten nicht einmal gewonnen. Wie beurteilen Sie das?

3. In einer Schulklasse mit 25 Schülern haben zehn Schüler gute Mathematiknoten. Der Schuldirektor wählt per Zufall zwei Schüler aus, um sich mit ihnen über Einsteins Relativitätstheorie zu unterhalten. Wie groß ist die Wahrscheinlichkeit, dass beide Schüler zu denen mit guter Mathematiknote gehören?

4. Die Schwiegermutter kommt im Jahr etwa zehnmal zu Besuch. Wie groß ist nach der Poisson-Verteilung die Wahrscheinlichkeit, dass sie in den nächsten drei Wochen mindestes einmal vorbeischaut?

5. Der Intelligenzquotient ist eine normalverteilte Größe mit dem Mittelwert 100 und der Standardabweichung 15. Bei der Aufnahme in den Verein „Mensa" wird ein IQ von mindestens 130 verlangt. Wie viel Prozent der Bevölkerung lässt ein solcher Kandidat intelligenzmäßig hinter sich?

6. Max und Moritz nehmen an zwei Leistungstests teil, und zwar Max an Testform A ($\mu = 32, \sigma = 9$) und Moritz an Testform B ($\mu = 25, \sigma = 7$). Max erzielt 43 Punkte, Moritz 35. Wer hat besser abgeschnitten?

7. Die Reaktionszeit von Kraftfahrern sei exponentialverteilt mit einem Mittelwert von einer Sekunde. Wie groß ist die Wahrscheinlichkeit, dass Ihre Reaktionszeit nicht länger als 0,9 Sekunden ist?

5

GRUNDLAGEN DER ANALYTISCHEN STATISTIK

Lernziele:

- ➔ Stichprobe und Grundgesamtheit
- ➔ Null- und Alternativhypothese
- ➔ Prüfverteilungen
- ➔ Irrtumswahrscheinlichkeit, Signifikanzniveau
- ➔ Fehler erster und zweiter Art
- ➔ einseitige und zweiseitige Fragestellung

Rein deskriptive Statistik, also die Beschreibung der Daten in Form von Häufigkeitstabellen, statistischen Kennwerten oder Grafiken, ist für die wenigsten Anwendungen ausreichend. Nur bei einfachen Meinungsumfragen der Art „Glauben Sie, dass Bayern München Deutscher Fußballmeister wird?" ist zum Beispiel die Wiedergabe der prozentualen Anteile der Ja- und Nein-Stimmen ausreichend, wenn man so fair ist, die Gesamtzahl der Befragten mit anzugeben.

Ansonsten ist es, je nachdem wie geschickt insbesondere grafische Darstellungen eingesetzt werden, in der Regel leicht möglich, deskriptive Statistiken so zu präsentieren, dass sie jede vorgefasste Meinung bestätigen können. In diesem Zusammenhang sei auf das köstliche Buch „So lügt man mit Statistik" von Walter Krämer verwiesen.

Daher befasst sich die analytische Statistik (auch: schließende Statistik, Interferenzstatistik) mit dem Problem, wie aufgrund von Ergebnissen, die anhand einer vergleichsweise kleinen Zahl von Personen (oder Objekten) gewonnen wurden, allgemeingültige Aussagen hergeleitet werden können.

Vor jeder Wahl konkurrieren die Meinungsforschungsinstitute darum, wer die präziseste Vorhersage des Wahlausgangs machen kann. Zu diesem Zweck wird stets eine „Stichprobe" von Wählern befragt, die zum einen nicht zu klein, zum anderen aber natürlich repräsentativ für die „Grundgesamtheit" der Wähler sein sollte. Repräsentativität bedeutet in diesem Falle, dass alle Wählerschichten möglichst im realen Verhältnis erfasst sind, in der Stichprobe also zum Beispiel möglichst ähnliche

Verhältnisse bezüglich Geschlecht, Alter und Beruf gegeben sind wie in der Grundgesamtheit.

Die Repräsentativität einer Stichprobe kann sich auf alle Merkmale oder auch nur auf einige ausgewählte Merkmale beziehen. Vollständige Repräsentativität wird in den seltensten Fällen zu leisten sein, insbesondere dann nicht, wenn über die Verteilung der untersuchungsrelevanten Merkmale nichts bekannt ist. So ist es am besten, eine *Zufallsstichprobe* zu ziehen. Bei diesen Stichproben hat jedes Element die gleiche Wahrscheinlichkeit, in die Stichprobe aufgenommen zu werden.

Eine Variante der Zufallsstichprobe ist die *geschichtete Stichprobe*. Hier zerlegt man die Grundgesamtheit anhand einer Schichtungsvariable in nicht überlappende Schichten und zieht dann aus jeder Schicht eine Zufallsstichprobe. Das macht natürlich nur Sinn, wenn die Schichtungsvariable mit dem eigentlich interessierenden Untersuchungsmerkmal hoch korreliert ist.

Praktisch kann es sein, wenn bereits vorgruppierte Teilmengen der Grundgesamtheit vorliegen. Man spricht in diesem Fall von *Klumpenstichproben*. Das können zum Beispiel Einwohner einer Gemeinde oder Patienten einer Klinik sein, die dann vollständig erfasst werden. Allerdings besteht bei solchen Klumpenstichproben immer die Gefahr, dass die Repräsentativität nicht hinreichend gegeben ist.

Wir haben zwei wichtige Begriffe eingeführt: Stichprobe und Grundgesamtheit. Die analytische Statistik versucht, von den Verhältnissen der Stichprobe auf die Verhältnisse in der Grundgesamtheit zu schließen. Als Grundgesamtheit bezeichnet man dabei alle untersuchbaren Personen (oder Objekte), die ein gemeinsames Merkmal aufweisen. Etwas überspitzt formuliert kann man auch sagen, dass die Grundgesamtheit diejenige Menge von Personen oder Objekten ist, für welche die jeweilige Stichprobe repräsentativ ist.

Im Prinzip existieren, was den Schluss von den Verhältnissen in der Stichprobe auf die betreffende Grundgesamtheit anbelangt, zwei Problemkreise:

- der Schluss von den Kennwerten der Stichprobe auf die entsprechenden Parameter der Grundgesamtheit
- die Überprüfung von Hypothesen

Wir wollen uns zunächst mit dem Schluss von den Kennwerten der Stichprobe auf die betreffenden Parameter der Grundgesamtheit beschäftigen.

5.1 Schluss von der Stichprobe auf die Grundgesamtheit

In einer Stadt soll der Mittelwert der Körpergrößen aller erwachsenen männlichen Einwohner ermittelt werden. Theoretisch könnte man die Messung an dieser kompletten Grundgesamtheit vornehmen und dann hieraus den Mittelwert berechnen.

Dies wurde an den 12193 erwachsenen männlichen Einwohnern durchgeführt; die betreffenden Werte sind in der Datei stadt.txt gespeichert. Der Mittelwert aller Größenangaben beträgt 175,61 cm.

Damit Sie sich keine Sorgen um den Autor machen, sei zugegeben, dass diese Messungen nicht real durchgeführt, sondern mit einem Computer simuliert wurden. Auf diese Weise wurden 12193 normalverteilte Körpergrößenangaben zwischen 142 und 204 cm erzeugt.

Ebenfalls mit einem Computerprogramm wurde nun eine Zufallsstichprobe von 10 Personen gezogen und der Mittelwert gebildet; dieses Verfahren wurde dann mit anderen Stichprobenumfängen wiederholt. Die Ergebnisse sind in Tabelle 5.1 eingetragen.

Stichprobengröße	Mittelwert
10	178,00
20	176,30
50	176,64
100	176,25
200	176,27
500	175,82
1000	175,60

Tabelle 5.1: Mittelwerte bei steigender Stichprobengröße

Mit steigender Fallzahl wird also der Mittelwert der Grundgesamtheit (175,61) immer besser angenähert. Wie in Kapitel 6.2.1 erläutert, geht man beim Schluss vom Mittelwert der Stichprobe auf den entsprechenden Parameter der Grundgesamtheit so vor, dass man ein *Konfidenzintervall* angibt, innerhalb dessen sich der Mittelwert der Grundgesamtheit mit einer vorgegebenen Wahrscheinlichkeit bewegt. Dabei können Konfidenzintervalle nicht nur für Mittelwerte, sondern auch für Standardabweichungen (siehe Kapitel 6.2.2) und prozentuale Häufigkeiten (siehe Kapitel 6.2.3) berechnet werden.

5.2 Überprüfung von Hypothesen

Wurde im vorigen Abschnitt der Schluss von den Kennwerten *einer* Stichprobe auf die entsprechenden Parameter der Grundgesamtheit behandelt, soll nun der Fall betrachtet werden, dass zwei (oder mehr) Stichproben vorliegen, deren Kennwerte daraufhin überprüft werden sollen, ob sie zu der gleichen Grundgesamtheit gehören oder nicht. Man spricht in diesem Zusammenhang von *Prüfstatistik*.

Ein Beispiel mag dies erläutern. Insgesamt 129 Patienten mit etwa gleichen Ausgangswerten von erhöhten Blutfetten wurden mit zwei verschiedenen Medikamenten behandelt. Nach einem halben Jahr wurde der Cholesterinwert erneut festgestellt; dabei ergaben sich die in Tabelle 5.2 enthaltenen Ergebnisse.

Kollektiv	Mittelwert	Standardabweichung	Fallzahl
Medikament A	192,6	43,1	66
Medikament B	208,0	36,5	63

Tabelle 5.2: Kennwerte zweier Stichproben

Die Patienten mit Medikament A haben also einen geringeren durchschnittlichen Cholesterin-Wert. Es gibt nun zwei Möglichkeiten:

1. Der Mittelwertsunterschied ist zufällig zustande gekommen.
2. Der Mittelwertsunterschied ist nicht zufällig zustande gekommen; er ist *signifikant*.

Die Frage der Signifikanz ist das zentrale Thema der analytischen Statistik. Nicht nur Unterschiede von Mittelwerten können auf Signifikanz geprüft werden, sondern zum Beispiel auch Unterschiede von Standardabweichungen, Prozentwerten und Häufigkeitsverteilungen; auch Korrelations- und Regressionskoeffizienten etwa können auf Signifikanz getestet werden, genauer gesagt daraufhin, ob sie sich signifikant von null unterscheiden.

Die analytische Statistik gibt objektive Testverfahren an die Hand, nach deren Ergebnis eine Beurteilung möglich ist, ob eine Signifikanz vorliegt oder nicht. Wir betrachten hierzu das gegebene Beispiel und können die beiden folgenden Hypothesen formulieren.

- Hypothese 0 (H0): Der Mittelwertsunterschied ist zufällig zustande gekommen.
- Hypothese 1 (H1): Der Mittelwertsunterschied ist nicht zufällig zustande gekommen.

Die beiden Hypothesen lassen sich auch wie folgt formulieren:

- H0: Die beiden Stichprobenmittelwerte gehören zu der gleichen Grundgesamtheit.
- H1: Die beiden Stichprobenmittelwerte gehören zu verschiedenen Grundgesamtheiten.

Die Hypothese H0 nennt man die Nullhypothese, die Hypothese H1 die Alternativhypothese.

Ob die Nullhypothese beibehalten wird oder zugunsten der Alternativhypothese zu verwerfen ist, wird anhand der betreffenden Prüfstatistik entschieden. Je nach Testsituation entwickelte man hierfür zahlreiche Tests, von denen die wichtigsten im weiteren Verlauf des Buches vorgestellt werden.

Zum Vergleich zweier Mittelwerte $\overline{x}_1$ und $\overline{x}_2$ bei bekannten Standardabweichungen s_1 und s_2 und bekannten Fallzahlen n_1 und n_2 gibt es den t-Test nach Student (siehe

Kapitel 8.3), den wohl bekanntesten statistischen Test, bei dessen einfacherer Variante zunächst die folgende Prüfgröße berechnet wird:

$$t = \frac{|\overline{x}_1 - \overline{x}_2|}{\sqrt{\frac{s_1^2}{n_1} + \frac{s_2^2}{n_2}}}$$

Zu dieser Prüfgröße t wird noch die so genannte Anzahl der *Freiheitsgrade df* bestimmt (df = degrees of freedom):

$$df = \frac{n_1 + n_2 - 2}{2}$$

Im vorliegenden Beispiel ergeben die Berechnungen

$$t = \frac{|192{,}6 - 208{,}0|}{\sqrt{\frac{43{,}1^2}{66} + \frac{36{,}5^2}{63}}} = 2{,}199$$

$$df = \frac{66 + 63 - 2}{2} = 65$$

Zu dieser Prüfgröße t hat W. S. Gosset, der den t-Test unter dem Pseudonym Student veröffentlichte, im Jahre 1908 auch die zugehörige Verteilung, die nach ihm benannte Studentsche t-Verteilung, entwickelt. Diese Verteilung ist wie die Normalverteilung (siehe Kapitel 4.3.1) eine symmetrische und eingipflige Verteilung, deren Gestalt von der Anzahl der Freiheitsgrade abhängt und die sich bei hohen Freiheitsgraden der Normalverteilung annähert.

Mit Hilfe dieser Verteilung kann zur Prüfgröße t und zur Anzahl df der Freiheitsgrade eine Wahrscheinlichkeit p bestimmt werden:

$$p = 2 \cdot \frac{\Gamma(\frac{df+1}{2})}{\Gamma(\frac{df}{2}) \cdot \sqrt{df \cdot \pi}} \cdot \int_t^\infty (1 + \frac{v^2}{df})^{-\frac{df+1}{2}} dv$$

Die Formel erinnert mich an meinen Lateinlehrer und seine rhetorische Frage: „Wozu brauche ich Integralrechnung?" Auch hier ist sie nicht erforderlich, denn niemand wird nach dieser Formel p per Hand ausrechnen wollen. So braucht auch die Gamma-Funktion, die sich in der Formel wiederfindet, nicht erläutert zu werden. Das Integral ist aber ein Hinweis darauf, dass die Wahrscheinlichkeit einer bestimmten Fläche unter der t-Verteilungskurve entspricht.

Gosset war übrigens Angestellter der Guiness-Brauerei und entwickelte t-Test und t-Verteilung anlässlich der Analyse von Bierproben, womit die öfter diskutierte Frage, ob Bier dumm oder intelligent macht, eindrucksvoll beantwortet wird.

Die Berechnung dieser exakten Wahrscheinlichkeit ist erst seit der Entwicklung entsprechender Computerprogramme möglich geworden. Im gegebenen Beispiel erhalten wir $p = 0{,}03$, was folgendermaßen zu deuten ist:

Die Wahrscheinlichkeit, dass unter der Annahme, die Nullhypothese sei richtig, das gegebene Untersuchungsergebnis oder ein noch extremeres auftritt, beträgt 0,03.

Da wir in Kapitel 2 gelernt haben, dass sich Wahrscheinlichkeiten stets zwischen den Werten 0 und 1 bewegen, werden wir die Wahrscheinlichkeit von 0,03 als sehr klein einstufen. Mittelwertsunterschiede und überhaupt alle Untersuchungsergebnisse, die mit einer solch kleinen Wahrscheinlichkeit behaftet sind, nennt man daher *signifikant*.

Man spricht in diesem Zusammenhang von der *Irrtumswahrscheinlichkeit*. Dabei gibt es klassischerweise drei Signifikanzstufen:

$p \leq 0{,}05$	signifikant	*
$p \leq 0{,}01$	sehr signifikant	**
$p \leq 0{,}001$	höchst signifikant	***

Die im gegebenen Beispiel ermittelte Irrtumswahrscheinlichkeit von $p = 0{,}03$ bedeutet also, dass sich die Mittelwerte des Cholesterins bei den Medikamenten A und B signifikant voneinander unterscheiden; dabei sind die Werte bei den Patienten mit Medikament A im Mittel niedriger.

Es sei an dieser Stelle der Hinweis gegeben, dass die Tatsache der Signifikanz nicht unbedingt auch mit einer fachlichen (hier: medizinischen) Bedeutsamkeit einhergehen muss. Testen Sie zum Beispiel eine neue Diät und stellen fest, dass alle Versuchspersonen ihr Gewicht in einem Monat um ein Kilo reduzierten, so wird dieses wohl ein höchst signifikantes Ergebnis, medizinisch aber nicht bedeutsam und daher unbefriedigend sein.

In früherer computerloser Zeit, als es nicht möglich war, die Irrtumswahrscheinlichkeit p aus der Prüfgröße und der Anzahl der Freiheitsgrade exakt zu berechnen, behalf man sich mit tabellierten Grenzwerten (so genannten kritischen Werten), wobei üblicherweise die kritischen Werte zu $p = 0{,}05$, $p = 0{,}01$ und $p = 0{,}001$ tabelliert wurden. Solche Tabellen finden Sie in Anhang A.

Der t-Tabelle entnehmen Sie zum Signifikanzniveau $p = 0{,}05$ und zu 65 Freiheitsgraden den kritischen Tabellenwert 1,997. Dieser wird vom berechneten t-Wert (2,199) überschritten, was Signifikanz auf diesem Niveau bedeutet.

5.3 Prüfverteilungen

In Abschnitt 5.2 wurde die t-Verteilung nach Student (W. S. Gosset) erläutert. Weitere bedeutsame Verteilungen sind die Standardnormalverteilung nach Gauß (siehe auch Kapitel 4.3.1), die F-Verteilung nach Fisher und die χ^2-Verteilung nach Pearson. Diese Verteilungen sollen nun im Einzelnen vorgestellt werden.

STANDARDNORMALVERTEILUNG

Eine normalverteilte Prüfgröße, stets z genannt, wird zum Beispiel berechnet beim U-Test nach Mann und Whitney, beim Wilcoxon-Test und bei der Absicherung des Rangkorrelationskoeffizienten nach Kendall.

Aus der Prüfgröße z berechnet sich die Irrtumswahrscheinlichkeit p nach der folgenden Formel:

$$p = \frac{2}{\sqrt{2 \cdot \pi}} \cdot \int_z^{\infty} e^{-\frac{v^2}{2}} dv$$

Für die z-Werte von 0 bis 3,49 sind in Schritten von 0,01 die den z-Werten zugeordneten p-Werte in der z-Tabelle aufgeführt.

T-VERTEILUNG

Eine t-verteilte Prüfgröße wird berechnet beim t-Test nach Student, beim t-Test für abhängige Stichproben und bei der Absicherung des Produkt-Moment-Korrelationskoeffizienten, der Rangkorrelation nach Spearman, der partiellen Korrelation und der Regressionskoeffizienten.

Die t-Verteilung und die formelmäßige Berechnung der Irrtumswahrscheinlichkeit aus der Prüfgröße t und der Anzahl der Freiheitsgrade wurde bereits in Abschnitt 5.2 erläutert.

Für die drei klassischen Signifikanzniveaus und verschiedene Anzahlen von Freiheitsgraden sind kritische Tabellenwerte in der t-Tabelle aufgeführt. Signifikanz auf dem betreffenden Niveau liegt vor, wenn die berechnete Prüfgröße t den betreffenden kritischen Tabellenwert übersteigt.

F-VERTEILUNG

F-verteilte Prüfgrößen werden berechnet bei den verschiedenen Formen der Varianzanalyse, dem Scheffé-Test, dem F-Test, dem Levene-Test und dem Hartley-Test.

Die Kurven zur F-Verteilung sind linksgipflig und von zwei Freiheitsgraden $df1$ und $df2$ abhängig. Die Irrtumswahrscheinlichkeit berechnet sich aus der Prüfgröße F und den Anzahlen der Freiheitsgrade $df1$ und $df2$ nach der folgenden Formel:

$$p = \frac{\Gamma(\frac{df1 + df2}{2})}{\Gamma(\frac{df1}{2}) \cdot \Gamma(\frac{df2}{2})} \cdot df1^{\frac{df1}{2}} \cdot df2^{\frac{df2}{2}} \cdot \int_F^{\infty} v^{\frac{df1-2}{2}} \cdot (df1 \cdot v + df2)^{-\frac{df1+df2}{2}} dv$$

Für die drei klassischen Signifikanzniveaus und verschiedene Anzahlen von Freiheitsgraden sind kritische Tabellenwerte in der F-Tabelle aufgeführt. Signifikanz liegt vor, wenn die berechnete Prüfgröße F den betreffenden kritischen Tabellenwert übersteigt.

χ^2-Verteilung

χ^2-verteilte Prüfgrößen werden berechnet bei den verschiedenen Chiquadrat-Tests, dem H-Test nach Kruskal und Wallis, dem Friedman-Test, dem Bartlett-Test und Cochrans Q.

Die Kurven zur χ^2-Verteilung sind linksgipflig. Die Irrtumswahrscheinlichkeit berechnet sich aus der Prüfgröße χ^2 und der Anzahl df der Freiheitsgrade nach der folgenden Formel:

$$p = \frac{1}{2^{\frac{df}{2}} \cdot \Gamma(\frac{df}{2})} \cdot \int_{\chi^2}^{\infty} v^{\frac{df-2}{2}} \cdot e^{-\frac{v}{2}}\, dv$$

Für die drei klassischen Signifikanzniveaus und für verschiedene Anzahlen von Freiheitsgraden sind kritische Tabellenwerte in der χ^2-Tabelle aufgeführt. Signifikanz liegt vor, wenn die berechnete Prüfgröße χ^2 den betreffenden kritischen Tabellenwert übersteigt.

5.4 Fehler erster und zweiter Art

Hat man Nullhypothese und Alternativhypothese formuliert, so kann man beim Überprüfen dieser Hypothesen mit einem passenden statistischen Test offenbar zwei Fehler machen:

- Die Nullhypothese wird verworfen, obwohl sie richtig ist.
- Die Nullhypothese wird beibehalten, obwohl sie falsch ist.

Der erstgenannte Fehler heißt Fehler erster Art oder α-Fehler. Die Wahrscheinlichkeit, einen Fehler erster Art zu begehen, ist gleich der Irrtumswahrscheinlichkeit p. Der zweitgenannte Fehler heißt Fehler zweiter Art oder β-Fehler; die Wahrscheinlichkeit, einen solchen Fehler zu begehen, ist allenfalls bei präzise bekannter Alternativhypothese berechenbar, wie dies am Schluss des folgenden Abschnitts gezeigt wird. Es lässt sich auf alle Fälle sagen, dass die Gefahr, einem β-Fehler zu erliegen, umso kleiner ist, je deutlicher die berechnete Irrtumswahrscheinlichkeit p die Signifikanzgrenze übersteigt.

Zur Verdeutlichung sei noch einmal das Schema in Tabelle 5.3 betrachtet. Hier sind die Verhältnisse in der Wirklichkeit (H0 wahr, H0 falsch) den Ergebnissen des Signifikanzrests (H0 abgelehnt, H0 beibehalten) gegenübergestellt.

Haben Sie sich die übliche Signifikanzgrenze von $p = 0{,}05$ vorgegeben und erzielen bei Ihrem Signifikanztest, zum Beispiel beim t-Test, ein $p = 0{,}07$, so müssen Sie also die Nullhypothese beibehalten. Die Gefahr, dass Sie das fälschlicherweise tun und somit einen Fehler zweiter Art begehen, wird aber recht groß sein. Erzielen Sie hingegen ein $p = 0{,}9$, so wird die Gefahr, die Nullhypothese fälschlicherweise beizubehalten, eher gering sein.

	H0 wahr	H0 falsch
H0 abgelehnt	Fehler 1. Art	richtige Entscheidung
H0 beibehalten	richtige Entscheidung	Fehler 2. Art

Tabelle 5.3: Fehler erster und zweiter Art

Testen Sie also zum Beispiel zwei Mittelwerte auf signifikanten Unterschied und erhalten ein p knapp oberhalb der Signifikanzgrenze, so wäre eine Formulierung der Art „Die beiden Mittelwerte unterscheiden sich nicht" unangemessen; besser wäre eine vorsichtigere Formulierung wie „Beim Vergleich der beiden Mittelwerte wurde die Signifikanzgrenze knapp verfehlt". Für Irrtumswahrscheinlichkeiten $p \leq 0{,}1$ verwendet man auch hin und wieder die Formulierung „Tendenz zur Signifikanz".

Nehmen Sie an, ein Hersteller testet den Erfolg eines von ihm neu entwickelten Medikaments und vergleicht diesen mit dem Erfolg eines bestehenden Medikaments. Liefert der betreffende Signifikanztest keinen signifikanten Unterschied, obwohl in Wirklichkeit einer besteht, so geht das Risiko dieses nicht erkannten Unterschieds zu Lasten des Produzenten, so dass man das Risiko, einen solchen Fehler zweiter Art zu begehen, auch als *Produzentenrisiko* bezeichnet.

Zeigt der betreffende Signifikanztest hingegen einen signifikant besseren Erfolg des neuen Medikaments an, obwohl ein solcher in Wirklichkeit nicht besteht, so geht das Risiko dieses fälschlicherweise erkannten Unterschieds zu Lasten des Konsumenten, so dass man das Risiko, einen solchen Fehler erster Art zu begehen, auch als *Konsumentenrisiko* bezeichnet.

Ist β die Wahrscheinlichkeit dafür, dass ein bestehender Unterschied nicht erkannt wird, so ist $1 - \beta$ die Wahrscheinlichkeit dafür, dass ein bestehender Unterschied auch aufgezeigt wird. Diesen Wert bezeichnet man als *Teststärke* (auch: *Power, Güte, Trennschärfe.*)

In Zusammenhang mit diesen Begriffen wurden Verfahren entwickelt, um den für einen geplanten Test optimalen Stichprobenumfang abzuschätzen. Dieser soll dann bei vorgegebenem α eine maximale Teststärke $1 - \beta$ garantieren. Da diese Verfahren recht kompliziert und überdies von vielen Unwägbarkeiten begleitet sind, wollen wir nicht näher darauf eingehen.

5.5 Einseitige und zweiseitige Fragestellung

Im Allgemeinen wird über die Richtung der Alternativhypothese von vornherein keine Aussage zu machen sein. Beim vorgestellten Beispiel der beiden Patientengruppen (mit Medikament A bzw. B) war nicht abzusehen, welche der beiden Gruppen gegebenenfalls höhere Cholesterinwerte aufweist. In allen diesen Fällen ist *zweiseitig* zu testen. Dies ist die normale Testform und im weiteren Verlauf dieses Buches wird auch stets so getestet, ohne dass jeweils besonders darauf hingewiesen wird.

Das Prinzip des ein- und zweiseitigen Testens soll anhand eines hoffentlich einsichtigen Beispiels gezeigt werden, welches sich auf die Standardnormalverteilung gründet (siehe Kapitel 4.3.1). Die Dichtefunktion dieser Verteilung ist in Abbildung 5.1 wiedergegeben.

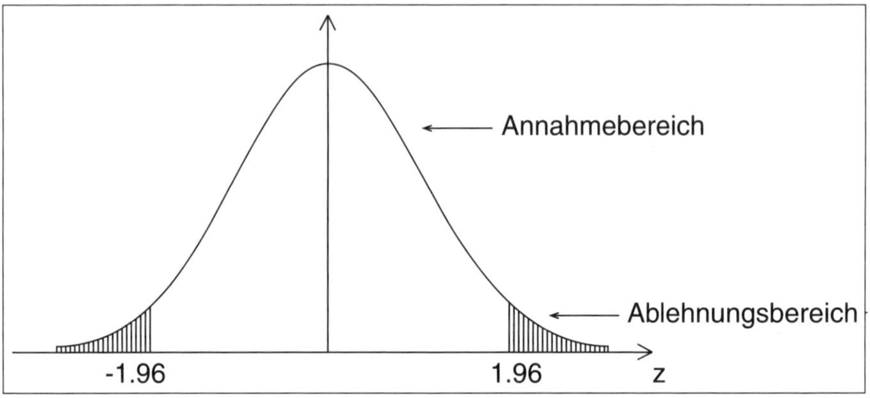

Abbildung 5.1: Annahme- und Ablehnungsbereich unter der Dichtefunktion der Standardnormalverteilung

Die Gesamtfläche unter der Kurve ist 1 und die Fläche $\Phi(z)$ von $-\infty$ bis 1,96 beträgt nach der z-Tabelle (Tabelle 1) 0,975. Das bedeutet wegen der Symmetrie der Dichtefunktion, dass der schraffierte Teil der Fläche unter der Kurve 0,05 oder 5 % der Gesamtfläche beträgt. Fällt ein z-Wert in diesen Bereich, d. h., ist ein z-Wert dem Betrag nach größer als 1,96, so gehört er zu den randständigen 5 % der Werte.

Die schraffierte Fläche unter der Standardnormalverteilungskurve nennt man daher auch den Ablehnungsbereich, genauer gesagt, den Ablehnungsbereich auf der 5 %-Stufe.

Eine Firma möge Hanfseile herstellen, die sich durch ihre Reißlast unterscheiden. Dabei sei in den einzelnen Sorten diese Reißlast normalverteilt mit unterschiedlichen Mittelwerten und Standardabweichungen.

Eine Kunde bestellt ein Seil, dessen Reißqualität in kg mit $\mu = 3600$ und $\sigma = 80$ beschrieben ist. Die Tausorten liegen in verschiedenen Kisten, die versehentlich nicht beschriftet sind. Der Mitarbeiter, der die Bestellung bearbeitet, greift in eine der Kisten und zieht ein Seil mit einer Reißlast von 3690 kg heraus.

Er führt die folgende z-Transformation durch:

$$z = \frac{3690 - 3600}{80} = 1{,}13$$

Mit Hilfe der z-Tabelle ermittelt er hierzu folgenden Ablehnungsbereich:

$$2 \cdot (1 - 0{,}871) = 0{,}258$$

Aufgrund dieses Wertes ($> 0{,}05$) behält er die Hypothese, die richtige Kiste gefunden zu haben, bei.

Im vorliegenden Fall stehen die beiden folgenden Hypothesen zur Disposition:

H0: Die gewählte Kiste ist die richtige ($\mu = 3600$).

H1: Die gewählte Kiste ist die falsche ($\mu \neq 3600$).

Dabei wird in der Alternativhypothese über die Art des Missgriffs nichts ausgesagt: Die gewählte Kiste kann sowohl Taue mit kleineren als auch mit größeren Reißlasten enthalten.

In solchen Fällen, wo von vornherein keine Angaben über die Richtung der Alternativhypothese zu machen sind, muss man *zweiseitig* testen. Der Ablehnungsbereich liegt dabei zu gleichen Teilen an beiden Enden der Standardnormalverteilungskurve.

Es werde nun angenommen, die Firma stelle nur zwei Arten von Hanfseilen her, und zwar neben der schon erwähnten ($\mu = 3600, \sigma = 80$) eine solche mit $\mu = 3800$ und gleicher Standardabweichung. In diesem Fall kann man die Alternativhypothese H1 mit $\mu > 3600$ oder noch präziser mit $\mu = 3800$ angeben. Entsprechend liegt der Ablehnungsbereich auf nur einer Seite der Standardnormalverteilungskurve, und zwar auf der rechten. Man spricht in diesem Fall von *einseitiger* Fragestellung.

Der kritische z-Wert für den 5 %-Ablehnungsbereich liegt in diesem Fall nicht bei 1,96 wie beim zweiseitigen Test, sondern gemäß z-Tabelle bei 1,64.

Dem im gegebenen Beispiel berechneten z-Wert von 1,13 entspricht ein Ablehnungsbereich von

$$1 - 0{,}871 = 0{,}129$$

Sie können diesen Wert in der z-Tabelle auch direkt der Spalte $\Phi(-z)$ entnehmen. Das ist die Fläche am linken Ende der Standardnormalverteilungskurve, die aus Symmetriegründen gleich der gesuchten Fläche am rechten Ende ist.

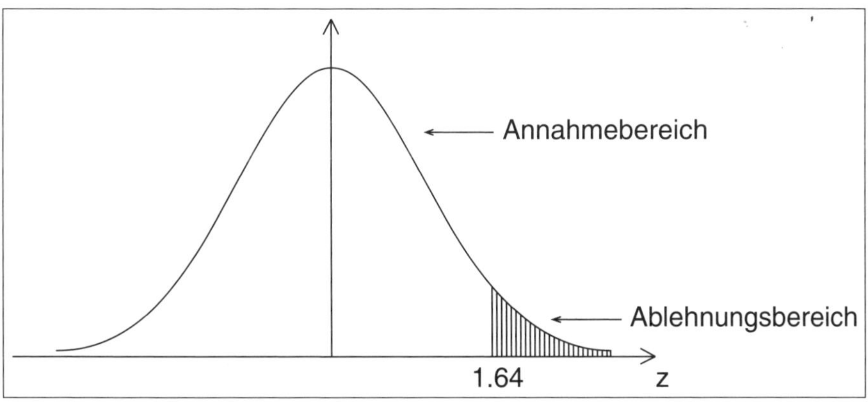

Abbildung 5.2: Annahme- und Ablehnungsbereich bei einseitiger Fragestellung

Der Ablehnungsbereich ist gleichbedeutend mit der Irrtumswahrscheinlichkeit (siehe Abschnitt 5.3). Die sich beim einseitigen Test ergebende Irrtumswahrscheinlichkeit ist also kleiner als die beim zweiseitigen Test (nämlich halb so groß). Das bedeutet, dass beim einseitigen Test die Nullhypothese eher abgelehnt wird als beim zweiseitigen Test.

Ist die Richtung der Alternativhypothese vorgegeben, steht also zum Beispiel bei einem Mittelwertvergleich von vornherein fest, welche Gruppe höhere Werte aufweisen wird, kann man *einseitig* testen. Diese Zusatzinformation erlaubt es eher, signifikante Unterschiede aufzudecken.

Die im letzten Rechenbeispiel sich ergebende Irrtumswahrscheinlichkeit $p = 0{,}129$ wurde in Abschnitt 5.4 als Fehler erster Art oder α-Fehler bezeichnet. Er entspricht im vorliegenden Beispiel der senkrecht schraffierten Fläche in Abbildung 5.3.

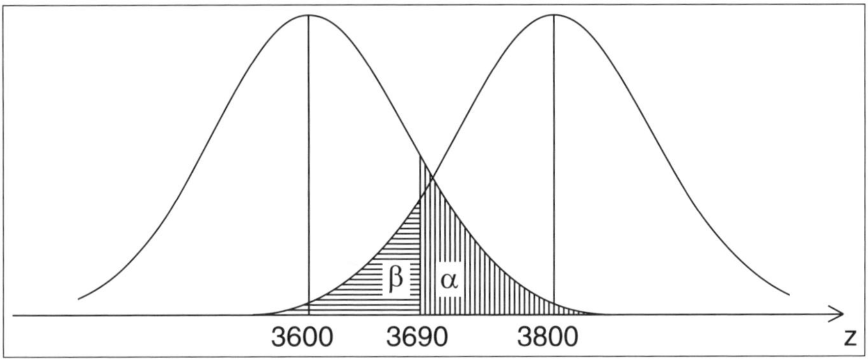

Abbildung 5.3: Fehler erster und zweiter Art bei einseitiger Fragestellung

α ist die Wahrscheinlichkeit dafür, die Nullhypothese fälschlicherweise abzulehnen. Die waagerecht schraffierte Fläche β ist dementsprechend die Wahrscheinlichkeit dafür, die Alternativhypothese fälschlicherweise abzulehnen, also die Nullhypothese fälschlicherweise beizubehalten. Das wurde in Abschnitt 5.4 als Fehler zweiter Art bezeichnet.

Der Fehler zweiter Art lässt sich nur bei genauer Kenntnis der Alternativhypothese berechnen. Im vorliegenden Beispiel berechnet man bei Kenntnis des alternativen Mittelwerts $\mu = 3800$ folgenden z-Wert:

$$z = \frac{3690 - 3800}{80} = -1{,}38$$

Aus der z-Tabelle entnimmt man hierzu

$$\beta = \Phi(-1{,}38) = 0{,}084$$

Zusammenfassend lässt sich sagen, dass im vorliegenden Fall das Risiko, die Nullhypothese abzulehnen, obwohl sie richtig ist, in Prozenten ausgedrückt 12,9 % beträgt. Das Risiko hingegen, sie beizubehalten, obwohl sie falsch ist, beträgt 8,4 %. Das erstgenannte Risiko geht offenbar zu Lasten des Hanfseilproduzenten, der bei Ablehnung der Nullhypothese noch einmal in eine Kiste greifen muss; das zweitgenannte geht zu Lasten des Kunden, der bei fälschlicherweise Beibehaltung der Nullhypothese mit einem Hanfseil der falschen Sorte beliefert würde. Die entsprechenden Begriffe Produzenten- und Konsumentenrisiko wurden bereits in Abschnitt 5.4 eingeführt.

Die Tabelle 5.4 verdeutlicht, in welcher Weise im vorliegenden Beispiel ein sich verändernder Fehler erster Art einen Fehler zweiter Art nach sich zieht.

Fehler erster Art	Fehler zweiter Art
50,0 %	0,6 %
40,0 %	1,2 %
30,0 %	2,4 %
20,0 %	4,9 %
10,0 %	11,2 %
5,0 %	19,6 %
1,0 %	43,1 %
0,1 %	72,3 %

Tabelle 5.4: Fehler erster und zweiter Art

Ob man lieber einen Fehler erster oder zweiter Art in Kauf nehmen möchte, ist von Fall zu Fall zu entscheiden und hängt von der jeweiligen Testsituation ab.

Ist es folgenschwer, die Nullhypothese fälschlicherweise abzulehnen, wie dies in der Regel bei den in Kapitel 8 vorgestellten Signifikanztests der Fall ist, wird man den Fehler erster Art klein halten wollen. Ist es hingegen folgenschwer, die Nullhypothese fälschlicherweise beizubehalten, wie etwa im vorliegenden Beispiel, wird man bestrebt sein, den Fehler zweiter Art, das Konsumentenrisiko, zu drücken.

5.6 Die Gefahr der Alpha-Inflation

Das Gute an der früheren computerlosen Zeit war für uns Statistiker, dass jeder Test, den wir durchführten, vorher gut durchdacht sein wollte. Zu groß war nämlich die Rechenarbeit selbst bei einfachen Tests, als dass es jemandem in den Sinn gekommen wäre, einfach „nur mal so" drauflos zu testen, nach dem Motto „Irgendwo wird schon was Signifikantes sein".

Man hatte eine bestimmte Fragestellung, die es zu untersuchen galt, notierte Nullhypothese und Alternativhypothese und rechnete den passenden Test. Von der Rechenarbeit erschöpft, hielt man inne und ging dann gegebenenfalls daran, in Ruhe die nächste Fragestellung abzuklären.

Heute, im Zeitalter immer schnellerer Computer und ausgefeilterer Statistikprogramme, ist nach erfolgter Dateneingabe die Rechenarbeit meist eine Sache von Sekundenbruchteilen. Haben Sie dann etwa hundert Variablen und dazu eine Gruppenvariable wie das Geschlecht, verschiedene Altersklassen oder Ähnliches, dann verführt das schnell dazu, einfach mal alle Variablen auf Gruppenunterschiede durchzutesten. Oder Sie haben fünfzig nominal- und ordinalskalierte Variablen, die Sie alle untereinander mit einer Kreuztabelle und anschließendem Chiquadrat-Test in Beziehung setzen wollen, um signifikante Zusammenhänge aufzuspüren.

Haben Sie also fünfzig Variablen, von denen Sie jede mit jeder kreuzen wollen, so ergibt das, wenn Sie redundante Beziehungen auslassen,

$$\frac{50 \cdot 49}{2} = 1225$$

Vergleiche. Führen Sie jeweils den Chiquadrat-Test aus und geben Sie die übliche Signifikanzschranke $p \leq 0{,}05$ vor, dann bedeutet das, dass von vornherein 5 % der Vergleiche ein signifikantes Ergebnis liefern werden. Bei 1225 durchgeführten Vergleichen wären dies 61 Vergleiche, die von vornherein mit signifikantem Ergebnis zu erwarten sind.

Haben Sie nun zum Beispiel insgesamt 92 Signifikanzen aufgedeckt, so ist bei jeder dieser Signifikanzen die Gefahr, einen Fehler erster Art (α-Fehler) zu begehen, sehr groß. Ihre Ergebnisse sind daher wertlos.

Wir wollen diese Problematik noch einmal anhand einer Computersimulation verdeutlichen. Es erfolgte eine Simulation von bis zu 50 000 Stichproben mit jeweils 100 normalverteilten Werten, die dann per Zufall in zwei gleich große Gruppen eingeteilt wurden. Diese wurden bezüglich ihrer Mittelwerte mit dem t-Test nach Student miteinander verglichen. Die Ergebnisse sind Tabelle 5.5 zu entnehmen.

Tests	**$p \leq 0{,}05$**		**$p \leq 0{,}01$**		**$p \leq 0{,}001$**	
	n	%	*n*	%	*n*	%
100	3	3,00	2	2,00	0	0,00
200	9	4,50	3	1,50	0	0,00
500	26	5,20	9	1,80	1	0,20
1000	56	5,60	12	1,20	2	0,20
2000	111	5,55	19	0,95	2	0,10
5000	254	5,08	45	0,90	7	0,14
10 000	505	5,05	86	0,86	11	0,11
20 000	988	4,94	172	0,86	28	0,14
50 000	2428	4,86	449	0,90	69	0,14

Tabelle 5.5: Anzahlen signifikanter Testergebnisse

Die Tabelle enthält die absoluten und prozentualen Häufigkeiten der auf dem betreffenden Niveau signifikanten Ergebnisse, wobei diese Häufigkeiten gut unseren Erwartungen entsprechen.

Um einen Ausweg aus dieser Problematik zu finden, gibt es mehrere Vorschläge. Der beste Vorschlag ist sicher der, diesen Unfug einfach zu lassen. Formulieren Sie nur einzelne sachlogisch fundierte Hypothesen, denen Sie dann mit passenden Tests nachgehen.

Allerdings liegt es in der Natur des Menschen, aus wissenschaftlicher Neugierde Zusammenhänge aufspüren zu wollen, an die vorher niemand gedacht hat. So ist es meist doch zu verlockend, eben mal in Sekunden einige hundert oder gar tausend Tests zu rechnen. Eine Möglichkeit besteht dann darin, das Signifikanzniveau schärfer zu fassen und zum Beispiel bei $p \leq 0{,}001$ festzulegen. Bei tausend Tests ist schließlich von vornherein nur ein solch höchst signifikantes Ergebnis zu erwarten, was sicherlich zu vernachlässigen ist, wenn Sie viele solcher Resultate erhalten haben.

Einen ähnlichen Ausweg bietet die *Bonferroni-Korrektur*. Wollten Sie ursprünglich mit der Signifikanzschranke $p = 0{,}05$ testen, so sollte bei dieser Korrektur und insgesamt n Signifikanztests diese Schranke auf $0.05/n$ herabgesetzt werden. Für eine große Zahl von Tests ist dies aber kein praktikabler Weg.

Elegante Lösungen gibt es für den Fall, dass eine größere Anzahl von Vergleichen dadurch zustande kommt, dass durch eine Gruppierungsvariable verschiedene Gruppen entstehen, die dann paarweise miteinander verglichen werden sollen. In diesem Fall ist eine einfaktorielle Varianzanalyse (siehe Kapitel 8.5) oder der H-Test nach Kruskal und Wallis (siehe Kapitel 8.8) vorzuschalten.

5.7 ZUSAMMENFASSUNG

- Die analytische Statistik befasst sich mit dem Schluss von der Stichprobe auf die Grundgesamtheit.
- Nullhypothese und Alternativhypothese sind zu formulieren und mit einem geeigneten statistischen Testverfahren zu überprüfen.
- Das Ergebnis eines statistischen Tests ist die Irrtumswahrscheinlichkeit p. Sie entscheidet darüber, ob ein Testergebnis signifikant ist.
- Die wichtigsten Verteilungen der Prüfstatistik sind die Standardnormalverteilung, die t-Verteilung, die F-Verteilung und die χ^2-Verteilung.
- Wird die Nullhypothese verworfen, obwohl sie richtig ist, spricht man von einem Fehler erster Art; wird sie beibehalten, obwohl sie falsch ist, liegt ein Fehler zweiter Art vor.
- Ist die Richtung der Alternativhypothese vorgegeben, kann einseitig getestet werden.
- Beim kritiklosen Ausführen sehr vieler Tests besteht die Gefahr der Alpha-Inflation.

5.8 ÜBUNGEN

1. Zur Erkennung einer bestimmten psychischen Erkrankung wurde ein normalverteilter Score entwickelt, der bei den Kranken den Mittelwert 63,9 und die Standardabweichung 5,6, bei den Nichtkranken den Mittelwert 71,3 und die Standardabweichung 4,8 hat. Wie groß sind Fehler erster und zweiter Art, wenn man einen Probanden mit einem Score von 65 in die Gruppe der Kranken einordnet?

2. Die Aufgabe 5.1 sei insofern variiert, als dass nur der mittlere Scorewert der Kranken (63,9) und dessen Standardabweichung (5,6) vorliegt; über die Nichtkranken lägen keine Angaben vor. Wie groß ist der Fehler erster Art, wenn man einen Probanden mit dem Score 72 als krank einstuft? Was ist über den Fehler zweiter Art zu sagen?

6 Streubereiche und Konfidenzintervalle

Lernziele:

- Streubereiche
- Konfidenzintervalle

Der Schluss von den Kennwerten einer Stichprobe auf die Parameter der zugehörigen Grundgesamtheit erfolgt bei intervallskalierten und normalverteilten Variablen über Streubereiche und Konfidenzintervalle. Während Streubereiche einen Bereich voraussagen, in dem sich die einzelnen Messwerte bewegen, geben Konfidenzintervalle an, zwischen welchen Grenzen sich mit vorgegebener Wahrscheinlichkeit Mittelwert und Standardabweichung der Grundgesamtheit bewegen. Ein weiteres Kapitel beschäftigt sich mit Konfidenzintervallen für prozentuale Häufigkeiten.

6.1 Streubereiche

Mit der Angabe eines Streubereichs wird bei intervallskalierten und normalverteilten Variablen die Frage behandelt, wie viel Prozent der Werte in einem bestimmten Intervall liegen. Darunter versteht man stets ein um den Mittelwert symmetrisches Intervall.

Dabei kann in der einen Variante die Intervallbreite, in der Regel in ganzzahligen Einheiten der Standardabweichung, vorgegeben und dann die Prozentzahl der im Intervall enthaltenen Werte ermittelt werden; in der anderen Variante wird diese Prozentzahl vorgegeben und die zugehörigen Intervallgrenzen werden bestimmt.

Die Voraussagen werden stets für die zugrunde liegende Grundgesamtheit gemacht; bei genügend großen Stichproben können die Ergebnisse aber auch an diesen verifiziert werden.

Liegen n Messwerte

$$x_i \qquad i = 1, \ldots, n$$

vor, sind die Grundlage aller Berechnungen der Mittelwert (siehe Kapitel 2.4.1)

$$\overline{x} = \frac{\sum_{i=1}^{n} x_i}{n}$$

und die Standardabweichung (siehe Kapitel 2.5.1).

$$s = \sqrt{\frac{\sum_{i=1}^{n} (x_i - \overline{x})^2}{n-1}}$$

Im Beispiel der Intelligenzquotienten aus Kapitel 4.3.1 (Datei iq.txt) hatten sich bei einer Fallzahl von $n = 200$ für den Mittelwert $\overline{x}$ und die Standardabweichung s die folgenden Werte ergeben:

$$\overline{x} = 98{,}5 \qquad s = 17{,}1$$

ERSTE VARIANTE: VORGABE DER INTERVALLBREITE

In Veröffentlichungen werden Mittelwert $\overline{x}$ und Standardabweichung s häufig in der Form

$$\overline{x} \pm s$$

angegeben. Wir wollen daher herausfinden, welcher prozentuale Anteil der Werte in diesem Intervall von $\overline{x} - s$ bis $\overline{x} + s$ liegt.

Um hierzu die z-Tabelle heranziehen zu können, führen wir zunächst gemäß

$$z = \frac{x - \overline{x}}{s}$$

eine z-Transformation der unteren und oberen Intervallgrenze durch. Für die untere Intervallgrenze $\overline{x} - s$ ergibt sich damit

$$z = \frac{\overline{x} - s - \overline{x}}{s} = -1$$

und für die obere Intervallgrenze $\overline{x} + s$

$$z = \frac{\overline{x} + s - \overline{x}}{s} = 1$$

Wie die z-Tabelle ausweist, erstreckt sich das Flächenstück unter der Standardnormalverteilungskurve zwischen den z-Werten -1 und 1 von $\Phi(-1) = 0{,}15866$ bis $\Phi(1) = 0{,}84134$. Es umfasst also einen Anteil von

$$0{,}84134 - 0{,}15866 = 0{,}68286$$

Dies bedeutet in Prozenten ausgedrückt, dass 68,3 % der Werte im Bereich von $\overline{x} - s$ bis $\overline{x} + s$ liegen. Im gegebenen Beispiel der IQ-Werte handelt es sich um folgenden Bereich:

$$98{,}5 - 17{,}1 = 81{,}4 < x < 98{,}5 + 17{,}1 = 115{,}6$$

In diesem Bereich von 81,4 bis 115,6 sollen bei idealer Normalverteilung

$$68{,}3\,\% \cdot 200 = 137$$

Werte liegen. Tatsächlich sind es deren 131.

Ähnliche Überlegungen kann man für die Streubereiche anstellen, die durch die doppelte bzw. dreifache Standardabweichung gebildet werden. Die Ergebnisse sind in Tabelle 6.1 zusammengefasst.

Streubereich	Prozent der Werte
$\overline{x} \pm s$	68,2 %
$\overline{x} \pm 2 \cdot s$	95,5 %
$\overline{x} \pm 3 \cdot s$	99,7 %

Tabelle 6.1: Streubereiche bei Vorgabe der Intervallbreite

Gebräuchlicher ist es, eine Prozentzahl vorzugeben und dann die zugehörigen Intervallgrenzen zu bestimmen.

Zweite Variante: Vorgabe der Prozentzahl

Möchte man etwa wissen, in welchem Intervall 95 % der Werte liegen, so zeigt ein Blick in die z-Tabelle, dass das Flächenstück unter der Standardnormalverteilungskurve von $z = -1{,}96$ bis $z = 1{,}96$ einen Anteil von 0,95 hat. Dies bedeutet nach der Formel für die z-Transformation, dass im Intervall

$$\overline{x} - 1{,}96 \cdot s < x < \overline{x} + 1{,}96 \cdot s$$

95 % der Werte liegen. Entsprechende Überlegungen führen zu einem 99 %-Streubereich. Die Ergebnisse sind in Tabelle 6.2 zusammengefasst.

Prozent der Werte	Intervall
95 %	$\overline{x} - 1{,}96 \cdot s < x < \overline{x} + 1{,}96 \cdot s$
99 %	$\overline{x} - 2{,}58 \cdot s < x < \overline{x} + 2{,}58 \cdot s$

Tabelle 6.2: Streubereiche bei Vorgabe der prozentualen Wertezahl

So wie man für die einzelnen Messwerte einen Streubereich angeben kann, lässt sich ein solcher auch für den Mittelwert bestimmen. In diesem Fall spricht man von einem *Konfidenzintervall*, in dem mit der vorgegebenen Wahrscheinlichkeit der Mittelwert der entsprechenden Grundgesamtheit liegt.

6.2 Konfidenzintervalle

Konfidenzintervalle behandeln das Problem, wie man vom Kennwert einer Stichprobe auf den entsprechenden Parameter der Grundgesamtheit schließen kann.

Dazu bestimmt man mit vorgegebener Genauigkeit so genannte *Konfidenzintervalle*. In den folgenden Kapiteln sollen solche Konfidenzintervalle für Mittelwerte, Standardabweichungen und prozentuale Häufigkeiten ermittelt werden.

6.2.1 KONFIDENZINTERVALL FÜR DEN MITTELWERT

Um zu einem gegebenen Mittelwert $\overline{x}$ einer Stichprobe mit Hilfe der zugehörigen Standardabweichung s ein Konfidenzintervall bestimmen zu können, wird zunächst die Standardabweichung in den *Standardfehler des Mittelwerts* (kurz: *Standardfehler*) umgerechnet:

$$s_m = \frac{s}{\sqrt{n}}$$

Das Konfidenzintervall für den Mittelwert μ der Grundgesamtheit wird dann mit Hilfe der t-Verteilung ermittelt. Soll etwa ein 95 %-Konfidenzintervall bestimmt werden, so ist aus der t-Tabelle zunächst der zu $p = 0{,}05$ und $df = n - 1$ Freiheitsgraden gehörige Tabellenwert $t_{p;n-1}$ zu bestimmen. Die zur *Konfidenzzahl* 95 % gehörende Irrtumswahrscheinlichkeit beträgt nämlich $100\,\% - 95\,\% = 5\,\%$ oder $p{=}0{,}05$. Dieser t-Wert geht dann in die folgende Intervallformel ein:

$$\overline{x} - t_{p;n-1} \cdot s_m < \mu < \overline{x} + t_{p;n-1} \cdot s_m$$

Im Beispiel der IQ-Werte (siehe Kapitel 6.1) hatten sich die folgenden Kennwerte ergeben:

$$\overline{x} = 98{,}5 \qquad s = 17{,}1 \qquad n = 200$$

Daraus berechnet sich zunächst der Standardfehler zu

$$s_m = \frac{17{,}1}{\sqrt{200}} = 1{,}209$$

und hieraus das 95 %-Konfidenzintervall zu

$$\begin{aligned} 98{,}5 - 1{,}972 \cdot 1{,}209 < \ & \mu < 98{,}5 + 1{,}972 \cdot 1{,}209 \\ 98{,}5 - 2{,}4 < \ & \mu < 98{,}5 + 2{,}4 \\ 96{,}1 < \ & \mu < 100{,}9 \end{aligned}$$

Mit 95 %-iger Wahrscheinlichkeit liegt also der Mittelwert der Grundgesamtheit zwischen den Grenzen 96,1 und 100,9. Dies können Sie auch folgendermaßen formulieren: Wiederholen Sie die IQ-Bestimmung unter gleichen Bedingungen an anderen Probanden, so ergeben sich mit 95 %-iger Wahrscheinlichkeit Mittelwerte im Bereich zwischen 96,1 und 100,9.

Für das 99 %-Konfidenzintervall ergibt sich in unserem Beispiel Folgendes:

$$\begin{aligned} 98{,}5 - 2{,}601 \cdot 1{,}209 < \ & \mu < 98{,}5 + 2{,}601 \cdot 1{,}209 \\ 98{,}5 - 3{,}1 < \ & \mu < 98{,}5 + 3{,}1 \\ 95{,}4 < \ & \mu < 101{,}6 \end{aligned}$$

Für große Fallzahlen nähert sich die t-Verteilung der Standardnormalverteilung und der in die Intervallformel einzusetzende t-Wert bei einem 95 %-Konfidenzintervall dem Wert 1,96.

Einen interessanten Aspekt beleuchtet der so genannte *zentrale Grenzwertsatz*: Zieht man aus ein und derselben Grundgesamtheit Stichproben des Umfangs n, so geht mit wachsendem n die Verteilung der Mittelwerte $\overline{x}$ dieser Stichproben in eine Normalverteilung über. Das gilt unabhängig von der Verteilungsform der Werte in der Grundgesamtheit.

6.2.2 KONFIDENZINTERVALL FÜR DIE STANDARDABWEICHUNG

Auch für die Standardabweichung σ der Grundgesamtheit kann aus dem gegebenen Kennwert s der Stichprobe unter Berücksichtigung der Fallzahl n ein Konfidenzintervall bestimmt werden. Dies gelingt mit Hilfe der F-Verteilung, zum Beispiel bei der Berechnung eines 95 %-Konfidenzintervalls unter Verwendung der Tabellenwerte zu $p = 0{,}05$ und $(n-1; \infty)$ bzw. $(\infty; n-1)$ Freiheitsgraden:

$$\frac{s}{\sqrt{F_{p;(n-1,\infty)}}} < \sigma < s \cdot \sqrt{F_{p;(\infty;n-1)}}$$

In diesem Beispiel ergibt sich folgendes 95 %-Konfidenzintervall:

$$\frac{17{,}1}{\sqrt{1{,}22}} < \sigma < 17{,}1 \cdot \sqrt{1{,}28}$$
$$15{,}5 < \sigma < 19{,}3$$

Mit 95 %-iger Wahrscheinlichkeit liegt die Standardabweichung der Grundgesamtheit zwischen 15,5 und 19,3.

Bei großen Werten von $df1$ und $df2$ sind die Werte aus der F-Tabelle gegebenenfalls zu interpolieren; für $df1 = \infty$ kann der Wert von $df1 = 1000$ gewählt werden.

6.2.3 KONFIDENZINTERVALLE FÜR PROZENTUALE HÄUFIGKEITEN

Auch für prozentuale Häufigkeiten (kurz: Prozentwerte) P lassen sich Konfidenzintervalle bestimmen, sofern die zugrunde liegende Fallzahl n bekannt ist.

Bezeichnet man den Prozentwert der Grundgesamtheit mit π, so gilt für das Konfidenzintervall

$$P - \sigma \cdot z < \pi < P + \sigma \cdot z$$

mit

$$\sigma = \sqrt{\frac{P \cdot (100 - P)}{n}}$$

z ist der zur gegebenen Konfidenzzahl (zum Beispiel 95 %, 99 %) gehörende z-Wert (siehe Tabelle 1). Ist etwa die Konfidenzzahl 95 % vorgegeben, suchen Sie in Tabelle 1 den zu $p = 0{,}05$ gehörenden z-Wert auf; dieser ist 1,96. Zu einem 99 %-Konfidenzintervall gehört $z = 2{,}58$.

Der Rechengang soll anhand eines Beispiels gezeigt werden. Ihre Tageszeitung hat vor einer Kommunalwahl eine Umfrage gestartet, an der sich 481 Leserinnen und

Leser beteiligten und bei der 39,4 % der Stimmen für die Partei Ihres Vertrauens stimmten. Für diese Prozentzahl soll ein 95 %-Konfidenzintervall bestimmt werden.

$$\sigma = \sqrt{\frac{39{,}4 \cdot 60{,}6}{481}} = 2{,}228 \qquad z = 1{,}96$$

$$39{,}4 - 2{,}228 \cdot 1{,}96 < \pi < 39{,}4 + 2{,}228 \cdot 1{,}96$$
$$35{,}0 < \pi < 43{,}8$$

Das 95 %-Konfidenzintervall für die Partei erstreckt sich also von 35,0 % bis 43,8 %.

6.3 Zusammenfassung

- Streubereiche für intervallskalierte Variablen geben an, wie viel Prozent der Werte in einem bestimmten Intervall liegen.
- Konfidenzintervalle entstehen durch den Schluss des Kennwerts einer Stichprobe (Mittelwert, Standardabweichung, prozentuale Häufigkeit) auf den entsprechenden Parameter der Grundgesamtheit.

6.4 Übungen

1. In einer epidemiologischen Studie wurde von eintausend Jugendlichen der Body Mass Index (BMI) bestimmt. Der Mittelwert der normalverteilten Werte ergab sich zu 24,9, die Standardabweichung zu 3,6. Zwischen welchen BMI-Grenzen bewegen sich 80 % der Jugendlichen?
2. Bei vierzehn Probanden, die an einem psychologischen Versuch teilnahmen, wurde mithilfe eines betreffenden Scores der Grad der Extravertiertheit festgestellt:

   14, 17, 10, 13, 8, 9, 16, 14, 12, 18, 15, 8, 13, 16

   Berechnen Sie den Mittelwert und dazu ein 95 %-Konfidenzintervall.
3. Eine Zeitung berichtet, bei der letzten Wahlumfrage habe die Oppositionspartei, die bisher bei 49 % lag, noch um einen Prozentpunkt zugelegt. Was ist von dieser Aussage zu halten, wenn die Befragung an 1000 Personen vorgenommen wurde?

7 Überprüfung auf Verteilungsformen

Lernziele:

- → Überprüfung auf Normalverteilung
- → Überprüfung auf Gleichverteilung
- → Überprüfung auf Verteilung nach vorgegebenen Verhältniszahlen

In diesem Kapitel werden die Überprüfung auf Normalverteilung bei intervallskalierten Variablen und die Überprüfung auf Gleichverteilung der Häufigkeiten bei kategorialen Variablen behandelt. Eine Variante zur Überprüfung auf Gleichverteilung ergibt sich, wenn die erwarteten Häufigkeiten nicht für jede Kategorie gleich sind, sondern vorgegebenen Verhältniszahlen folgen.

7.1 Normalverteilung

Die Normalverteilung (siehe Kapitel 4.3.1) spielt in der Statistik eine entscheidende Rolle. Je nachdem, ob eine Normalverteilung der Werte vorliegt oder nicht, sind gegebenenfalls verschiedene analytische Tests durchzuführen. Die häufigste Situation dürfte der Vergleich zweier Stichproben sein, der bei Normalverteilung mit dem klassischen t-Test nach Student und bei nicht gegebener Normalverteilung mit dem U-Test nach Mann und Whitney durchgeführt wird (siehe Kapitel 8).

Vor der Anwendung eines statistischen Tests, der eine Normalverteilung der Werte voraussetzt, ist diese also zunächst zu überprüfen. Hierzu werden mit dem Chiquadrat-Test und dem Kolmogorov-Smirnov-Test zwei Tests vorgestellt, von denen der Chiquadrat-Test nur für größere und der Kolmogorov-Smirnov-Test auch insbesondere für kleinere Fallzahlen geeignet ist.

7.1.1 Chiquadrat-Test

Das Prinzip dieses Tests ist es, dass die Werte der zu überprüfenden Variablen in Klassen eingeteilt und dann die beobachteten Klassenhäufigkeiten mit den unter Normalverteilung zu erwartenden verglichen werden. Hierfür bietet sich der Chiquadrat-Test an.

Als Beispiel sollen die Körpergewichtsangaben von 196 Patienten einer Klinik dienen (Textdatei gewicht.txt, SPSS-Datei gewicht.sav). Ein Histogramm hat das in Abbildung 7.1 wiedergegebene Aussehen.

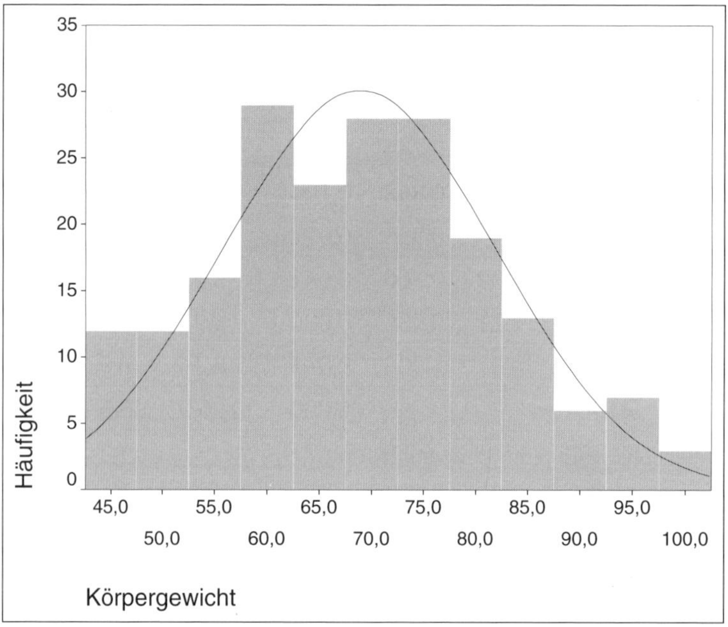

Abbildung 7.1: Verteilung von Körpergewichten

Die Verteilung wirkt leicht linksschief, so dass es sich empfiehlt, die Verteilung mit einem geeigneten Test auf Normalverteilung zu überprüfen. Dazu werden zunächst Mittelwert $\overline{x}$ und Standardabweichung s berechnet:

$$\overline{x} = 68{,}8 \qquad s = 13{,}0$$

Die beim Chiquadrat-Test auszuführenden Schritte sind in Tabelle 7.1 zusammengestellt.

Die erste Spalte gibt die Klasseneinteilung (der Breite 5) an, in der zweiten Spalte sind die Klassenenden aufgeführt. In der dritten Spalte ist die *beobachtete Häufigkeit* f_o in der betreffenden Klasse eingetragen. Die vierte Spalte enthält den zum jeweiligen Klassenende gehörigen z-Wert gemäß der z-Transformation (siehe Kapitel 4.3.1).

$$z = \frac{x - \overline{x}}{s}$$

In der ersten Klasse zum Beispiel ergibt sich

$$z = \frac{47{,}5 - 68{,}8}{13} = -1{,}64$$

Klasse	f_o	z	$\Phi(z)$	FD	f_e	$\frac{(f_o-f_e)^2}{f_e}$	
≤ 47	47,5	12	−1,64	0,051	0,051	10,0	0,402
48–52	52,5	12	−1,25	0,106	0,055	10,8	0,138
53–57	57,5	16	−0,87	0,192	0,086	16,9	0,043
58–62	62,5	29	−0,48	0,316	0,124	24,3	0,907
63–67	67,5	23	−0,10	0,460	0,144	28,2	0,967
68–72	72,5	28	0,28	0,610	0,150	29,4	0,067
73–77	77,5	28	0,67	0,749	0,139	27,2	0,021
78–82	82,5	19	1,05	0,853	0,104	20,4	0,094
83–87	87,5	13	1,44	0,925	0,072	14,1	0,088
88–92	92,5	6	1,82	0,966	0,041	8,0	0,516
93–97	97,5	7	2,21	0,986	0,020	3,9	2,420
> 97		3		1,000	0,014	2,7	0,033
Summe		196			1,000	196,0	5,696

Tabelle 7.1: Rechenschritte zum Chiquadrat-Test

Es folgt der zu diesem z-Wert gehörende $\Phi(z)$-Wert aus der z-Tabelle. Dieser gibt das Flächenstück unter der Standardnormalverteilungskurve von 0 bis z an. In der mit FD (Flächendifferenz) bezeichneten Spalte ist die Differenz zum vorhergehenden Flächenstück angegeben. Diese Fläche bestimmt den relativen Anteil der Gesamthäufigkeit n, der auf die betreffende Klasse entfällt. Die *erwartete Häufigkeit* f_e in der betreffenden Klasse berechnet sich daraus wie folgt:

$$f_e = FD \cdot n$$

Diese erwartete Häufigkeit ist, da es sich um einen theoretischen Wert handelt, mit einer Nachkommastelle angegeben.

Zum Beispiel ergibt sich in der ersten Klasse

$$f_e = 0{,}051 \cdot 196 = 10{,}0$$

Die letzte Spalte schließlich enthält die *standardisierten quadrierten Residuen*

$$\frac{(f_o - f_e)^2}{f_e}$$

Die Aufsummierung dieser standardisierten quadrierten Residuen über alle Klassen ergibt die Prüfgröße χ^2:

$$\chi^2 = \sum \frac{(f_o - f_e)^2}{f_e}$$

Diese Prüfgröße ist χ^2-verteilt mit

$$df = k - 3$$

Freiheitsgraden, wobei k die Anzahl der Klassen ist. Im vorliegenden Beispiel ergibt sich

$$\chi^2 = 5{,}696 \qquad df = 12 - 3 = 9$$

Wie die χ^2-Tabelle ausweist, ist dies bei 9 Freiheitsgraden eine nicht signifikante Prüfgröße. Dies bedeutet, dass sich die gegebene Verteilung nicht signifikant von einer Normalverteilung unterscheidet. Die Variable „Körpergröße" kann also als normalverteilt angesehen werden.

7.1.2 KOLMOGOROV-SMIRNOV-TEST

Der Nachteil des Chiquadrat-Tests zur Überprüfung auf Normalverteilung ist, dass die Werte in Klassen eingeteilt werden müssen. Daher eignet sich dieser Test nur für recht große Fallzahlen. Für kleinere Fallzahlen bietet sich der Kolmogorov-Smirnov-Test an.

Es mögen acht Zeitangaben (in Minuten) vorliegen, die auf Normalverteilung geprüft werden sollen:

200, 198, 390, 215, 171, 160, 150, 224

Bei solch kleinen Fallzahlen ist eine signifikante Abweichung von der Normalverteilung recht selten; die Werte müssen sich sozusagen schon ziemlich „anstrengen", um nicht normalverteilt zu sein. So enthält das vorliegende Beispiel mit 390 einen Ausreißerwert, der die Normalverteilung aber, wie wir sehen werden, nicht entscheidend stören kann.

Zunächst müssen die Werte in eine aufsteigende Reihenfolge gebracht werden. Dies ist in Tabelle 7.2 geschehen, die zudem noch die Ergebnisse der einzelnen Rechenschritte enthält.

x	z	$\Phi(z)$	$f = \frac{i}{n}$	$\lvert\Phi(z) - f\rvert$
150	−0,84	0,200	0,125	0,075
160	−0,70	0,242	0,250	0,008
171	−0,56	0,288	0,375	0,087
198	−0,20	0,421	0,500	0,079
200	−0,18	0,429	0,625	0,196
215	0,02	0,508	0,750	0,242
224	0,14	0,556	0,875	0,319
390	2,32	0,990	1,000	0,010

Tabelle 7.2: Rechenschritte zum Kolmogorov-Smirnov-Test

Die ersten drei Spalten enthalten der Reihe nach die zu testenden Werte, die zugehörigen z-Werte und die gemäß der z-Tabelle ermittelten Flächenstücke unter der

Normalverteilungskurve $\Phi(z)$. Diese sollten bei idealer Normalverteilung gleiche Abstände haben, so wie sie in der nächsten Spalte durch Division mit der Fallzahl n

$$f = \frac{i}{n} \qquad i = 1, \ldots, n$$

erzeugt wurden. Die letzte Spalte enthält die absolute Differenz zwischen Φ und f:

$$d = |\Phi(z) - f|$$

Das Maximum dieser Differenzen

$$a = Maximum|\Phi(z) - f|$$

ist die Prüfgröße beim Kolmogorov-Smirnov-Test. Diese muss den bei der betreffenden Fallzahl n tabellierten Grenzwert (siehe Tabelle 9 im Anhang) überschreiten, damit eine signifikante Abweichung von der Normalverteilung vorliegt.

In dieser Tabelle sind die Grenzwerte bis zu einer Fallzahl von $n = 35$ aufgeführt. Bei Fallzahlen über 35 wird der Grenzwert durch

$$\frac{1{,}358}{\sqrt{n}}$$

festgelegt. Wesentlich strenger allerdings ist eine Variante von Lilliefors, der für Stichprobenumfänge > 30 den Grenzwert

$$\frac{0{,}886}{\sqrt{n}}$$

vorschlug.

Im vorliegenden Beispiel ($n = 8$) ist $a = 0{,}319$, was den betreffenden kritischen Wert von 0,454 nicht überschreitet. Die gegebenen Werte können daher als normalverteilt angesehen werden.

Trotzdem ist es bei Auftreten von solchen Ausreißerwerten meist empfehlenswert, in statistischen Analysen solche Methoden zu verwenden, die keine Normalverteilung voraussetzen.

7.2 GLEICHVERTEILUNG

Neben der Überprüfung, ob die Werte von intervallskalierten Variablen einer Normalverteilung folgen, stellt sich oft die Frage, ob sich die Häufigkeiten, die sich beim Auszählen der Kategorien einer nominal- oder ordinalskalierten Variablen ergeben, untereinander unterscheiden oder ob sie als gleichverteilt angesehen werden können.

Einhundert Studierende der Psychologie wurden befragt, welcher Professor die beste Vorlesung hält. Die betreffenden Häufigkeiten und die Ergebnisse der weiteren Rechenschritte sind in Tabelle 7.3 zusammengefasst.

Professor	f_{o_i}	f_{e_i}	$\frac{(f_{o_i}-f_{e_i})^2}{f_{e_i}}$	Signifikanz
Prof. Schmusemann	30	20	5,000	*
Prof. Kalteisen	13	20	2,450	
Prof. Mittelmann	18	20	0,200	
Prof. Gutmann	24	20	0,800	
Prof. Hartstein	15	20	1,250	
Summe	100	100	9,700 = χ^2	

Tabelle 7.3: Rechenschritte zum Chiquadrat-Test auf Gleichverteilung

Es sei k die gegebene Anzahl der Kategorien (hier $k = 5$) und n die Gesamtsumme der Häufigkeiten. Diese berechnet sich aus den beobachteten Häufigkeiten f_{o_i} zu

$$n = \sum_{i=1}^{k} f_{o_i}$$

Da wegen der gleichen Ausgangsbedingungen auf Gleichverteilung getestet werden soll, sind die erwarteten Häufigkeiten bei allen Kategorien (hier: bei allen Professoren) gleich und folgendermaßen zu berechnen:

$$f_{e_i} = \frac{n}{k} \qquad i = 1, ..., k$$

Im vorliegenden Beispiel ergibt dies

$$f_{e_i} = \frac{100}{5} = 20 \qquad i = 1, ..., 6$$

Als Abweichungsmaß zwischen den beobachteten und erwarteten Häufgigkeiten gelten wieder die standardisierten Residuen (siehe Kapitel 7.1):

$$\frac{(f_{o_i} - f_{e_i})^2}{f_{e_i}} \qquad i = 1, ..., k$$

Diese sind in der vorletzten Spalte der Tabelle eingetragen. Ihre Summe ergibt die Prüfgröße χ^2:

$$\chi^2 = \sum_{i=1}^{k} \frac{(f_{o_i} - f_{e_i})^2}{f_{e_i}}$$

Dieser χ^2-Wert ist χ^2-verteilt mit

$$df = k - 1$$

Freiheitsgraden.

Im vorliegenden Beispiel wird

$$\chi^2 = 9{,}700 \qquad df = 5 - 1 = 4$$

Dieser χ^2-Wert ist nach der χ^2-Tabelle bei der gegebenen Anzahl von Freiheitsgraden ein signifikanter Wert ($p < 0{,}05$). Darüber, welche Kategorien (hier: Professoren) im Einzelnen „aus dem Rahmen fallen“, geben die standardisierten quadrierten Residuen Auskunft (siehe auch Kapitel 10.1). Je nachdem, welchen Grenzwert diese Residuen überschreiten, gilt für den Unterschied zwischen beobachteter und erwarteter Häufigkeit:

$> 3{,}84$ signifikant ($p < 0{,}05$, *)

$> 6{,}64$ sehr signifikant ($p < 0{,}01$, **)

$> 10{,}83$ höchst signifikant ($p < 0{,}001$, ***)

Im Signifikanzfall ist das Signifikanzniveau in der letzten Spalte der Tabelle eingetragen. Als abschließendes Ergebnis erhält man, dass Professor Schmusemann signifikant häufiger genannt wurde, als es den Erwartungen entspricht. Bei den anderen Professoren liegen keine signifikanten Abweichungen vom Erwartungswert vor.

Es sei ausdrücklich darauf hingewiesen, dass diese Nachbetrachtung der standardisierten Residuen nur dann erlaubt ist, wenn die Prüfgröße χ^2 insgesamt ein signifikantes Ergebnis liefert.

Bevor eine Variante dieses *eindimensionalen* Chiquadrat-Tests aufgezeigt wird, soll zunächst ein weiteres einfaches Beispiel vor unerlaubter Anwendung dieses Tests warnen.

Betrachtet man die Ziehungshäufigkeit der 49 Zahlen im deutschen Zahlenlotto, so wurde seit Beginn des Lottos am 9. 10. 1955 die Zahl 32 mit 337 Ziehungen am häufgisten und die Zahl 13 mit 231 Ziehungen am seltensten gezogen. Mit dem χ^2-Test könnte man überprüfen, ob sich die beiden Ziehungshäufigkeiten signifikant voneinander unterscheiden (Tabelle 7.4).

Zahl	f_{o_i}	f_{e_i}	$\frac{(f_{o_i}-f_{e_i})^2}{f_{e_i}}$
32	337	284	9,891
13	231	284	9,891
Summe	568	568	19,782

Tabelle 7.4: Ziehungshäufigkeiten zweier Lottozahlen

Die Prüfgröße $\chi^2 = 19{,}782$ ist bei $df = 2 - 1 = 1$ Freiheitsgraden ein höchst signifikanter Wert ($p < 0{,}001$). Da sich also die beiden Ziehungshäufigkeiten der Zahlen 32 und 13 höchst signifikant voneinander unterscheiden, könnte man auf ein nicht korrektes Ziehungsverfahren schließen.

Dieses Vorgehen aber, aus den gegebenen Ziehungshäufigkeiten aller 49 Zahlen die beiden mit maximaler und mimimaler Häufigkeit herauszufischen und dann einem Signifikanztest zu unterziehen, ist natürlich nicht erlaubt. Es hätte die komplette Häufigkeitsverteilung aller 49 Zahlen getestet werden müssen. Hier ergeben sich, das sei verraten, bei weitem keine signifikanten Unterschiede.

7.3 Verteilung nach Verhältniszahlen

Eine Variante des eindimensionalen Chiquadrat-Tests entsteht, wenn die erwarteten Häufigkeiten nicht als gleich vorausgesetzt werden können, sondern vorgegebenen Verhältniszahlen folgen.

Ein Spielbankbesucher hat an einem bestimmten Tisch 194 Spiele beobachtet. Dabei hat er festgestellt, dass 101-mal Rouge gewann, 84-mal Noir und 9-mal Zero. Möchte man testen, ob sich diese Anzahlen signifikant voneinander unterscheiden, muss man offenbar berücksichtigen, dass sich die erwarteten Häufigkeiten nicht wie 1:1:1, sondern wie 18:18:1 verhalten. Dies führt zu einer etwas modifizierten Chiquadrat-Berechnung (Tabelle 7.5).

Ergebnis	f_{o_i}	v_i	f_{e_i}	$\frac{(f_{o_i}-f_{e_i})^2}{f_{e_i}}$
Rouge	101	18	94,4	0,461
Noir	84	18	94,4	1,146
Zero	9	1	5,2	2,777
Summe	194	37	194,0	4,384

Tabelle 7.5: Chiquadrat-Test bei vorgegebenen Verhältniszahlen

Bezeichnet man die Verhältniszahlen mit v_i und deren Summe mit s, so berechnen sich die erwarteten Häufigkeiten zu

$$f_{e_i} = \frac{n \cdot v_i}{s} \qquad i = 1, \ldots, k$$

Es darf Sie nicht stören, dass die erwarteten Häufigkeiten, da es sich um einen berechneten Wert handelt, Nachkommastellen beinhalten.

Die ermittelte Testgröße $\chi^2 = 4{,}384$ ist bei $3 - 1 = 2$ Freiheitsgraden nicht signifikant. Es besteht also kein Anlass, an der Korrektheit des Roulettetischs zu zweifeln.

Die Erweiterung des eindimensionalen Chiquadrat-Tests auf den zweidimensionalen Fall, der Chiquadrat-Mehrfeldertest, wird in Kapitel 10.1 vorgestellt.

7.4 ZUSAMMENFASSUNG

- Die Überprüfung von intervallskalierten Variablen auf Normalverteilung kann bei großen Fallzahlen mit dem Chiquadrat-Test, bei kleineren Fallzahlen mit dem Kolmogorov-Smirnov-Test erfolgen.
- Die Überprüfung von kategorialen Daten auf Gleichverteilung oder darauf, ob ihre Verteilung vorgegebenen Verhältniszahlen folgt, geschieht mit dem Chiquadrat-Test.

7.5 ÜBUNGEN

1. Zwei Tennisspieler traten 25-mal gegeneinander an, wobei der Spieler A 15-mal, der Spieler B 10-mal siegte. A meint, dies zeige, dass er stärker sei, während B einwendet, dies sei kein signifikantes Ergebnis. Wer hat Recht?
2. Amalie, Berta und Christiane arbeiten seit fünf, sieben bzw. zwölf Jahren bei einer Firma. Amalie hatte dabei 45 Krankheitstage, Berta 97 und Christiane 130. Unterschieden sich die drei Arbeiterinnen signifikant bezüglich ihrer Krankheitstage?

8

TESTS AUF SIGNIFIKANTE UNTERSCHIEDE

Lernziele:

→ Allgemeines über die Beziehungen zwischen zwei Variablen

→ Übersicht über Tests auf signifikante Unterschiede

→ t-Tests, einfaktorielle Varianzanalyse

→ U-Test nach Mann und Whitney, Wilcoxon-Test, H-Test nach Kruskal und Wallis

Die häufigste Testsituation in der analytischen Statistik dürfte diejenige sein, dass man Beziehungen zwischen zwei Variablen untersuchen möchte. Je nach Skalenniveau der beteiligten Variablen und je nachdem, ob bei intervallskalierten Variablen Normalverteilung vorliegt oder nicht, gelangen hierbei unterschiedliche Tests zur Anwendung.

8.1 ALLGEMEINES ÜBER DIE BEZIEHUNGEN ZWISCHEN ZWEI VARIABLEN

Sieht man von dem Fall ab, dass beide Variablen nominalskaliert mit mehr als zwei Kategorien sind, wo die Beziehung zwischen beiden Variablen in Form einer Kreuztabelle herzustellen ist (siehe Kapitel 10), gibt es prinzipiell zwei Ansatzmöglichkeiten, um eine Beziehung zwischen zwei Variablen aufzudecken.

- Eine der beiden Variablen wird als Gruppierungsvariable verwendet. Die entstehenden Gruppen werden dann bezüglich des Mittelwerts oder des Medians der anderen Variablen auf signifikante Unterschiede getestet (siehe Kapitel 8.2). Die Gruppierungsvariable muss dabei nominalskaliert oder ordinalskaliert mit recht wenigen Kategorien sein.
- Der Zusammenhang der beiden Variablen wird mit Hilfe eines Korrelationskoeffizienten (siehe Kapitel 9) beschrieben, der mit einem Betrag zwischen 0 und 1 angibt, wie stark die Aussage „je größer die eine Variable, desto größer die andere“

bzw. „je größer die eine Variable, desto kleiner die andere" zutrifft. Diese Methode kommt zum Beispiel zum Einsatz, wenn beide Variablen intervallskaliert sind.

Einige Beispiele sollen dies verdeutlichen. Innerhalb einer Befragung von Krankenpflegepersonal an einer Klinik wurde ein Score entwickelt, der den Grad der emotionalen Erschöpfung wiedergeben sollte. Die Werte sind zusammen mit der Angabe des Geschlechts (1 = männlich, 2 = weiblich) in der Datei ee.txt (SPSS-Variante ee.sav) enthalten. Die Scorewerte erweisen sich nach Prüfung mit dem Kolmogorov-Smirnov-Test als normalverteilt.

Wenn wir untersuchen wollen, wie der Score der emotionalen Erschöpfung vom Geschlecht abhängt, besteht eine Möglichkeit darin, dass wir für beide Kategorien des Geschlechts den Mittelwert des Scores bestimmen und dann diese beiden Mittelwerte mit Hilfe des t-Tests nach Student (siehe Kapitel 8.3) auf signifikanten Unterschied testen.

Geschlecht	Mittelwert
männlich	23,08
weiblich	17,71

Tabelle 8.1: Emotionale Erschöpfung und Geschlecht

Der t-Test liefert mit $p < 0{,}05$ ein signifikantes Ergebnis. Männliche Probanden haben also einen höheren mittleren Wert der emotionalen Erschöpfung.

Als zweite Möglichkeit kann auch die punktbiseriale Korrelation (siehe Kapitel 9.5) zwischen emotionaler Erschöpfung und Geschlecht berechnet werden. Diese liefert mit $r = 0{,}216$ einen zwar signifikanten, aber nur geringen Zusammenhang.

Welche der beiden Vorgehensweisen man vorzieht, ist sicherlich Geschmackssache. Vorteilhafter ist wohl die erstgenannte Variante, da sie durch die Angabe der beiden Mittelwerte (im Falle fehlender Normalverteilung durch die Angabe der beiden Mediane) den Unterschied zwischen beiden Gruppen deutlicher macht als durch die Angabe des bloßen Korrelationskoeffizienten.

In einem zweiten Beispiel gibt es sogar drei Möglichkeiten, eine Beziehung zwischen zwei Variablen zu beschreiben. Im Freiburger Fragebogen zur Krankheitsverarbeitung werden 35 Strategien für den Umgang mit Krankheiten aufgeführt. Auf einer Fünferskala von 1 (gar nicht) bis 5 (stark) soll der Patient angeben, wie intensiv er die jeweilige Strategie verfolgt. Tabelle 8.2 gibt in Form einer „Kreuztabelle" (siehe Kapitel 10) an, inwieweit, abhängig vom Schulabschluss, die Strategie „Einen Plan machen und danach handeln" verfolgt wird.

Neben den Häufigkeiten sind auch die auf die jeweiligen Zeilensummen bezogenen Prozentwerte aufgeführt. Zum Beispiel machen nur 3,7 % der Hauptschüler starken Gebrauch von der Strategie „Einen Plan machen und danach handeln", aber

Schulbildung	Einen Plan machen und danach handeln				
	gar nicht	wenig	mittel	ziemlich	stark
Hauptschule	9	7	6	4	1
	33,3 %	25,9 %	22,2 %	14,8 %	3,7 %
Mittlere Reife	2	8	6	8	4
	7,1 %	28,6 %	21,4 %	28,6 %	14,3 %
Abitur	1	3	7	8	9
	3,6 %	10,7 %	25,0 %	28,6 %	32,1 %

Tabelle 8.2: Schulbildung und Krankheitsverarbeitung

32,1 % der Abiturienten. Zur Überprüfung der Unterschiede der Häufigkeitsverteilungen zwischen den verschiedenen Schulabschlüssen liefert der Chiquadrat-Wert mit $p < 0{,}01$ ein sehr signifikantes Ergebnis.

In einer zweiten Variante könnte man die Schulbildung als Gruppierungsvariable benutzen und in den drei Gruppen den Median der ordinalskalierten Variablen „Plan machen" bestimmen, wobei die Medianformel für gehäufte Daten (siehe Kapitel 2.4.2) zur Anwendung kommt. Herauskommt das in Tabelle 8.3 dargestellte Ergebnis.

Schulbildung	Median
Hauptschule	2,14
mittlere Reife	3,17
Abitur	3,88

Tabelle 8.3: Schulbildung und Plan machen (Mediane)

Diese Mediane können dann mit dem H-Test nach Kruskal und Wallis (siehe Kapitel 8.8) auf signifikanten Unterschied getestet werden. Dieser liefert mit $p < 0{,}001$ ein höchst signifikantes Ergebnis.

In der dritten Variante kann zwischen den beiden ordinalskalierten Variablen Schulbildung und „Plan machen" der Rangkorrelationskoeffizient nach Spearman (siehe Kapitel 9.2) bestimmt werden. Dieser liefert mit $r = 0{,}448$ einen höchst signifikanten Wert ($p < 0{,}001$).

Sie haben also in vielen Fällen mehrere Möglichkeiten, Zusammenhänge zwischen zwei Variablen aufzuzeigen. Im letzten Beispiel dürfte es empfehlenswert sein, zunächst den Korrelationskoeffizienten anzugeben und daneben zur weiteren Veranschaulichung entweder die Kreuztabelle oder die Mediane.

Bevor die je nach Skalenniveau und Verteilungsform (normalverteilt bzw. nicht normalverteilt) der beteiligten Variablen in Frage kommenden Tests aufgezeigt werden, seien in Tabelle 8.4 noch einmal die fünf Stufen in Erinnerung gebracht, nach denen sich Variablen einteilen lassen (siehe Kapitel 4.4).

Stufe	Skalenniveau
1	nominalskaliert mit mehr als zwei Kategorien
2	nominalskaliert mit zwei Kategorien
3	ordinalskaliert
4	intervallskaliert und nicht normalverteilt
5	intervallskaliert und normalverteilt

Tabelle 8.4: Variablenklassifikation

Die bei den einzelnen Stufenkombinationen in Frage kommenden Tests sind im Folgenden zusammengestellt. Dabei sind redundante Kombinationen weggelassen.

Stufenkombination	Test
1 mit 1	Kreuztabelle mit Chiquadrat-Test
1 mit 2	Kreuztabelle mit Chiquadrat-Test
1 mit 3	Kreuztabelle mit Chiquadrat-Test
	H-Test nach Kruskal und Wallis
1 mit 4	H-Test nach Kruskal und Wallis
1 mit 5	einfaktorielle Varianzanalyse
2 mit 2	Kreuztabelle mit Chiquadrat-Vierfeldertest
	Exakter Test nach Fisher und Yates
	Vierfelderkorrelation
	Chiquadrat-Test nach McNemar *)
2 mit 3	Kreuztabelle mit Chiquadrat-Test
	U-Test nach Mann und Whitney
	Rangkorrelation nach Spearman
	Rangkorrelation nach Kendall
2 mit 4	U-Test nach Mann und Whitney
	Rangkorrelation nach Spearman
	Rangkorrelation nach Kendall
2 mit 5	t-Test nach Student
	punktbiseriale Korrelation
3 mit 3	Kreuztabelle mit Chiquadrat-Test
	H-Test nach Kruskal und Wallis
	Rangkorrelation nach Spearman
	Rangkorrelation nach Kendall
	Wilcoxon-Test *)

Stufenkombination	Test
3 mit 4	H-Test nach Kruskal und Wallis
	Rangkorrelation nach Spearman
	Rangkorrelation nach Kendall
3 mit 5	einfaktorielle Varianzanalyse
	Rangkorrelation nach Spearman
	Rangkorrelation nach Kendall
4 mit 4	Rangkorrelation nach Spearman
	Rangkorrelation nach Kendall
	Wilcoxon-Test *)
4 mit 5	Rangkorrelation nach Spearman
	Rangkorrelation nach Kendall
	Wilcoxon-Test *)
5 mit 5	Produkt-Moment-Korrelation
	partielle Korrelation *)
	t-Test für abhängige Stichproben *)

Die mit *) bezeichneten Tests können nicht in allen Situationen durchgeführt werden bzw. sind nicht in allen Situationen sinnvoll. In den folgenden Kapiteln werden die einzelnen Verfahren vorgestellt.

8.2 ÜBERSICHT ÜBER SIGNIFIKANZTESTS

Falls Sie Stichproben hinsichtlich ihrer Mittelwerte oder Mediane (allgemein: zentralen Tendenzen) vergleichen möchten, so gibt es drei Kriterien bzw. Unterscheidungsmöglichkeiten, die dabei relevant werden:

- unabhängige Stichproben — abhängige Stichproben
- Vergleich von zwei Stichproben — Vergleich von mehr als zwei Stichproben
- intervallskalierte und normalverteilte Werte — ordinalskalierte oder nicht normalverteilte intervallskalierte Werte

Abhängigkeit von zwei Stichproben (wobei Entsprechendes auch bei mehr als zwei Stichproben gilt) bedeutet, dass jeweils ein Wertepaar aus beiden Stichproben sinnvoll und eindeutig einander zugeordnet werden kann. Dies ist zum Beispiel immer dann der Fall, wenn eine Variable bei dem gleichen Probanden unter zwei (oder mehreren) Bedingungen gemessen wurde.

Das klassische Beispiel von abhängigen Stichproben liegt vor, wenn eine Variable zu mehreren Zeitpunkten gemessen wurde. Dies ist im folgenden Beispiel der Fall, bei dem an zwei aufeinander folgenden Versuchstagen ein Konzentrationsleistungstest durchgeführt wurde. Die Werte der ersten fünf Probanden sind in Tabelle 8.5 enthalten.

Proband	1. Versuchstag	2. Versuchstag
August	210	240
Berta	190	195
Christine	180	192
Dietrich	205	202
Emil	180	212

Tabelle 8.5: Zwei abhängige Stichproben

Hier liegen zwei voneinander abhängige Stichproben vor, deren Werte sich probandenweise einander zuordnen lassen. Eine unmittelbare Folgerung der Abhängigkeit ist, dass voneinander abhängige Stichproben stets dieselbe Fallzahl haben.

Nicht immer muss die Abhängigkeit über zeitlich versetzte Messungen erfolgen. So können, um ein Beispiel aus der Medizin zu bemühen, etwa bei einer zahnmedizinischen Untersuchung bei jedem beteiligten Probanden an zwei verschiedenen Zähnen unterschiedliche Behandlungsmethoden getestet werden.

Unabhängige Stichproben liegen dann vor, wenn diese unterschiedliche Probanden (allgemein: Fälle) enthalten. In diesem Fall brauchen die Fallzahlen der beteiligten Stichproben nicht gleich zu sein.

Die zweite Unterscheidungsmöglichkeit bei der Anwendung eines Signifikanztests ist die Anzahl der verglichenen Stichproben. Im einfachsten und übersichtlichsten Fall werden zwei Stichproben miteinander verglichen. Ergibt sich ein signifikanter Unterschied, so ist unmittelbar klar, zwischen welchen beiden Stichproben dieser Unterschied besteht – es sind ja nur zwei Stichproben beteiligt.

Komplizierter wird es, wenn Sie mehrere Stichproben miteinander vergleichen wollen. Nehmen wir einmal an, Sie erproben acht verschiedene Methoden zur Gewichtsabnahme bei übergewichtigen Probanden. Sie bilden also acht verschiedene Gruppen entsprechender Versuchspersonen mit etwa gleichem mittlerem Ausgangsgewicht und stellen nach einem vorher festgelegten Zeitpunkt die Gewichtsabnahme fest.

Dabei könnten Sie so vorgehen, dass Sie alle Gruppen paarweise miteinander vergleichen. Bei k Gruppen ergibt dies

$$\frac{k \cdot (k-1)}{2}$$

Vergleiche, im gegebenen Beispiel von acht Gruppen also deren

$$\frac{8 \cdot 7}{2} = 28$$

Bedenkt man, dass auf dem Signifikanzniveau $p = 0{,}05$ von 100 Signifikanztests etwa deren 5 mit einem Fehler erster Art behaftet sind, so kann man annehmen, dass bei 28 Einzelvergleichen ein solcher Fehler zwei- bis dreimal auftreten wird. Erhalten Sie also hierbei eine Hand voll signifikanter Ergebnisse, werden Sie nicht unbedingt daraus schließen können, dass die untersuchten Methoden insgesamt unterschiedliche Ergebnisse liefern.

Um den geschilderten Effekt abzufangen, macht man im Falle mehrerer zu vergleichender Stichproben zunächst einen „globalen" Test über alle Stichproben. Nur in dem Fall, dass dieser Test ein signifikantes Ergebnis liefert, ist es dann erlaubt, unter Anwendung passender paarweiser Tests zu untersuchen, welche Stichproben sich im Einzelnen signifikant voneinander unterscheiden. Liegt Normalverteilung vor und hat man daher als globalen Test die einfaktorielle Varianzanalyse angewandt, so stehen hier anstelle des t-Tests passendere Tests zur Verfügung, die Zwischenergebnisse der Varianzanalyse benutzen.

Die dritte Unterscheidungsmöglichkeit resultiert daraus, ob die Werte der beteiligten Stichproben intervallskaliert und normalverteilt sind oder nicht; die Alternative sind entweder ordinalskalierte oder intervallskalierte, aber nicht normalverteilte Werte. Im letzteren Fall wendet man so genannte *parameterfreie* Tests an, deren Formeln nicht auf den Originalwerten aufbauen, sondern auf Rangplätzen, die diesen Werten zugeordnet sind. Die *Effizienz* eines solchen parameterfreien Tests beträgt dabei etwa 95 % des entsprechenden parametrischen Tests. Als Effizienz eines parameterfreien Tests bezeichnet man dabei das Verhältnis der für den Signifikanznachweis erforderlichen Stichprobenumfänge beim entsprechenden parametrischen Test und diesem parameterfreien Test.

Sind also die Voraussetzungen zur Anwendung des t-Tests nach Student gegeben (Vergleich zweier unabhängiger Stichproben mit normalverteilten intervallskalierten Werten) und benötigen Sie zum Signifikanznachweis 19 Werte, so würden Sie beim entsprechenden parameterfreien Test, dem U-Test nach Mann und Whitney, 20 Werte benötigen.

Möchten Sie mehrere Signifikanztests durchführen und haben Sie in einigen Fällen normalverteilte, in anderen Fällen nicht normalverteilte Werte, so empfiehlt es sich wegen ihrer hohen Effizienz, stets parameterfreie Tests zu rechnen, um ein schwer interpretierbares Durcheinander verschiedener Tests zu vermeiden. Viele Anwender sind schon dazu übergegangen, prinzipiell nur parameterfreie Tests zu rechnen, da diese an keine Voraussetzungen gebunden sind und sowieso normalverteilte Werte in der Praxis eher die Ausnahme sind.

Mit den drei aufgeführten dichotomen Unterscheidungsmöglichkeiten gibt es zum Vergleich von Stichproben acht unterschiedliche Testsituationen, für welche die gebräuchlichsten Tests in den Tabellen 8.6 und 8.7 zusammengestellt sind.

Einfaktorielle Varianzanalyse mit Messwiederholung und Friedman-Test behandeln den Fall, dass mehr als zwei (abhängige) Variablen miteinander in Beziehung gebracht werden. Sie werden daher in Kapitel 9 behandelt. Die anderen Tests werden in den folgenden Kapiteln vorgestellt.

Anzahl der Stichproben	Art der Abhängigkeit	Test
2	unabhängig	t-Test nach Student
2	abhängig	t-Test für abhängige Stichproben
> 2	unabhängig	einfaktorielle Varianzanalyse
> 2	abhängig	einfaktorielle Varianzanalyse mit Messwiederholung

Tabelle 8.6: Tests bei intervallskalierten und normalverteilten Variablen

Anzahl der Stichproben	Art der Abhängigkeit	Test
2	unabhängig	U-Test von Mann und Whitney
2	abhängig	Wilcoxon-Test
> 2	unabhängig	H-Test nach Kruskal und Wallis
> 2	abhängig	Friedman-Test

Tabelle 8.7: Tests bei ordinalskalierten oder nicht normalverteilten Variablen

8.3 DER T-TEST NACH STUDENT

Der t-Test nach Student dient zum Vergleich zweier unabhängiger Stichproben hinsichtlich ihrer Mittelwerte, wobei die Werte der beiden Stichproben normalverteilt sein müssen.

Je nachdem, ob sich die Varianzen in beiden Stichproben signifikant unterscheiden oder nicht, gibt es zwei verschiedene Formeln für eine t-verteilte Prüfgröße t, in die jeweils die beiden Mittelwerte $\overline{x}_1$ und $\overline{x}_2$, die beiden Standardabweichungen s_1 und s_2 und die beiden Fallzahlen n_1 und n_2 eingehen.

Im ersten Rechenschritt ist also zu entscheiden, ob Varianzenhomogenität (die Varianzen unterscheiden sich nicht signifikant) oder Varianzenheterogenität (die Varianzen unterscheiden sich signifikant) vorliegt. Dazu berechnet man die Prüfgröße

$$F = \frac{s^2_{\text{major}}}{s^2_{\text{minor}}}$$

Dabei ist s_{major} die größere und s_{minor} die kleinere der beiden Standardabweichungen. Die Prüfgröße F ist F-verteilt mit

$$df = (n_{\text{major}} - 1, n_{\text{minor}} - 1)$$

Freiheitsgraden. Varianzenheterogenität wird bei einer Signifikanz auf der Stufe $p < 0{,}05$ angenommen.

Im Falle der Varianzenhomogenität gilt

$$t = \frac{|\overline{x}_1 - \overline{x}_2|}{\sqrt{\frac{(n_1 - 1) \cdot s_1^2 + (n_2 - 1) \cdot s_2^2}{n_1 + n_2 - 2}}} \cdot \sqrt{\frac{n_1 \cdot n_2}{n_1 + n_2}}$$

$$df = n_1 + n_2 - 2$$

und im Falle der Varianzenheterogenität

$$t = \frac{|\overline{x}_1 - \overline{x}_2|}{\sqrt{\frac{s_1^2}{n_1} + \frac{s_2^2}{n_2}}}$$

$$df = \frac{n_1 + n_2 - 2}{2}$$

Diese beiden Formeln wurden bereits in Kapitel 5.2 vorgestellt, in dem allgemein die Überprüfung von Hypothesen beschrieben wurde.

Die Rechenschritte sollen anhand des folgenden Beispiels durchgeführt werden. Zwanzig Männer und elf Frauen nahmen an einem Gedächtnistest teil, bei dem möglichst viele vorgegebene Wörter gemerkt werden sollten. Die erzielten Leistungen sind im Folgenden aufgeführt.

Männer: 22, 27, 28, 30, 23, 25, 26, 29, 32, 25, 23, 29, 29, 28, 30, 21, 26, 16, 23, 25

Frauen: 35, 26, 34, 24, 27, 25, 28, 24, 25, 30, 34

Die Berechnung der Mittelwerte und Standardabweichungen ergibt

$$\overline{x}_1 = 25{,}9 \qquad \overline{x}_2 = 28{,}4 \qquad s_1 = 3{,}80 \qquad s_2 = 4{,}23$$

Die Fallzahlen sind

$$n_1 = 20 \qquad n_2 = 11$$

Zunächst ist der F-Test auf Überprüfung der Varianzenhomogenität auszuführen:

$$F = \frac{4{,}23^2}{3{,}80^2} = 1{,}24$$

Wie die F-Tabelle ausweist, ist dies bei (19, 10) Freiheitsgraden ein nicht signifikanter Wert; Varianzenhomogenität ist also gegeben.

Damit wird

$$t = \frac{|25{,}9 - 28{,}4|}{\sqrt{\frac{19 \cdot 3{,}80^2 + 10 \cdot 4{,}23^2}{29}}} \cdot \sqrt{\frac{20 \cdot 11}{20 + 11}} = 1{,}685$$

Nach der t-Tabelle ist dies bei $df = 20 + 11 - 2 = 29$ Freiheitsgraden ein nicht signifikanter Wert ($p > 0{,}05$).

Es ist also kein Unterschied zwischen den beiden Geschlechtern bezüglich der im Gedächtnistest erzielten Leistung nachzuweisen.

8.4 Der t-Test für abhängige Stichproben

Dieser Test dient zum Vergleich zweier abhängiger Stichproben hinsichtlich ihrer Mittelwerte, wobei die Differenzen zusammengehöriger Messwertpaare aus einer normalverteilten Grundgesamtheit stammen müssen.

Die Befindlichkeiten von zehn Patienten einer psychiatrischen Klinik wurden auf einer Skala gemessen, welche Werte zwischen 0 und 56 annehmen kann, wobei hohe Werte für schlechte Befindlichkeiten stehen. Eine Bewegungstherapie sollte die Befindlichkeit verbessern. Die Befindlichkeitswerte vor und nach der Bewegungstherapie, deren Differenzen (d) und die Quadrate dieser Differenzen sind in Tabelle 8.8 enthalten.

Vp	vor	nach	d	d^2
1	30	20	10	100
2	22	24	-2	4
3	38	31	7	49
4	34	28	6	36
5	25	20	5	25
6	28	28	0	0
7	33	27	6	36
8	21	24	-3	9
9	29	21	8	64
10	31	25	6	36
Summe	291	248	43	359

Tabelle 8.8: Rechenschritte zum t-Test für abhängige Stichproben

Die beiden Stichproben, die durch die Befindlichkeitswerte vor und nach der Bewegungstherapie gebildet werden, sind voneinander abhängig, da zu jedem Probanden genau ein Wertepaar „vor — nach" existiert. Bei entsprechender Prüfung (siehe Kapitel 7.1) erweisen sich die Differenzen als hinreichend normalverteilt, so dass der geeignete Test zum Vergleich der beiden Stichproben der t-Test für abhängige Stichproben ist.

Der Mittelwert der Befindlichkeit vor der Bewegungstherapie ist

$$\overline{x}_1 = \frac{291}{10} = 29{,}1$$

und derjenige nach der Bewegungstherapie

$$\overline{x}_2 = \frac{248}{10} = 24{,}8$$

Der Mittelwert der Differenzen ist

$$\overline{d} = \frac{43}{10} = 4{,}3$$

Abgesehen von Rundungsfehlern ist natürlich stets der Mittelwert der Differenzen gleich der Differenz der Mittelwerte:

$$\bar{d} = \bar{x}_1 - \bar{x}_2$$

Im Mittel ist also der Wert der Befindlichkeit um 4,3 gesunken. Um diesen Unterschied der beiden Mittelwerte auf Signifikanz zu überprüfen, berechnet man neben dem Mittelwert der Differenzen

$$\bar{d} = \frac{\sum_{i=1}^{n} d_i}{n}$$

noch deren Standardabweichung:

$$s = \sqrt{\frac{\sum_{i=1}^{n} d_i^2 - \frac{(\sum_{i=1}^{n} d_i)^2}{n}}{n-1}}$$

Mit den gegebenen Werten erhält man

$$s = \sqrt{\frac{359 - \frac{43^2}{10}}{9}} = 4{,}398$$

Die Prüfgröße t berechnet sich zu

$$t = \frac{|\bar{d}| \cdot \sqrt{n}}{s}$$

Im gegebenen Beispiel ergibt sich damit

$$t = \frac{4{,}3 \cdot \sqrt{10}}{4{,}398} = 3{,}092$$

Dieser Wert ist t-verteilt mit

$$df = n - 1$$

Freiheitsgraden; im vorliegenden Fall ist also

$$df = 10 - 1 = 9$$

Der berechnete t-Wert muss bei der gegebenen Anzahl von Freiheitsgraden den tabellierten Grenzwert der t-Tabelle übersteigen, damit Signifikanz auf der betreffenden Stufe vorliegt. Bei $df = 9$ Freiheitsgraden ist der kritische Tabellenwert auf dem 0,05-Signifikanzniveau 2,262; da der berechnete Wert diesen Wert übertrifft, ist der Unterschied der mittleren Befindlichkeitswerte vor und nach der Bewegungstherapie als signifikant nachgewiesen.

8.5 Einfaktorielle Varianzanalyse

Die einfaktorielle Varianzanalyse dient zum Vergleich von mehr als zwei unabhängigen Stichproben hinsichtlich ihrer Mittelwerte, wobei die Werte der Stichproben normalverteilt sein müssen. Eine weitere Voraussetzung ist die Varianzenhomogenität über die Stichproben hinweg.

Die Erläuterung der Rechenschritte soll anhand des folgenden Beispiels erfolgen. Studierende dreier Fachrichtungen unterzogen sich einem Zahlengedächtnistest, bei dem Ziffernfolgen wachsender Länge vorgegeben wurden. Dann wurde festgestellt, wie viele Ziffern die Probanden maximal behalten konnten, wobei die Wiedergabe der Ziffern einmal in der dargebotenen und einmal in umgekehrter Reihenfolge vorgenommen werden musste. Die Summe beider Ergebnisse war dann das Endergebnis des Gedächtnistests. Im Einzelnen wurden die folgenden Leistungen erbracht:

Mathematiker:	14, 14, 15, 12, 13, 19, 17, 13, 14, 17, 15, 13, 16, 13
Psychologen:	13, 14, 13, 12, 16, 16, 10, 16
Geisteswissenschaftler:	11, 13, 13, 10, 13, 12, 13

In Tabelle 8.9 sind die Mittelwerte, Standardabweichungen und Fallzahlen in den drei Stichproben aufgeführt. Es soll geklärt werden, ob die Unterschiede zwischen den Mittelwerten signifikant sind.

	$\overline{x}$	s	n
Mathematiker	14,64	1,985	14
Psychologen	13,75	2,188	8
Geisteswissenschaftler	12,14	1,215	7

Tabelle 8.9: Deskriptive Statistiken

Es sei noch einmal auf die beiden Voraussetzungen der Varianzanalyse hingewiesen:

- Normalverteilung in den einzelnen Stichproben
- Varianzenhomogenität über die Stichproben hinweg

Bei so geringen Fallzahlen wie im vorliegenden Beispiel ist eine signifikante Abweichung von der Normalverteilung kaum möglich, wenn nicht eklatante Ausreißer in den Werten auftreten, was im gegebenen Beispiel aber nicht der Fall ist. Die Varianzenhomogenität kann mit einem der Tests überprüft werden, die am Ende dieses Kapitels beschrieben sind.

Die Bezeichnung „Varianzanalyse" wird dabei von manchen als irreführend empfunden, da sie meinen, es würden damit die Varianzen auf signifikante Unterschiede getestet. Der Name des Verfahrens rührt daher, dass dessen Grundlage eine Zerlegung der Gesamtvarianz ist.

Ist k die Anzahl der Stichproben (im folgenden *Gruppen* genannt), n die Gesamtzahl der Werte und x_{ij} der j-te Wert in der i-ten Stichprobe, so beträgt die Gesamtvarianz

$$\frac{1}{n-1} \cdot \sum_{i=1}^{k} \sum_{j=1}^{n_i} (x_{ij} - \overline{x})^2$$

Dabei ist $\overline{x}$ der Mittelwert über alle Werte und n_i der Umfang der i-ten Stichprobe.

Das Prinzip der Varianzanalyse ist eine Zerlegung dieser Gesamtvarianz in eine Varianz *innerhalb* der Gruppen und eine Varianz *zwischen* den Gruppen. Für die Summe der Abweichungsquadrate (SAQ) gilt nämlich die Beziehung

$$\sum_{i=1}^{k}\sum_{j=1}^{n_i}(x_{ij}-\overline{x})^2 = \sum_{i=1}^{k}\sum_{j=1}^{n_i}(x_{ij}-\overline{x}_i)^2 + \sum_{i=1}^{k}(n_i \cdot (\overline{x}_i-\overline{x})^2)$$

Die Summe auf der linken Seite dieser Gleichung, die unter Zugrundelegung der Aufspaltung

$$x_{ij}-\overline{x} = (x_{ij}-\overline{x}_i) + (\overline{x}_i-\overline{x})$$

leicht bewiesen werden kann, ist die Aufsummierung der Abweichungen aller Werte vom Gesamtmittel $\overline{x}$. Sie wird daher $SAQ(\text{gesamt})$ genannt.

Das erste Glied auf der rechten Seite steht für die Abweichungen der Werte vom jeweiligen Gruppenmittel und wird daher als $SAQ(\text{innerhalb})$ bezeichnet. Das zweite Glied auf der rechten Seite steht für die Variabilität, die sich aus den Abweichungen der Gruppenmittel vom Gesamtmittel ergibt, und heißt deshalb $SAQ(\text{zwischen})$.

In Kurzschreibweise gilt also die Beziehung

$$SAQ(\text{gesamt}) = SAQ(\text{innerhalb}) + SAQ(\text{zwischen})$$

Diese Summen der Abweichungsquadrate werden durch ihre zugehörigen Anzahlen der Freiheitsgrade geteilt, woraus sich die *mittleren Quadrate* (MQ) ergeben. Liegen keine signifikanten Unterschiede vor, werden sich $MQ(\text{innerhalb})$ und $MQ(\text{zwischen})$ nur zufällig voneinander unterscheiden. Dies führt zu einer entsprechenden Prüfgröße, die einer F-Verteilung folgt.

Wie die F-Verteilung (siehe Kapitel 5.3) geht auch die Varianzanalyse auf den englischen Statistiker Sir R. A. Fisher zurück, der erstmals im Jahr 1918 diesen Begriff erwähnte und im Jahr 1925 in seinem Werk „Statistical Methods of Research Workers“ die varianzanalytischen Methoden beschrieb. Im allgemeinen Fall wird bei der Varianzanalyse nicht nur der Einfluss *einer* Gruppierungsvariablen auf eine (abhängige) Variable analysiert, sondern der gleichzeitige Einfluss mehrerer Faktoren. Solche Varianzanalysen sind in Kapitel 10.2.1 beschrieben.

Die Rechenschritte der einfaktoriellen Varianzanalyse seien im Folgenden dargestellt, wobei zur Berechnung der SAQ die obigen Ausdrücke umgeformt werden.

$$\begin{aligned} S_i &= \sum_{j=1}^{n_i} x_{ij} && i = 1,\ldots,k \\ S &= \sum_{i=1}^{k} S_i \\ SAQ(\text{gesamt}) &= \sum_{i=1}^{k}\sum_{j=1}^{n_i} x_{ij}^2 - \frac{S^2}{n} \end{aligned}$$

$$
\begin{aligned}
SAQ(\text{zwischen}) &= \sum_{i=1}^{k} \frac{S_i^2}{n_i} - \frac{S^2}{n} \\
SAQ(\text{innerhalb}) &= SAQ(\text{gesamt}) - SAQ(\text{zwischen}) \\
df(\text{zwischen}) &= k-1 \\
df(\text{innerhalb}) &= n-k \\
MQ(\text{zwischen}) &= \frac{SAQ(\text{zwischen})}{df(\text{zwischen})} \\
MQ(\text{innerhalb}) &= \frac{SAQ(\text{innerhalb})}{df(\text{innerhalb})} \\
F &= \frac{MQ(\text{zwischen})}{MQ(\text{innerhalb})}
\end{aligned}
$$

Die Prüfgröße F ist F-verteilt mit $(k-1, n-k)$ Freiheitsgraden.

Die berechneten Zwischengrößen trägt man üblicherweise in das in Tabelle 8.10 dargestellte Schema ein.

Variabilität	***SAQ***	***df***	***MQ***
gesamt	SAQ(gesamt)		
zwischen	SAQ(zwischen)	df(zwischen)	MQ(zwischen)
innerhalb	SAQ(innerhalb)	df(innerhalb)	MQ(innerhalb)

Tabelle 8.10: Schema der einfaktoriellen Varianzanalyse

Die Berechnungen sind sehr rechenintensiv, wenn auch die erforderlichen Summen und Quadratsummen bereits bei der Berechnung der Mittelwerte und Standardabweichungen anfallen. So wird heutzutage wohl niemand mehr ernsthaft auf die Idee kommen, Varianzanalysen per Hand zu rechnen.

Wir wollen es ausnahmsweise tun und erhalten schrittweise die folgenden Ergebnisse:

$$
\begin{aligned}
S_1 &= 205 \qquad S_2 = 110 \qquad S_3 = 85 \\
S &= 400 \\
SAQ(\text{gesamt}) &= 5640 - \frac{400^2}{29} = 5640 - 5517{,}2 = 122{,}8 \\
SAQ(\text{zwischen}) &= 5546{,}4 - 5517{,}2 = 29{,}2 \\
SAQ(\text{innerhalb}) &= 122{,}8 - 29{,}2 = 93{,}6 \\
df(\text{zwischen}) &= 3 - 1 = 2 \\
df(\text{innerhalb}) &= 29 - 3 = 26 \\
MQ(\text{zwischen}) &= \frac{29{,}2}{2} = 14{,}6
\end{aligned}
$$

$$MQ(\text{innerhalb}) = \frac{93{,}6}{26} = 3{,}6$$
$$F = \frac{14{,}6}{3{,}6} = 4{,}06$$

Nach der F-Tabelle ist dies bei (2, 26) Freiheitsgraden ein signifikanter Wert ($p < 0{,}05$).

Die drei Fachrichtungen unterscheiden sich also signifikant hinsichtlich des Mittelwerts der Gedächtnisleistung. Oder, besser formuliert: Die Nullhypothese, nach der zwischen den drei Fachrichtungen kein Unterschied bzgl. des Mittelwerts der Gedächtnisleistung besteht, ist zurückzuweisen. Die Frage drängt sich auf, welche von den Mittelwerten sich im Einzelnen paarweise voneinander unterscheiden. Dies wird mit einem so genannten Post-hoc-Test geklärt.

POST-HOC-TESTS

Bei signifikantem Ergebnis einer Varianzanalyse stellt sich die Frage, welche Gruppen für diese Signifikanz verantwortlich sind. Dies kann mit einem paarweisen Vergleich der k Gruppen erfolgen, wozu

$$\frac{k \cdot (k-1)}{2}$$

Vergleiche notwendig sind. Im Prinzip bietet sich hierfür der t-Test nach Student an; korrekter ist aber die Anwendung eines Tests, der auf der Varianzanalyse aufbaut und Zwischenergebnisse dieses Verfahrens benutzt.

Solche Tests nennt man Post-hoc-Tests oder auch a posteriori-Tests. Inzwischen wurden zahlreiche solcher Tests entwickelt; so bietet etwa das Programmsystem SPSS achtzehn solcher Tests an. Zu den bekannteren zählen die Tests von Scheffé, Student-Newman-Keuls, Tukey und Duncan.

Im Folgenden soll der Scheffé-Test vorgestellt werden, der recht robust gegen die Verletzung der Voraussetzungen und leicht zu handhaben ist. Er gilt als eher „konservativ“, d. h. im Sinne der Beibehaltung der Nullhypothese wirkend.

Nach Scheffé berechnen Sie zum Vergleich der Mittelwerte $\overline{x}_l$ und $\overline{x}_m$ ($1 \leq l, m \leq k$) die Prüfgröße

$$F = \frac{(\overline{x}_l - \overline{x}_m)^2}{(\frac{1}{n_l} + \frac{1}{n_m}) \cdot (k-1) \cdot MQ(\text{innerhalb})}$$

Diese Prüfgröße ist F-verteilt mit

$$df = (k-1, n-k)$$

Freiheitsgraden.

Wir wollen zum Beispiel testen, ob sich die mittlere Gedächtnisleistung von Mathematikern und Psychologen signifikant voneinander unterscheidet, und berechnen

$$F = \frac{(14{,}64 - 13{,}75)^2}{(\frac{1}{14} + \frac{1}{8}) \cdot 2 \cdot 3{,}6} = 0{,}56$$

Nach der F-Tabelle ist dies bei (2, 26) Freiheitsgraden ein nicht signifikanter Wert ($p > 0{,}05$). Selbst der Vergleich der beiden „Extremgruppen" Mathematiker und Geisteswissenschaftler ergibt mit $F = 3{,}07$ einen Wert, der die Signifikanz knapp verfehlt. In solchen Fällen bietet es sich an, zum Beispiel den Duncan-Test zu verwenden, der nicht so konservativ ist. Dieser soll hier nicht beschrieben werden, er steht aber im Statistik-Programm SPSS zur Verfügung.

Überprüfung auf Varianzenhomogenität

Eine der beiden Voraussetzungen zur Durchführung der Varianzanalyse ist die Homogenität der Varianzen

$$s_1^2, s_2^2, \ldots, s_k^2$$

Zur Überprüfung auf Varianzenhomogenität gibt es über fünfzig verschiedene Tests. Im Folgenden seien drei dieser Tests vorgestellt: der Bartlett-Test, weil er der wohl am meisten angewandte ist, der Levene-Test als unempfindlicher Test bei schlecht normalverteilten Werten (der daher zum Beispiel auch vom Programmsystem SPSS benutzt wird) und der Hartley-Test wegen des geringen Rechenaufwands.

Unter Zugrundelegung der Fallzahlen

$$n_1, n_2, \ldots, n_k$$

werden beim **Bartlett-Test** nacheinander die folgenden Größen berechnet:

$$\begin{aligned}
n &= \sum_{i=1}^{k} n_i \\
s^2 &= \frac{1}{n-k} \cdot \sum_{i=1}^{k} ((n_i - 1) \cdot s_i^2) \\
c &= 1 + \frac{1}{3 \cdot (k-1)} \cdot (\sum_{i=1}^{k} \frac{1}{n_i - 1} - \frac{1}{n-k}) \\
\chi^2 &= \frac{1}{c} \cdot ((n-k) \cdot \ln(s^2) - \sum_{i=1}^{k} (n_i - 1) \cdot \ln(s_i^2))
\end{aligned}$$

Die Prüfgröße χ^2 ist χ^2-verteilt mit $df = k - 1$ Freiheitsgraden.

Die Rechenschritte für das gegebene Beispiel sind in Tabelle 8.11 zusammengestellt.

i	s_i^2	n_i	$\frac{1}{n_i-1}$	$(n_i-1)\cdot s_i^2$	$\ln(s_i^2)$	$(n_i-1)\cdot\ln(s_i^2)$
1	3,940	14	0,077	51,22	1,371	17,826
2	4,787	8	0,143	33,51	1,566	10,962
3	1,476	7	0,167	8,86	0,389	2,337
Summe		29	0,387	93,59		31,125

Tabelle 8.11: Rechenschritte zum Bartlett-Test

Damit ergibt sich

$$\begin{aligned} s^2 &= \frac{1}{26}\cdot 93{,}59 = 3{,}6 \\ c &= 1+\frac{1}{6}\cdot(0{,}387-\frac{1}{26}) = 1{,}058 \\ \chi^2 &= \frac{1}{1{,}058}\cdot(26\cdot\ln(3{,}6)-31{,}125) = 3{,}584 \end{aligned}$$

Dies ist, wie die χ^2-Tabelle ausweist, bei $df = 2$ Freiheitsgraden ein nicht signifikanter Wert. Die gegebenen Varianzen können also als homogen betrachtet werden.

Beim *Levene-Test* werden die ursprünglichen Werte x_{ij} durch

$$|x_{ij}-\overline{x}_i|$$

ersetzt. Die so transformierten Werte werden dann auf die beschriebene Weise einer Varianzanalyse unterzogen. Der sich ergebende F-Wert gilt als Levene-Statistik, die mit

$$df = (k-1, n-k)$$

Freiheitsgraden F-verteilt ist.

Führt man die Berechnungen mit den gegebenen Werten aus, erhält man mit $F = 1{,}211$ einen bei (2, 26) Freiheitsgraden nicht signifikanten Wert.

Eine Variante des Levene-Tests ist es, bei der Transformation der Werte nicht den Mittelwert, sondern den Median der Gruppe zu benutzen.

Am kürzesten ist der *Hartley-Test*. Die Testgröße wird aus der kleinsten und größten Varianz gebildet:

$$F = \frac{s_{\max}^2}{s_{\min}^2}$$

Dieser F-Wert ist F-verteilt mit

$$df = (k, n_{\max}-1)$$

Freiheitsgraden, wobei $n_{\max}$ die größte aller Fallzahlen ist.

Im gegebenen Beispiel ergibt sich

$$F = \frac{2{,}188^2}{1{,}215^2} = 3{,}24$$

Dies ist bei $df = (3, 8)$ Freiheitsgraden ein nicht signifikanter Wert. Der Hartley-Test erscheint, da er nur die beiden extremen Varianzen berücksichtigt, etwas zu undifferenziert.

8.6 Der U-Test von Mann und Whitney

Der von H. B. Mann und D. R. Whitney im Jahre 1947 entwickelte U-Test dient zum Vergleich von zwei Stichproben hinsichtlich ihrer zentralen Tendenz, wobei die Werte beliebig verteilt sein oder Ordinalniveau aufweisen können. Im Falle nicht gegebener Normalverteilung oder beim Vorliegen von Ordinalniveau ersetzt der U-Test also den t-Test nach Student. Wendet man den U-Test bei normalverteilten Werten an, so besitzt er eine Effizienz von 95 % des t-Tests, bei großen Fallzahlen von 95,5 %.

Als Zahlenbeispiel soll das Beispiel dienen, das bereits für den t-Test nach Student verwendet wurde (siehe Kapitel 8.3). Hier führte man mit zwanzig Männern und elf Frauen einen Gedächtnistest durch. Das versetzt uns in die Lage, die Ergebnisse von t-Test und U-Test bei normalverteilten Werten vergleichen zu können.

Das Prinzip des U-Tests ist, wie bei den anderen parameterfreien Prüfverfahren auch, die Ersetzung der gegebenen Variablenwerte durch Rangplätze. Die Werte beider Stichproben werden dabei mit einer gemeinsamen Rangreihe versehen, wobei der kleinste Wert den Rangplatz 1 erhält. Diese Rangreihe ist in Tabelle 8.12 eingetragen.

Der Wert 24 tritt zweimal auf, daher werden die beiden in Frage kommenden Rangplätze 7 und 8 zu 7,5 gemittelt. Bei mehr als zwei gleichen Werten wird entsprechend verfahren.

Beim U-Test werden die beiden Stichproben so nummeriert, dass die vom Umfang her kleinere Stichprobe die Nummer 1 und die größere die Nummer 2 erhält. Folgt man dieser Vorgehensweise, so sind die beiden Stichprobenumfänge

$$n_1 = 11 \quad n_2 = 20$$

Die Summen der Rangplätze (kurz: Rangsummen) sind

$$R_1 = 205{,}5 \quad R_2 = 290{,}5$$

Setzt man

$$n = n_1 + n_2$$

so bietet die Beziehung

$$R_1 + R_2 = \frac{n \cdot (n+1)}{2}$$

eine Kontrollmöglichkeit bei der Berechnung der beiden Rangsummen. Im gegebenen Beispiel ergibt sich hierbei

$$205{,}5 + 290{,}5 = \frac{31 \cdot 32}{2}$$

Männer		Frauen	
Wert	Rangplatz	Wert	Rangplatz
22	3,0	35	31,0
27	17,5	26	15,0
28	20,0	34	29,5
30	26,0	24	7,5
23	5,0	27	17,5
25	11,0	25	11,0
26	15,0	28	20,0
29	23,0	24	7,5
32	28,0	25	11,0
25	11,0	30	26,0
23	5,0	34	29,5
29	23,0		
29	23,0		
28	20,0		
30	26,0		
21	2,0		
26	15,0		
16	1,0		
23	5,0		
25	11,0		
Summe	290,5	Summe	205,5

Tabelle 8.12: Vergabe einer gemeinsamen Rangreihe

Auf beiden Seiten erhält man den Wert 496. Die Rangsummen werden nun umgerechnet in

$$U_1 = R_1 - \frac{n_1 \cdot (n_1 + 1)}{2}$$

$$U_2 = R_2 - \frac{n_2 \cdot (n_2 + 1)}{2}$$

Im vorliegenden Beispiel ergibt sich Folgendes:

$$U_1 = 205{,}5 - \frac{11 \cdot 12}{2} = 139{,}5$$

$$U_2 = 290{,}5 - \frac{20 \cdot 21}{2} = 80{,}5$$

Eine weitere Kontrollmöglichkeit bietet jetzt die Beziehung

$$U_1 + U_2 = n_1 \cdot n_2$$

Im vorliegenden Fall wird hieraus

$$139{,}5 + 80{,}5 = 11 \cdot 20$$

Übereinstimmend ergibt sich auf beiden Seiten der Wert 220.

Die Prüfgröße U des U-Tests ist nun der kleinere der beiden Werte U_1 und U_2:

$$U = Minimum(U_1, U_2)$$

Im gegebenen Beispiel ist demnach $U = 80{,}5$. Diesen Wert vergleicht man mit den zu $n_1 = 11$ und $n_2 = 20$ gehörenden kritischen Werten der U-Tabelle. Der berechnete U-Wert muss kleiner oder gleich dem kritischen U-Wert sein, wenn Signifikanz auf der betreffenden Stufe vorliegen soll.

Im gegebenen Beispiel ist auf der 0,05-Stufe der kritische Tabellenwert 62; die Signifikanz ist also verfehlt.

In der U-Tabelle sind die kritischen U-Werte bis $n_2 = 20$ aufgeführt. Wird $n_2 > 20$, so nutzt man die Tatsache aus, dass sich die Verteilung von U sehr schnell einer Normalverteilung nähert. Man rechnet dann die errechnete Prüfgröße U in einen z-Wert um:

$$z = \frac{\frac{n_1 \cdot n_2}{2} - U}{\sqrt{\frac{n_1 \cdot n_2 \cdot (n_1 + n_2 + 1)}{12}}}$$

In unserem Beispiel ergibt sich

$$z = \frac{\frac{11 \cdot 20}{2} - 80{,}5}{\sqrt{\frac{11 \cdot 20 \cdot 32}{12}}} = 1{,}22$$

Laut z-Tabelle gehört hierzu ein p-Wert von 0,222. Ähnlich deutlich verfehlt war die Signifikanz mit dem t-Test.

Treten gehäuft geteilte Rangplätze auf, ist zur Berechnung von z eine etwas modifizierte Formel zu verwenden:

$$z = \frac{\frac{n_1 \cdot n_2}{2} - U}{\sqrt{\frac{n_1 \cdot n_2}{12 \cdot n \cdot (n-1)} \cdot \left(n^3 - n - \sum_{j=1}^{m} (t_j^3 - t_j) \right)}}$$

Dabei steht m für die Anzahl der mehrfach auftretenden Werte und t_j für die Häufigkeit, mit welcher der j-te mehrfach auftretende Wert vorkommt.

Im vorliegenden Beispiel treten mehrere Werte (und damit Rangplätze) gehäuft auf:

Der Wert 23 tritt 3-mal auf,
der Wert 24 tritt 2-mal auf,
der Wert 25 tritt 5-mal auf,
der Wert 26 tritt 3-mal auf,
der Wert 27 tritt 2-mal auf,
der Wert 28 tritt 3-mal auf,
der Wert 29 tritt 3-mal auf,
der Wert 30 tritt 3-mal auf,
der Wert 34 tritt 2-mal auf.

Damit ist $m = 9$ und

$$\sum_{j=1}^{9} (t_j^3 - t_j) = 3 \cdot (2^3 - 2) + 5 \cdot (3^3 - 3) + (5^3 - 5) = 258$$

Für den modifizierten z-Wert ergibt sich somit

$$z = \frac{\frac{11 \cdot 20}{2} - 80{,}5}{\sqrt{\frac{11 \cdot 20}{12 \cdot 31 \cdot 30} \cdot (31^3 - 31 - 258)}} = 1{,}22$$

Der z-Wert hat sich also gegenüber der unkorrigierten Formel bei zwei Nachkommastellen nicht verändert.

8.7 DER WILCOXON-TEST

Der von F. Wilcoxon entwickelte Test dient zum Vergleich zweier abhängiger Stichproben bzgl. ihrer zentralen Tendenzen (Mediane), wobei die Differenzen zusammengehöriger Messwertpaare nicht wie beim t-Test für abhängige Stichproben normalverteilt sein müssen. Im Falle nicht gegebener Normalverteilung der Differenzen oder beim Vorliegen von Ordinalniveau ersetzt der Wilcoxon-Test also den t-Test für abhängige Stichproben. Wendet man den Wilcoxon-Test bei normalverteilten Differenzen an, so besitzt er eine Effizienz von 95 % des t-Tests.

Die häufigste Anwendung findet der Test in der Situation, dass Messwerte einer Person zu zwei verschiedenen Zeitpunkten vorliegen. Diese typische Testsituation ist im folgenden Beispiel gegeben.

Patienten mit einer psychiatrischen Erkrankung nahmen an einer Bewegungstherapie teil. Vor und nach dieser Therapie wurde eine so genannte Beschwerden-Liste ausgefüllt, die insgesamt 24 Beschwerden (zum Beispiel Kurzatmigkeit, Mattigkeit,

Reizbarkeit, Schlaflosigkeit usw.) enthielt. Bei den einzelnen Beschwerden musste jeweils eine der Codierungen

1 = stark

2 = mäßig

3 = kaum

4 = gar nicht

angekreuzt werden. Die Summe aller angekreuzten Codierungen ergab einen Beschwerden-Score.

Die Wertepaare, die sich für jeden der 24 Patienten für den Beschwerden-Score vor und nach der Therapie ergeben, sind in Tabelle 8.13 aufgeführt. Der Median der Werte vor der Therapie ist 39,5, derjenige nach der Therapie 30,5. Es soll die Frage geklärt werden, ob dieser Unterschied signifikant ist.

Erstellt man ein Histogramm der Differenzen der jeweils zusammengehörigen Werte, so erhält man eine Verteilung, die recht deutlich von der Normalverteilung abweicht. Als passenden statistischen Test wählt man daher den Wilcoxon-Test.

Tabelle 8.13 enthält für jeden Patienten den Beschwerden-Score vor und nach der Therapie, die Differenz d dieser Werte, die absolute Differenz, die nach diesen absoluten Differenzen ermittelte Rangreihe (wobei die kleinste Differenz den Rangplatz 1 erhält und Nulldifferenzen unberücksichtigt bleiben) und noch einmal in zwei Spalten getrennt die Rangplätze für positive und negative Differenzen.

Bei gleichen Messwerten wurden entsprechend geteilte Rangplätze vergeben (vgl. Kapitel 8.6).

Durch eine auftretende Nulldifferenz hat sich die Anzahl der relevanten Wertepaare auf $n = 23$ verringert. Eine Kontrollmöglichkeit bietet jetzt die Beziehung

$$T_1 + T_2 = \frac{n \cdot (n+1)}{2}$$

Dabei sind T_1 und T_2 die beiden nach positiven und negativen Differenzen aufgeteilten Rangsummen, hier also

$$T_1 = 238{,}5 \quad T_2 = 37{,}5$$

Damit ergibt sich die Kontrollbeziehung zu

$$238{,}5 + 37{,}5 = \frac{23 \cdot 24}{2}$$

Beide Seiten ergeben übereinstimmend den Wert 276. Die Prüfgröße T des Wilcoxon-Tests ist der kleinere der beiden T-Werte:

$$T = Minimum(T_1, T_2)$$

Im vorliegenden Beispiel ist also $T = 37{,}5$. Diesen Wert vergleicht man mit den zu $n = 23$ gehörenden kritischen Werten der T-Tabelle. Ist der berechnete T-Wert kleiner oder gleich dem kritischen T-Wert, so liegt Signifikanz auf der betreffenden Stufe vor.

vor	nach	d	$\|d\|$	Rang	Rang bei $d > 0$	Rang bei $d < 0$
45	30	15	15	18,5	18,5	
52	22	30	30	22	22	
32	37	−5	5	8		8
23	16	7	7	14	14	
27	23	4	4	4	4	
38	33	5	5	8	8	
30	25	5	5	8	8	
46	24	22	22	21	21	
59	54	5	5	8	8	
30	42	−12	12	17		17
42	27	15	15	18,5	18,5	
51	31	20	20	20	20	
47	44	3	3	3	3	
37	31	6	6	12,5	12,5	
17	17	0				
55	21	34	34	23	23	
48	43	5	5	8	8	
24	30	−6	6	12,5		12,5
37	32	5	5	8	8	
41	33	8	8	15,5	15,5	
20	19	1	1	1	1	
41	36	5	5	8	8	
18	16	2	2	2	2	
51	43	8	8	15,5	15,5	
Summe					238,5	37,5

Tabelle 8.13: Rechenschritte zum Wilcoxon-Test

Wie sich der T-Tabelle entnehmen lässt, ist der kritische Wert bei $n = 23$ und dem 0,01-Signifikanzniveau 54. Es kann also ein sehr signifikanter Abfall der Beschwerden nachgewiesen werden.

In der T-Tabelle sind die kritischen Werte bis $n = 25$ aufgeführt. Bei größeren Fallzahlen nutzt man die Tatsache aus, dass sich dann die Verteilung von T einer Normalverteilung nähert. Man berechnet in diesem Fall aus der Prüfgröße T die Prüfgröße z:

$$z = \frac{\frac{n \cdot (n+1)}{4} - T}{\sqrt{\frac{n \cdot (n+1) \cdot (2 \cdot n + 1)}{24}}}$$

Im vorliegenden Beispiel würde sich Folgendes ergeben:

$$z = \frac{\frac{23 \cdot 24}{4} - 37{,}5}{\sqrt{\frac{23 \cdot 24 \cdot 47}{24}}} = \frac{100{,}5}{\sqrt{1081}} = 3{,}06$$

Nach der z-Tabelle gehört hierzu ein p-Wert von 0,002, was einen sehr signifikanten Unterschied bedeutet.

Im Fall des Auftretens von geteilten Rangplätzen gibt es, ähnlich wie beim U-Test, eine modifizierte Formel für z. Ist m die Anzahl der mehrfach auftretenden Rangplätze und t_j die Häufigkeit, mit welcher der j-te mehrfach auftretende Rangplatz vorkommt, so wird

$$z = \frac{\frac{n \cdot (n+1)}{4} - T}{\sqrt{\frac{n \cdot (n+1) \cdot (2 \cdot n + 1)}{24} - \frac{\sum_{j=1}^{m} (t_j^3 - t_j)}{48}}}$$

Im gegebenen Beispiel gilt:

Der Rangplatz 8 tritt 6-mal auf,

der Rangplatz 12,5 tritt 2-mal auf,

der Rangplatz 15,5 tritt 2-mal auf,

der Rangplatz 18,5 tritt 2-mal auf.

Hiermit ist $m = 4$ und

$$\sum_{j=1}^{4} (t_j^3 - t_j) = (6^3 - 6) + 3 \cdot (2^3 - 2) = 228$$

Damit ergibt sich

$$z = \frac{\frac{23 \cdot 24}{4} - 37{,}5}{\sqrt{\frac{23 \cdot 24 \cdot 47}{24} - \frac{228}{48}}} = \frac{100{,}5}{\sqrt{1081 - 4{,}75}} = 3{,}06$$

Die Modifizierung des z-Werts hat sich bei zwei Nachkommastellen nicht ausgewirkt.

8.8 Der H-Test nach Kruskal und Wallis

Der von W. H. Kruskal und W. A. Wallis im Jahr 1952 vorgestellte H-Test dient zum Vergleich von mehr als zwei Stichproben hinsichtlich ihrer zentralen Tendenzen (Mediane), wobei die Werte beliebig verteilt sein können oder Ordinalniveau aufweisen dürfen. Im Falle nicht gegebener Normalverteilung oder beim Vorliegen von Ordinalniveau ersetzt der H-Test also die einfaktorielle Varianzanalyse. Wendet man den H-Test bei normalverteilten Werten an, so besitzt er eine Effizienz von 95 % der Varianzanalyse.

Im Rahmen einer Bevölkerungsumfrage wurden die befragten Personen u. a. nach ihrer Schulbildung und ihrer politischen Selbsteinschätzung gefragt. Dabei war für die Schulbildung folgende Codierung vorgegeben:

1 = Hauptschule

2 = Mittlere Reife

3 = Abitur

Die politische Selbsteinschätzung war auf einer zehn Punkte umfassenden Skala (von 1 = ganz links bis 10 = ganz rechts) vorzunehmen.

Die Werte der beiden Variablen sind in Tabelle 8.14 aufgeführt. Berechnet man getrennt nach den drei Kategorien der Schulbildung den Median (für gehäufte Daten) der politischen Selbsteinschätzung, so ergibt sich für Hauptschüler der Wert 6,25, für Personen mit Mittlerer Reife der Wert 5,25 und für Personen mit Abitur der Wert 4,00.

Es soll getestet werden, ob der Unterschied zwischen diesen Werten signifikant ist. Etwas präziser formuliert, soll geprüft werden, ob die Nullhypothese „Die drei Kategorien der Schulbildung unterscheiden sich nicht bezüglich der politischen Selbsteinschätzung“ beizubehalten ist oder verworfen werden muss. Da Daten auf Ordinalniveau vorliegen, wird der H-Test nach Kruskal und Wallis benutzt.

Tabelle 8.14 enthält, getrennt nach den drei Kategorien der Schulbildung, die von den einzelnen befragten Personen abgegebenen Skalenwerte und den entsprechenden Rangplatz. Dabei wurde eine gemeinsame Rangreihe über die drei Stichproben vorgenommen, wobei der kleinste Wert den Rangplatz 1 erhielt.

Der Skalenwert 2 als kleinster Wert erhielt den Rangplatz 1. Der Skalenwert 3 tritt insgesamt fünfmal auf; die dafür zu vergebenden Ränge 2 bis 6 wurden zu dem mittleren Rangplatz 4 zusammengefasst usw.

Bezeichnet man allgemein die Anzahl der Stichproben mit k, die Stichprobenumfänge mit $n_i (i = 1, \ldots, k)$ und die Rangsummen in den Stichproben mit $T_i (i = 1, \ldots, k)$, so ist im gegebenen Beispiel also

$$k = 3 \quad n_1 = 9 \quad n_2 = 11 \quad n_3 = 8$$

$$T_1 = 179 \quad T_2 = 157{,}5 \quad T_3 = 69{,}5$$

Hauptschule		Mittlere Reife		Abitur	
Wert	Rang	Wert	Rang	Wert	Rang
5	13	5	13	3	4
5	13	3	4	5	13
7	22,5	3	4	4	8
9	27	8	25,5	5	13
5	13	6	18,5	3	4
6	18,5	7	22,5	4	8
8	25,5	5	13	6	18,5
6	18,5	3	4	2	1
10	28	4	8		
		7	22,5		
		7	22,5		
Summe	179,0	Summe	157,5	Summe	69,5

Tabelle 8.14: Rechenschritte zum H-Test

Eine Kontrollmöglichkeit bietet die Beziehung

$$\sum_{i=1}^{k} T_i = \frac{n \cdot (n+1)}{2}$$

Dabei ist

$$n = \sum_{i=1}^{k} n_i$$

die Gesamtzahl der Werte, hier also

$$n = 9 + 11 + 8 = 28$$

Die Kontrollrechnung ergibt damit

$$179 + 157{,}5 + 69{,}5 = \frac{28 \cdot 29}{2}$$

Beide Seiten ergeben übereinstimmend den Wert 406.

Die Prüfgröße H des Kruskal-Wallis-Tests berechnet sich zu .

$$H = \frac{12}{n \cdot (n+1)} \cdot \sum_{i=1}^{k} \frac{T_i^2}{n_i} - 3 \cdot (n+1)$$

Diese Prüfgröße ist Chiquadrat-verteilt mit

$$df = k - 1$$

Freiheitsgraden.

Im vorliegenden Beispiel erhält man

$$H = \frac{12}{28 \cdot 29} \cdot \left(\frac{179^2}{9} + \frac{157{,}5^2}{11} + \frac{69{,}5^2}{8}\right) - 3 \cdot 29 = 7{,}862$$

und

$$df = 3 - 1 = 2$$

Freiheitsgrade.

Der berechnete H-Wert muss bei der gegebenen Zahl der Freiheitsgrade die kritischen Tabellenwerte der Chiquadrat-Tabelle übersteigen, damit eine Signifikanz auf der betreffenden Stufe vorliegt. Wie ein Blick in diese Tabelle ausweist, liegt eine Signifikanz auf der durch $p = 0{,}05$ gegebenen Stufe vor (kritischer Tabellenwert: 5,991). Es ergibt sich also das signifikante Ergebnis, dass Personen mit höherer Schulbildung mehr zu linker politischer Selbsteinschätzung tendieren.

Ähnlich wie beim U-Test wurde auch beim H-Test eine korrigierte Formel für den Fall entwickelt, dass Werte mehrfach auftreten und daher geteilte Rangplätze vergeben werden müssen.

Betrachtet man das vorliegende Beispiel, so treten wegen der recht kleinen Kategorienanzahl Werte häufig mehrfach auf:

Der Wert 3 tritt 5-mal auf,

der Wert 4 tritt 3-mal auf,

der Wert 5 tritt 7-mal auf,

der Wert 6 tritt 4-mal auf,

der Wert 7 tritt 4-mal auf,

der Wert 8 tritt 2-mal auf.

Im Falle des mehrfachen Auftretens von Werten berechnet man das Korrekturglied

$$c = 1 - \frac{\sum_{j=1}^{m} (t_j^3 - t_j)}{n^3 - n}$$

und korrigiert hiermit die Prüfgröße H zu

$$H_{\text{korr}} = \frac{H}{c}$$

Dabei ist m die Anzahl der mehrfach auftretenden Messwerte (hier m = 6) und t_j die Häufigkeit, mit der der j-te mehrfach auftretende Messwert vorkommt, also im gegebenen Beispiel

$$t_1 = 5 \quad t_2 = 3 \quad t_3 = 7 \quad t_4 = 4 \quad t_5 = 4 \quad t_6 = 2$$

Daraus ergibt sich

$$\sum_{j=1}^{m} (t_j^3 - t_j) = (5^3 - 5) + (3^3 - 3) + (7^3 - 7) + 2 \cdot (4^3 - 4) + (2^3 - 2) = 606$$

und hieraus

$$c = 1 - \frac{606}{28^3 - 28} = 0{,}9724$$

Damit berechnet sich der korrigierte H-Wert zu

$$H_{\text{korr}} = \frac{7{,}862}{0{,}9724} = 8{,}086$$

Der korrigierte H-Wert ist also etwas größer geworden. An der Signifikanzstufe zu $p = 0{,}05$ ändert dies allerdings nichts.

Ergibt der H-Test ein signifikantes Ergebnis ($p < 0{,}05$), so besagt dies, dass die Nullhypothese „Alle k Stichproben haben die gleiche zentrale Tendenz" verworfen werden muss. Möchte man wissen, welche der k Stichproben sich im Einzelnen signifikant voneinander unterscheiden, muss man paarweise den U-Test nach Mann und Whitney ausführen (siehe Kapitel 8.6).

8.9 ZUSAMMENFASSUNG

- Möchte man die Beziehungen zwischen zwei Variablen untersuchen, gibt es im Prinzip zwei Möglichkeiten. Die erste Möglichkeit ist die Verwendung einer (kategorialen) Variable als Gruppierungsvariable. Anschließend werden die entstehenden Gruppen auf signifikante Unterschiede bezüglich ihrer Mittelwerte bzw. Mediane getestet. Die zweite Möglichkeit besteht darin, dass der Zusammenhang zwischen zwei Variablen mithilfe eines Korrelationskoeffizienten beschrieben wird. Diese Möglichkeit wird in Kapitel 9 behandelt.
- An Signifikanztests stehen im Normalverteilungsfall der t-Test nach Student, der t-Test für abhängige Stichproben und die einfaktorielle Varianzanalyse zur Verfügung. Im Falle beliebiger Verteilung entsprechen diesen Tests der U-Test nach Mann und Whitney, der Wilcoxon-Test und der H-Test nach Kruskal und Wallis.

8.10 ÜBUNGEN

1. Bei insgesamt 105 Personen einer bestimmten Berufsgruppe wurde mithilfe eines entsprechenden Fragebogens ein Scorewert für den „Burnout" ermittelt. Die 46 verheirateten Personen hatten einen mittleren Wert von 10,08 bei einer Standardabweichung von 1,969, die 59 ledigen Personen einen mittleren Wert von 10,82 bei einer Standardabweichung von 2,165. Unterscheiden sich die verheirateten von den ledigen Personen bezüglich des Burnout?

2. Acht Versuchspersonen führten an zwei aufeinander folgenden Tagen einen Geschicklichkeitstest aus und erzielten dabei die folgenden Punktzahlen.

1. Tag	2. Tag
23	25
17	23
24	24
19	20
20	18
16	21
22	26
21	23

Liegt ein signifikanter Übungsfortschritt vor?

3. Drei verschiedene Gruppen von männlichen Versuchspersonen nahmen an einem Leistungstest teil, wobei die einzelnen Gruppen auf verschiedene Weise motiviert wurden. So sollte der Beste der Gruppe A mit einer Urkunde, der Beste der Gruppe B mit einem Geldpreis und der Beste der Gruppe C mit einem Abendessen mit der attraktiven Kursleiterin belohnt werden. Die Versuchspersonen erzielten dabei die folgenden Punktwerte:

   A: 29, 32, 34, 24, 29, 33, 30

   B: 34, 33, 29, 37, 35, 38, 30, 33

   C: 41, 40, 35, 44, 36, 39

   Berechnen Sie die Mittelwerte in den Gruppen und klären Sie mithilfe der einfaktoriellen Varianzanalyse, ob sich diese signifikant unterscheiden. Testen Sie gegebenenfalls mit dem Scheffé-Test auf paarweise Gruppenunterschiede.

4. Bei einem Seminar beklagen sich die Studenten, die Studentinnen würden durch ihre Unpünktlichkeit den Lehrbetrieb stören, was diese natürlich bestreiten. Beim nächsten Mal notiert der Professor heimlich die Reihenfolge des Eintreffens: Hans und Ernst gemeinsam, Gisela, Erich zusammen mit Hanna, gemeinsam Emil, Karl und Heinz, dann Ria, Theo, Gerda, Heinrich, Peter, Helga zusammen mit Monika, Uli und schließlich gemeinsam Anke und Erika. Besteht ein signifikanter Unterschied zwischen den beiden Geschlechtern bezüglich ihrer Eintreffzeit?

5. Rechnen Sie das Problem der Übung 8.2 mit dem Wilcoxon-Test.

6. Rechnen Sie das Problem der Übung 8.3 mit dem H-Test nach Kruskal und Wallis.

9 KORRELATION UND REGRESSION

Lernziele:

- ➔ Produkt-Moment-Korrelation, Rangkorrelation, Vierfelderkorrelation, punktbiseriale Korrelation
- ➔ Scheinkorrelation, partielle Korrelation
- ➔ lineare Regression
- ➔ nichtlineare Regression
- ➔ multiple lineare Regression

In diesem Kapitel geht es um die Analyse des Zusammenhangs zwischen zwei Variablen, und zwar um die Beschreibung dieses Zusammenhangs mit Hilfe des so genannten Korrelationskoeffizienten.

Dabei handelt es sich um Zusammenhänge der Art „je größer die eine Variable, desto größer die andere" oder auch „je größer die eine Variable, desto kleiner die andere". Daraus ist zu schließen, dass Korrelationskoeffizienten nur dann berechnet werden können, wenn die beteiligten Variablen mindestens ordinalskaliert oder aber dichotom sind. Ausgeschlossen sind also nominalskalierte Variablen mit mehr als zwei Kategorien.

Im Folgenden wollen wir einige Zusammenhänge zwischen intervallskalierten Variablen betrachten. Es sind dies Variablen, die bestimmte Angaben der Staaten der Erde beinhalten. Die Daten können Sie in der Datei welt.txt (bzw. in der SPSS-Datei welt.sav) betrachten, die nacheinander die folgenden Angaben enthält:

Landesbezeichnung
mittlere Lebenserwartung Männer
mittlere Lebenserwartung Frauen
Bevölkerungszuwachs (Prozent)
prozentualer Anteil der Stadtbevölkerung
mittlere tägliche Kalorienaufnahme
Einwohnerdichte

Die Zusammenhänge sind jeweils in Form einer Punktwolke in einem Streudiagramm dargestellt. Im ersten Beispiel (Abbildung 9.1) ist die mittlere Lebenserwartung der Frauen gegen die mittlere Lebenserwartung der Männer aufgetragen.

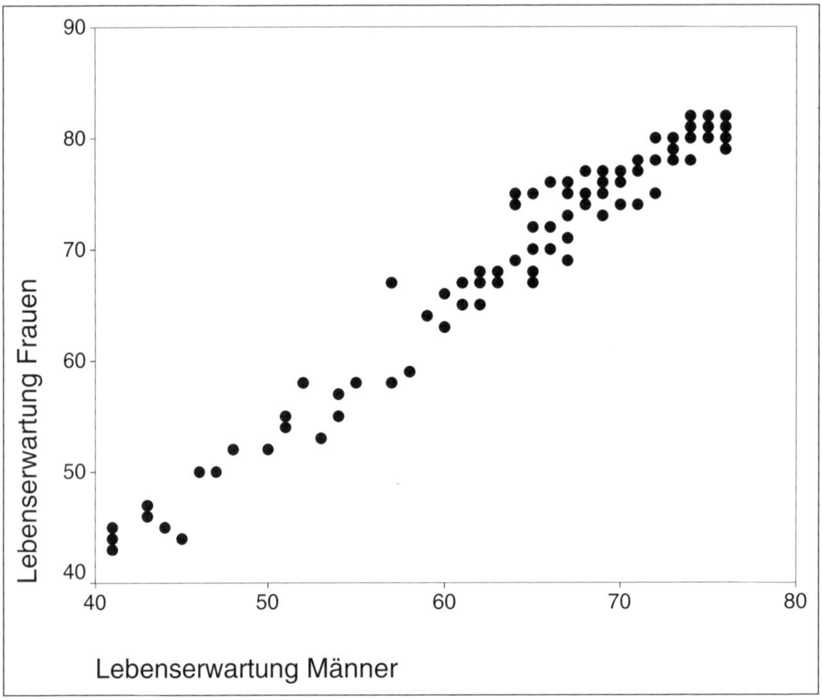

Abbildung 9.1: Punktwolke mit linearem Zusammenhang

Jeder markierte Punkt entspricht einem Staat. Man sieht sehr deutlich einen strengen *linearen* Zusammenhang zwischen den beiden Variablen. Die Punkte schmiegen sich eng an eine imaginäre Gerade an, die von links unten nach rechts oben verläuft: Je größer die Lebenserwartung der Männer, desto größer die Lebenserwartung der Frauen.

Die Strenge oder besser *Stärke* des Zusammenhangs kann durch eine Maßzahl beschrieben werden, die man, wie schon erwähnt, *Korrelationskoeffizient* nennt. Dieser wird mit dem Kleinbuchstaben r bezeichnet und ist stets in den Grenzen von -1 bis $+1$ gelegen:

$$-1 \leq r \leq +1$$

Für die Stärke des Zusammenhangs ist allein der Betrag des Korrelationskoeffizienten maßgebend. Das Vorzeichen gibt an, ob der Zusammenhang gleichläufig (wie im betrachteten Beispiel) oder gegenläufig ist. Dabei ist die in Tabelle 9.1 vorgestellte Einstufung üblich.

Die Berechnung des Korrelationskoeffizienten nach der für intervallskalierte (und normalverteilte) Variablen üblichen Produkt-Moment-Korrelation nach Pearson (siehe Kapitel 9.1) ergibt den Wert $r = 0{,}990$, also einen Wert nahe beim Maximalwert 1 und damit einen sehr hohen Zusammenhang.

Korrelationskoeffizient	Einstufung
$\|r\| \leq 0{,}2$	sehr geringe Korrelation
$0{,}2 < \|r\| \leq 0{,}5$	geringe Korrelation
$0{,}5 < \|r\| \leq 0{,}7$	mittlere Korrelation
$0{,}7 < \|r\| \leq 0{,}9$	hohe Korrelation
$0{,}9 < \|r\| \leq 1$	sehr hohe Korrelation

Tabelle 9.1: Einstufung des Korrelationskoeffizienten

Im zweiten Beispiel (Abbildung 9.2) ist der Zusammenhang zwischen der mittleren Lebenserwartung der Männer und dem prozentualen Anteil der Bevölkerung dargestellt, der in Städten wohnt. Auch hier ist ein deutlicher gleichläufiger Zusammenhang zu erkennen, der aber nicht ganz so ausgeprägt ist wie im ersten Beispiel, was sich demzufolge auch im allerdings immer noch hohen Korrelationskoeffizienten ($r = 0{,}750$) niederschlägt.

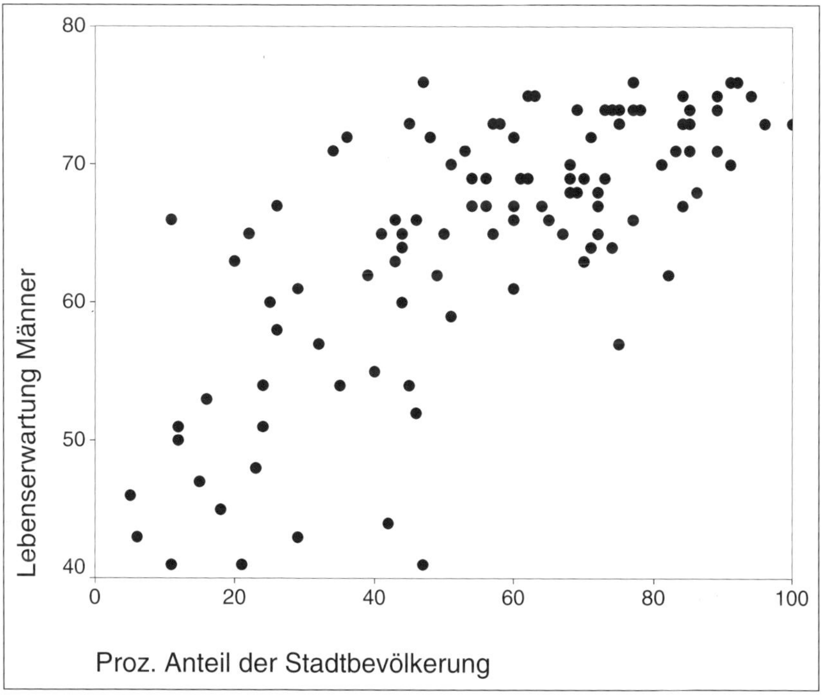

Abbildung 9.2: Punktwolke mit hoher Korrelation

In diesem Beispiel kann man zwischen einer abhängigen und einer unabhängigen Variablen unterscheiden, wobei man dann die abhängige Variable auf der y-Achse und die unabhängige auf der x-Achse aufträgt. Es dürfte klar sein, dass die Lebenserwartung als von der Urbanität abhängig betrachtet werden kann und nicht umgekehrt die Urbanität als von der Lebenserwartung abhängig. Für die Berechnung des Korrelationskoeffizienten spielt diese Einteilung nach abhängiger und unabhängiger

Variable keine Rolle, wohl aber für die in Kapitel 9.7 vorgestellte Regressionsrechnung. Mit deren Hilfe kann die Gleichung der *Regressionsgeraden* ermittelt werden; dieses ist die zunächst noch imaginäre Gerade, an die sich die Punkte des Streudiagramms mehr oder weniger stark anschmiegen.

Im dritten Beispiel (Abbildung 9.3) wird der Bevölkerungszuwachs in Abhängigkeit von der Urbanität dargestellt. Hier muss man schon etwas genauer hinsehen, um einen schwachen gegenläufigen Trend zu erkennen; der Korrelationskoeffizient ist mit $r = -0{,}371$ gering und gegenläufig.

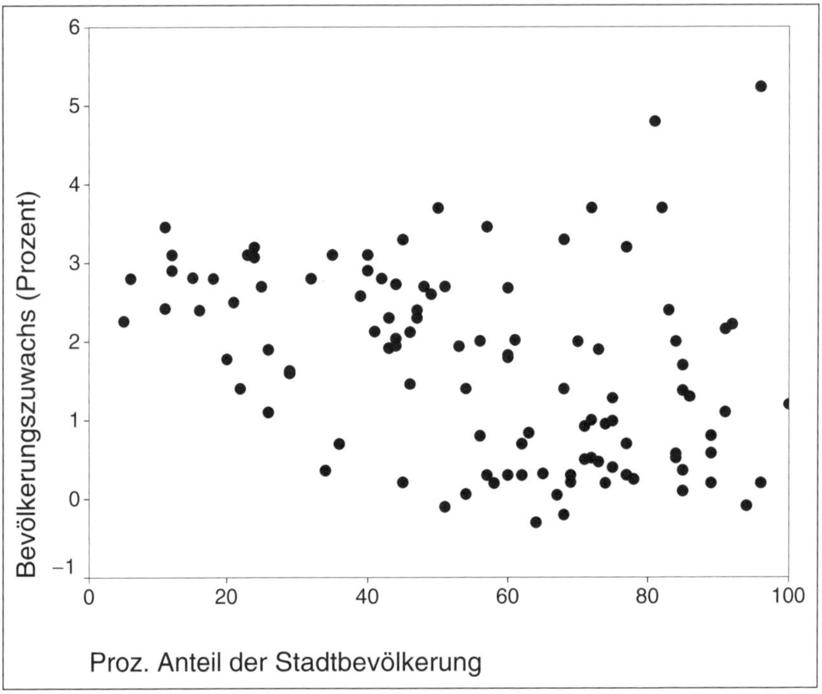

Abbildung 9.3: Punktwolke mit geringer und gegenläufiger Korrelation

Im letzten Beispiel (Abbildung 9.4) ist die tägliche Kalorienaufnahme in Abhängigkeit von der Einwohnerdichte aufgetragen. Hier liegt offenbar keinerlei Zusammenhang vor, was auch durch den Korrelationskoeffizienten $r = -0{,}003$ dokumentiert wird.

Sie sollten nun in der Lage sein, Werte von Korrelationskoeffizienten richtig einzuordnen. Auch bei der Korrelationsrechnung stellt sich aber die Frage, ob die Werte der berechneten Korrelationskoeffizienten signifikant (genauer: signifikant verschieden von null) sind. Dies ist stets abhängig vom Betrag des Korrelationskoeffizienten und von der zugrunde liegenden Fallzahl.

Auf einen wichtigen Umstand sei noch hingewiesen. Es sind (wenn auch recht selten auftretende) Fälle denkbar, in denen zwischen zwei Variablen zwar ein Zusammenhang besteht, dennoch aber der Korrelationskoeffizient keinen signifikanten Wert

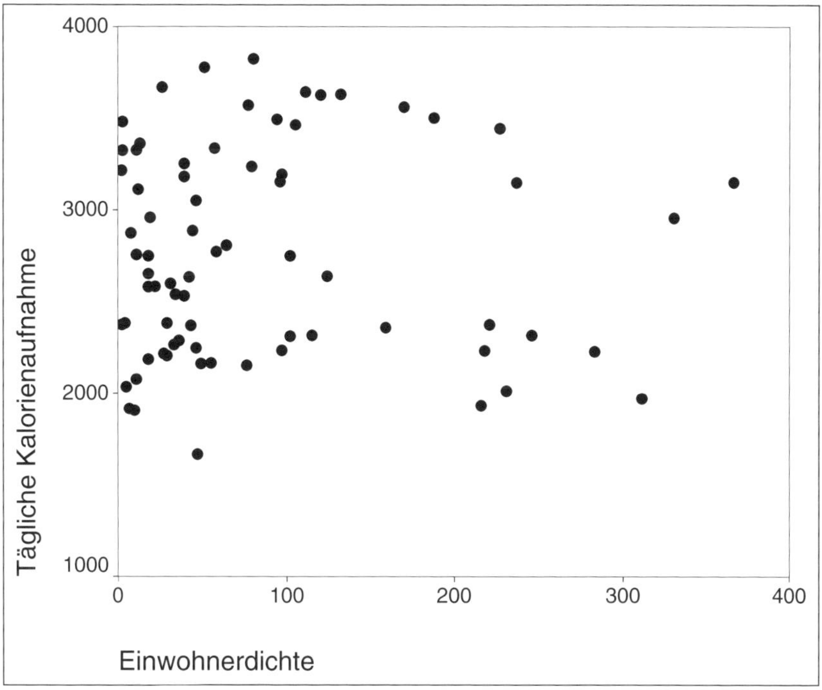

Abbildung 9.4: Unkorrelierte Punktwolke

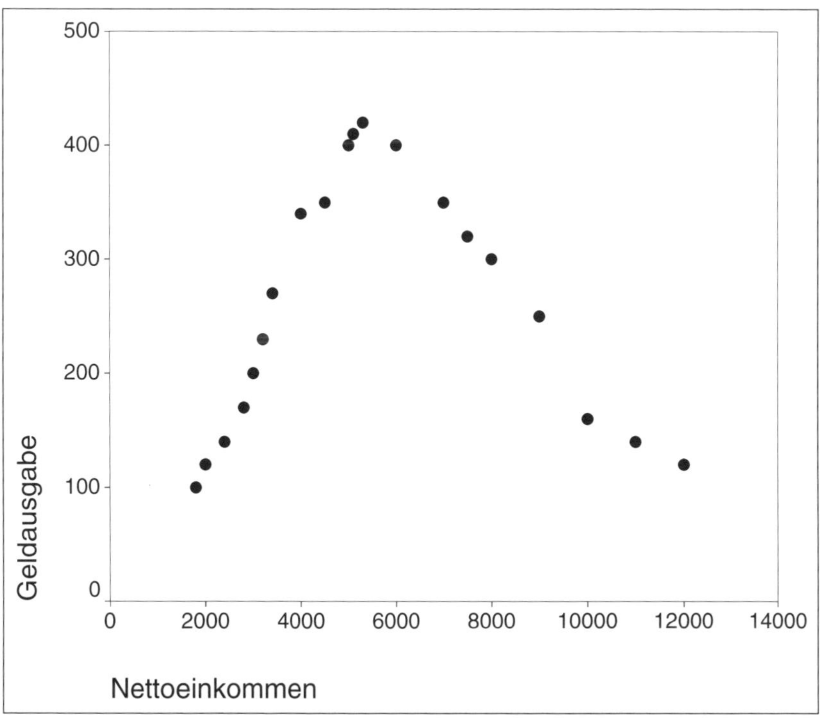

Abbildung 9.5: U-förmiger Zusammenhang

ausweist. Dies kann dann vorkommen, wenn der Zusammenhang nicht linear ist, sondern zum Beispiel U-förmig wie in Abbildung 9.5 dargestellt.

Der von den Kunden eines Geschäfts ausgegebene Betrag steigt zunächst mit dem verfügbaren Einkommen an, um dann aber bei höherem Einkommen wieder abzufallen. Dieser Effekt kann dadurch zustande kommen, dass die höheren Einkommensschichten ein anderes Geschäft bevorzugen.

Niemand wird bestreiten können, dass ein deutlicher Zusammenhang zwischen Einkommen und Geldausgabe besteht. Dennoch erhalten Sie, wenn Sie nun den Korrelationskoeffizienten berechnen, einen Wert nahe null. Die Berechnung des Korrelationskoeffizienten ist daher nur bei linearen Zusammenhängen sinnvoll und versagt etwa bei U-förmigen Zusammenhängen völlig.

Es empfiehlt sich bei intervallskalierten Variablen deshalb dringend, vor Berechnung des Korrelationskoeffizienten zunächst das zugehörige Streudiagramm zu betrachten.

Je nach Skalenniveau der beteiligten Variablen gibt es verschiedene Verfahren zur Berechnung des Korrelationskoeffizienten. Eine Übersicht über die in den nachfolgenden Kapiteln behandelten Verfahren bietet Tabelle 9.2.

Skalenniveau	**Verfahren**
beide Variablen intervallskaliert und normalverteilt	Produkt-Moment-Korrelation nach Pearson; partielle Korrelation
mindestens eine Variable ordinalskaliert oder nicht normalverteilt	Rangkorrelation nach Spearman; Rangkorrelation nach Kendall
eine Variable dichotom, die andere intervallskaliert und normalverteilt	punktbiseriale Korrelation
beide Variablen dichotom	Vierfelderkorrelation

Tabelle 9.2: Skalenniveaus und Korrelationskoeffizienten

Ein weiteres Kapitel beschäftigt sich mit der Regressionsanalyse, also der Analyse der Art des Zusammenhangs von intervallskalierten und normalverteilten Variablen.

9.1 DIE PRODUKT-MOMENT-KORRELATION

Der Produkt-Moment-Korrelationskoeffizient, auch Maßkorrelationskoeffizient oder Korrelationskoeffizient nach Pearson genannt, ist sozusagen der „klassische" Korrelationskoeffizient zur Beschreibung des Zusammenhangs zwischen zwei intervallskalierten und normalverteilten Variablen.

Von zwölf Patienten einer bestimmten Krankheit liegen die Krankheitsdauer (in Jahren) vor und der Wert eines Scores, der angibt, inwieweit die Patienten aktive Anstrengungen gegen ihre Krankheit unternehmen (aktives Coping). Die Werte dieser beiden Variablen sind in Tabelle 9.3 enthalten.

Krankheitsdauer (x)	**Coping (y)**	x^2	y^2	$x \cdot y$
7	22	49	484	154
34	10	1156	100	340
16	20	256	400	320
5	20	25	400	100
30	10	900	100	300
19	11	361	121	209
3	17	9	289	51
13	21	169	441	273
28	18	784	324	504
24	19	576	361	456
17	20	289	400	340
12	18	144	324	216
208	206	4718	3744	3263

Tabelle 9.3: Rechenschritte zur Produkt-Moment-Korrelation

In der Tabelle sind ferner die Quadrate der Werte und das Produkt der jeweiligen Wertepaare enthalten. Diese Größen werden zur Berechnung des Korrelationskoeffizienten benötigt. Dieser ist definiert durch

$$r = \frac{\sum_{i=1}^{n} (x_i - \overline{x}) \cdot (y_i - \overline{y})}{(n-1) \cdot s_x \cdot s_y}$$

Dabei sind $\overline{x}$ und $\overline{y}$ die Mittelwerte sowie s_x und s_y die Standardabweichungen der beiden korrelierten Variablen. Man sieht es der Formel nicht unbedingt an, aber der Produkt-Moment-Korrelationskoeffizient r nimmt, wie jeder andere Korrelationskoeffizient auch, Werte zwischen –1 und +1 an.

Für den praktischen Gebrauch ist allerdings die folgende Formel zu empfehlen:

$$r = \frac{n \cdot \sum_{i=1}^{n} x_i \cdot y_i - \sum_{i=1}^{n} x_i \cdot \sum_{i=1}^{n} y_i}{\sqrt{\left(n \cdot \sum_{i=1}^{n} x_i^2 - (\sum_{i=1}^{n} x_i)^2\right) \cdot \left(n \cdot \sum_{i=1}^{n} y_i^2 - (\sum_{i=1}^{n} y_i)^2\right)}}$$

Die im gegebenen Beispiel benötigten Werte kann man der Summenzeile der obigen Tabelle entnehmen. Damit ergibt sich:

$$r = \frac{12 \cdot 3263 - 208 \cdot 206}{\sqrt{(12 \cdot 4718 - 208^2) \cdot (12 \cdot 3744 - 206^2)}} = -0{,}640$$

Sie werden zugeben, dass niemand, der noch bei Trost ist, alle diese Rechnungen noch per Hand ausführen wird, insbesondere dann nicht, wenn nicht fünfzehn, sondern beispielsweise einige hundert Fälle zu verarbeiten sind.

Es ergibt sich also eine mittlere negative (gegenläufige) Korrelation zwischen Krankheitsdauer und Coping: Je länger die Krankheit andauert, desto weniger Anstrengungen werden zu ihrer Bewältigung gemacht.

Die statistische Absicherung des Korrelationskoeffizienten gegen null erfolgt über die t-verteilte Prüfgröße

$$t = \frac{|r| \cdot \sqrt{n-2}}{\sqrt{1-r^2}}$$

bei

$$df = n - 2$$

Freiheitsgraden.

Im gegebenen Beispiel ergibt sich

$$t = \frac{0{,}640 \cdot \sqrt{12-2}}{\sqrt{1-0{,}640^2}} = 2{,}635$$

Wie ein Blick in die t-Tabelle ausweist, ist dies bei $12 - 2 = 10$ Freiheitsgraden ein signifikanter Wert ($p < 0{,}05$).

Eine besondere Bedeutung kommt auch dem Quadrat des Korrelationskoeffizienten zu, welches als Bestimmtheitsmaß (auch: Determinationskoeffizient) bezeichnet wird:

$$B = r^2$$

Das Bestimmtheitsmaß gibt den Anteil der gemeinsamen Varianz der beiden Variablen wieder. Im gegebenen Beispiel wird

$$B = 0{,}640^2 = 0{,}410$$

In Prozenten ausgedrückt bedeutet dies, dass der Anteil der gemeinsamen Varianz der beiden Variablen Kalorienaufnahme und Lebenserwartung 41,0 % beträgt.

9.2 DIE RANGKORRELATION NACH SPEARMAN

Der Rangkorrelationskoeffizient nach Spearman wird zwischen zwei Variablen berechnet, die mindestens ordinalskaliert sind. Sie ist auch bei intervallskalierten Variablen zu benutzen, wenn keine Normalverteilung gegeben ist.

Wie bei allen nichtparametrischen Verfahren werden nicht die eigentlichen Messwerte formelmäßig verarbeitet, sondern die diesen Werten zugeordneten Rangplätze. So ist die Rangkorrelation nach Spearman vor allem auch dann der Korrelation nach Pearson vorzuziehen, wenn Ausreißer vorhanden sind.

Aus Gründen der Vergleichbarkeit wollen wir das Beispiel verwenden, das schon bei der Bestimmung des Produkt-Moment-Korrelationskoeffizienten benutzt wurde (siehe Kapitel 9.1).

Im ersten Rechenschritt erstellen Sie für jede der beiden Variablen jeweils eine Rangreihe der Werte, wobei Sie dem höchsten Wert den Rangplatz 1 zuteilen und bei gleichen Werten entsprechend gemittelte Rangplätze vergeben. Anschließend bestimmen Sie die Differenz d der zugehörigen Rangplatzpaare und hieraus das Quadrat d^2. Diese Rechenschritte sind in Tabelle 9.4 eingetragen.

Krankheitsdauer	**Coping**	**Krankheitsdauer Rang**	**Coping Rang**	d_i	d_i^2
7	22	10	1	9	81
34	10	1	11,5	−10,5	110,25
16	20	7	4	3	9
5	20	11	4	7	49
30	10	2	11,5	−9,5	90,25
19	11	5	10	−5	25
3	17	12	9	3	9
13	21	8	2	6	36
28	18	3	7,5	−4,5	20,25
24	19	4	6	−2	4
17	20	6	4	2	4
12	18	9	7,5	1,5	2,25
		78	78	0	440

Tabelle 9.4: Rechenschritte zur Rangkorrelation nach Spearman

Eine Kontrollmöglichkeit bietet die Tatsache, dass die Summe der Rangplätze einer Variablen den Wert

$$\frac{n \cdot (n+1)}{2}$$

haben muss, wobei n die Anzahl der Messwertpaare ist. Die Summe der Rangplatzdifferenzen muss 0 ergeben.

Der Rangkorrelationskoeffizient nach Spearman berechnet sich nach der Formel

$$r = 1 - \frac{6 \cdot \sum_{i=1}^{n} d_i^2}{n \cdot (n^2 - 1)}$$

In unserem Beispiel ergibt sich somit

$$r = 1 - \frac{6 \cdot 440}{12 \cdot (144 - 1)} = -0{,}538$$

Es zeigt sich also ein mittlerer gegenläufiger Zusammenhang zwischen der Krankheitsdauer und Coping: Je länger die Krankheitsdauer, desto geringer ist die Ausprägung des Copings.

Die Absicherung gegen null erfolgt über die t-verteilte Prüfgröße

$$t = \frac{|r| \cdot \sqrt{n-2}}{\sqrt{1-r^2}}$$

bei

$$df = n - 2$$

Freiheitsgraden.

Im gegebenen Beispiel erhält man

$$t = \frac{0{,}538 \cdot \sqrt{12-2}}{\sqrt{1-0{,}538^2}} = 2{,}040$$

Nach der t-Tabelle ist dies bei $12 - 2 = 10$ Freiheitsgraden ein nicht signifikanter Wert. Bei der Produkt-Moment-Korrelation hatte sich der signifikante Wert $r = -0{,}640$ ergeben. Liegt hinreichende Normalverteilung der Werte vor, ist die Berechnung der Produkt-Moment-Korrelation also vorzuziehen.

Im Falle mehrfach auftretender Messwerte benutzt man zur Berechnung des Korrelationskoeffizienten eine etwas modifizierte Formel.

Bei der Krankheitsdauer gibt es keine wiederholt auftretenden Werte, jedoch beim Coping:

der Wert 18 tritt 2-mal auf,

der Wert 10 tritt 2-mal auf.

Bezeichnet man diese Häufigkeiten mit m, so ist jeweils der Term

$$m^3 - m$$

zu bilden und über alle Häufigkeiten zum Korrekturglied T aufzusummieren. Im gegebenen Beispiel wird dann

$$T = 2 \cdot (2^3 - 2) = 12$$

Entsprechende Häufigkeiten bei der anderen Variablen wären gegebenenfalls hinzuzuzählen.

Die Formel für den Korrelationskoeffizienten lautet unter Berücksichtigung des Korrekturglieds:

$$r = 1 - \frac{6 \cdot \sum_{i=1}^{n} d_i^2}{n \cdot (n^2 - 1) - \frac{T}{2}}$$

Im gegebenen Beispiel ergibt dies

$$r = 1 - \frac{6 \cdot 440}{12 \cdot (144 - 1) - 6} = -0{,}553$$

Der Betrag des Korrelationskoeffizienten hat sich also geringfügig erhöht.

9.3 Die Rangkorrelation nach Kendall

Der Korrelationskoeffizient nach Kendall (*Kendalls Tau* genannt) wird, ebenso wie der Rangkorrelationskoeffizient nach Spearman, zwischen zwei mindestens ordinalskalierten Variablen berechnet. Das Vorgehen soll anhand eines Beispiels erläutert werden, bei dem die eine Variable bereits in Form einer Rangreihe vorliegt.

In Tabelle 9.5 ist für die Vereine der Fußball-Bundesliga der Tabellenstand der Stadiongröße gegenübergestellt. Es soll überprüft werden, ob die Stadiongröße mit dem Tabellenplatz korreliert.

Tabellenplatz	Stadiongröße	Rang	*I*	*P*
1	30000	11	10	7
2	72000	2,5	1,5	14,5
3	65000	5	3	12
4	80000	1	0	14
5	72000	2,5	0	13
6	25000	14	8	4
7	41000	10	5	6
8	45000	9	4	6
9	59000	7	2	7
10	15000	18	8	0
11	70000	4	0	7
12	23000	16	5	1
13	58000	8	1	4
14	24000	15	3	1
15	64000	6	0	3
16	22000	17	2	0
17	26000	13	1	0
18	28000	12		
Summe			53,5	99,5

Tabelle 9.5: Rechenschritte zur Rangkorrelation nach Kendall

Der erste Schritt bei der Korrelationsberechnung nach Kendall besteht darin, dass man die Rangreihe der ersten Variablen in aufsteigender Folge aufschreibt und die andere entsprechend zuordnet. In diesem Zusammenhang spricht man auch von einer *Ankerreihe* und einer *Vergleichsreihe*. Im gegebenen Beispiel ist der bereits in aufsteigender Folge notierte Tabellenplatz die Ankerreihe. Die Vergleichsreihe besteht aus den Rangplätzen der Stadiongröße. Zu beachten ist dabei, dass dem größten Stadion der Rangplatz 1 zugeordnet wurde.

Ob diese Zuordnung aufsteigend oder absteigend erfolgt, ist im Grunde gleichgültig. Die Art der Zuordnung ist dann allerdings bei der Deutung der Richtung des Korrelationskoeffizienten im Auge zu behalten; im vorliegenden Beispiel wurde dem größten Stadion der Rangplatz 1 zugeordnet, weil vermutet werden kann, dass ein größeres Stadion auch einen besseren Tabellenplatz impliziert.

Bei einer positiven Korrelation steht zu erwarten, dass die Vergleichsreihe ähnlich monoton aufsteigt wie die Ankerreihe. Die Anzahl der Störungen dieser Monotonie stellt daher ein Maß für die Höhe des Zusammenhangs dar.

Eine solche Störung (*Inversion* genannt) liegt vor, wenn in der Vergleichsreihe einem Rangplatz ein niedrigerer folgt. Beim Verein auf Tabellenplatz 1 ist dies zehnmal der Fall, beim Verein auf dem dritten Tabellenplatz dreimal usw. Schwierigkeiten bereiten in diesem Zusammenhang die Vereine auf dem zweiten und fünften Tabellenplatz mit gleicher Stadiongröße und daher entsprechend gleichen Rangplätzen. Als Kompromiss wurde hier eine „halbe" Inversion hinzugerechnet. Die Anzahl der Inversionen ist in der mit I bezeichneten Spalte eingetragen.

Im Sinne der Erwartung bei einer positiven Korrelation ist der umgekehrte Fall, dass nämlich in der Vergleichsreihe einem Rangplatz höhere folgen. Die Anzahl dieser *Proversionen* ist in der mit P bezeichneten Spalte eingetragen.

Die Summe aus I und P muss in der i-ten Zeile den Wert $n - i$ annehmen, wobei n für die Fallzahl (die Anzahl der Wertepaare) steht. Man sollte immer I und P bestimmen und die Richtigkeit des Auszählens anhand dieser Beziehung überprüfen. In der letzten Zeile entfällt natürlich die Bestimmung von I und P.

Man bildet nun die Summen von I und P und bildet hieraus die Kendall-Summe S:

$$S = \sum P - \sum I$$

Im gegebenen Beispiel ergibt sich also

$$S = 99{,}5 - 53{,}5 = 46$$

Nach der Summenbildung hat man eine weitere Kontrollmöglichkeit; es gilt nämlich

$$\sum I + \sum P = \frac{n \cdot (n-1)}{2}$$

Im vorliegenden Fall ergibt sich

$$53{,}5 + 99{,}5 = \frac{18 \cdot 17}{2}$$

Beide Seiten ergeben übereinstimmend den Wert 153.

Der Korrelationskoeffizient *Kendalls Tau* berechnet sich zu

$$\tau = \frac{2 \cdot S}{n \cdot (n-1)}$$

Im gegebenen Beispiel erhält man hiermit

$$\tau = \frac{2 \cdot 46}{18 \cdot 17} = 0{,}301$$

Die Signifikanzüberprüfung erfolgt über die standardnormalverteilte Prüfgröße

$$z = \frac{|\tau|}{\sqrt{\frac{2 \cdot (2 \cdot n + 5)}{9 \cdot n \cdot (n-1)}}}$$

Dies ergibt im vorliegenden Fall

$$z = \frac{0{,}301}{\sqrt{\frac{2 \cdot (2 \cdot 18 + 5)}{9 \cdot 18 \cdot 17}}} = 1{,}74$$

Nach der z-Tabelle ist dies ein nicht signifikanter Wert ($p = 0{,}082$). Es besteht also lediglich eine Tendenz zur Signifikanz dahingehend, dass ein besserer Tabellenplatz mit einem größeren Stadion einhergeht.

Berechnet man den Rangkorrelationskoeffizienten nach Spearman, so ergibt sich die signifikante Korrelation $r = 0{,}498$. Im Normalfall ist es so, dass der Kendall-Koeffizient kleiner ist als der Spearman-Koeffizient, so dass beide Koeffizienten nicht unbedingt miteinander vergleichbar sind. Schwierigkeiten bereiten bei der Berechnung von Kendalls Tau auch geteilte Rangplätze, für die recht komplizierte Rechengänge vorgeschlagen werden.

So erscheint die Berechnung von Kendalls Tau im Normalfall nicht sonderlich empfehlenswert. Nur in dem Fall, dass starke Ausreißerdifferenzen auftreten, erweist sich Kendalls Tau als überlegen, nämlich unempfindlicher.

9.4 Die Vierfelderkorrelation

Die Vierfelderkorrelation wird zwischen zwei dichotomen Variablen berechnet.

Als Beispiel betrachten wir den Zusammenhang zwischen Geschlecht und Auftreten von Depressionen bei Patienten einer Klinik, der durch die in Tabelle 9.6 wiedergegebene Vierfeldertafel belegt wird.

Mit den Buchstaben a, b, c und d werden üblicherweise die Häufigkeiten der Vierfeldertafel bezeichnet.

Der Vierfelder-Korrelationskoeffizient wird nach folgender Formel berechnet:

$$r = \frac{a \cdot d - b \cdot c}{\sqrt{(a+b) \cdot (c+d) \cdot (a+c) \cdot (b+d)}}$$

	Depressionen	keine Depressionen
Männer	$a = 10$	$b = 101$
Frauen	$c = 40$	$d = 143$

Tabelle 9.6: Vierfeldertafel

Im gegebenen Beispiel ergibt sich damit

$$r = \frac{10 \cdot 143 - 101 \cdot 40}{\sqrt{111 \cdot 183 \cdot 50 \cdot 244}} = -0{,}166$$

Es ergibt sich also ein sehr geringer und gegenläufiger Zusammenhang. Das bedeutet, dass die höhere Kategorie des Geschlechts mit der niedrigeren Kategorie der Depressionen einhergeht, Frauen also eher zu Depressionen neigen.

Die Absicherung gegen null erfolgt über die χ^2-verteilte Prüfgröße

$$\chi^2 = (a + b + c + d) \cdot r^2$$

bei 1 Freiheitsgrad. Dies führt im vorliegenden Beispiel zu

$$\chi^2 = 294 \cdot 0{,}166^2 = 8{,}101$$

Nach der χ^2-Tabelle ist dies bei 1 Freiheitsgrad ein sehr signifikanter Wert ($p < 0{,}01$). Es ist also ein sehr signifikanter, wenn auch betragsmäßig sehr geringer Zusammenhang zwischen Geschlecht und dem Auftreten von Depressionen nachgewiesen.

Wenn Sie für den Zusammenhang zwischen zwei dichotomen Variablen anstelle der Vierfelderkorrelation die Korrelation nach Pearson oder die Rangkorrelation nach Spearman berechnen, erhalten Sie für alle drei Korrelationskoeffizienten denselben Wert. Der Vorteil der Vierfelderkorrelation liegt aber in der relativen Einfachheit der Formel.

9.5 DIE PUNKTBISERIALE KORRELATION

Die punktbiseriale Korrelation wird zwischen einer dichotomen und einer intervallskalierten, normalverteilten Variablen berechnet.

Von zehn Männern und sechs Frauen wurde die Körpergröße bestimmt (siehe Tabelle 9.7). Es soll die Korrelation zwischen Geschlecht und Körpergröße berechnet werden.

Der punktbiseriale Korrelationskoeffizient berechnet sich nach der Formel

$$r = \frac{\overline{x}_1 - \overline{x}_2}{(n_1 + n_2) \cdot s} \cdot \sqrt{n_1 \cdot n_2}$$

Dabei bedeuten im gegebenen Beispiel:

Geschlecht	Körpergröße
weiblich	157
männlich	180
männlich	175
männlich	179
männlich	162
männlich	170
männlich	180
männlich	176
weiblich	157
weiblich	160
männlich	159
weiblich	160
weiblich	162
männlich	169
männlich	170
weiblich	159

Tabelle 9.7: Geschlecht und Körpergröße

$\overline{x}_1$ Mittelwert der Körpergröße bei den Männern
$\overline{x}_2$ Mittelwert der Körpergröße bei den Frauen
s gemeinsame Standardabweichung
n_1 Anzahl der Männer
n_2 Anzahl der Frauen

Entsprechende Berechnung ergibt im vorliegenden Fall

$\overline{x}_1 = 172{,}0$ $\quad \overline{x}_2 = 159{,}2$ $\quad s = 8{,}66$ $\quad n_1 = 10$ $\quad n_2 = 6$

Damit wird

$$r = \frac{172{,}0 - 159{,}2}{(10 + 6) \cdot 8{,}66} \cdot \sqrt{10 \cdot 6} = 0{,}716$$

Es besteht also ein hoher Zusammenhang zwischen Geschlecht und Körpergröße dahingehend, dass Männer größer sind (wegen $\overline{x}_1 > \overline{x}_2$).

Die Absicherung gegen null erfolgt über die t-verteilte Prüfgröße

$$t = |r| \cdot \sqrt{\frac{n_1 + n_2 - 2}{1 - r^2}}$$

bei

$$df = n_1 + n_2 - 2$$

Freiheitsgraden.

Im gegebenen Beispiel ergibt sich

$$t = 0{,}716 \cdot \sqrt{\frac{10 + 6 - 2}{1 - 0{,}716^2}} = 3{,}838$$

Aus der t-Tabelle lässt sich entnehmen, dass dies bei $df = 10 + 6 - 2 = 14$ Freiheitsgraden ein sehr signifikanter Wert ist ($p < 0{,}01$).

9.6 DIE PARTIELLE KORRELATION

Von achtzehn zufällig ausgewählten Ländern wurden drei Variablen erhoben und in Tabelle 9.8 zusammengestellt: die tägliche Kalorienaufnahme, der Prozentsatz der Leute, die lesen können, und das Brutto-Inlandsprodukt.

Land	**tägliche Kalorienaufnahme**	**Leute, die lesen können (%)**	**Brutto-Inlandsprodukt**
Ägypten	3336	48	748
Äthiopien	1667	24	122
Bolivien	1916	78	730
Deutschland	3443	99	17539
Frankreich	3465	99	18944
Großbritannien	3149	99	15974
Honduras	2247	73	1030
Japan	2956	99	19860
Kolumbien	2598	87	1538
Liberien	2382	40	409
Niederlande	3151	99	17245
Österreich	3495	99	18396
Paraguay	2757	90	1500
Ruanda	1971	50	292
Schweden	2960	99	16900
Somalia	1906	24	2126
Thailand	2316	93	1800
Türkei	3236	81	3721

Tabelle 9.8: Datenbeispiel zur partiellen Korrelation

Nach Überprüfung mit dem Kolmogorov-Smirnov-Test erweisen sich diese drei Variablen als hinreichend normalverteilt, so dass zur Beurteilung des Zusammenhangs zwischen diesen drei Variablen die Korrelation nach Pearson berechnet werden darf. Die Ergebnisse sind in Tabelle 9.9 eingetragen.

	Leute, die lesen können (%)	**Brutto-Inlandsprodukt**
tägliche Kalorienaufnahme	$r = 0{,}671$	$r = 0{,}719$
Leute, dic lesen können (%)		$r = 0{,}698$

Tabelle 9.9: Korrelationskoeffizienten nach Pearson

Alle Korrelationen erweisen sich als sehr bzw. höchst signifikant. So besteht mit $r = 0{,}671$ ein recht hoher Zusammenhang zwischen der täglichen Kalorienaufnahme und dem prozentualen Anteil der Leute, die lesen können.

Es ist dies der typische Fall, wo der Korrelationskoeffizient lediglich einen formalen, nicht aber einen unmittelbaren kausalen Zusammenhang beschreibt. Der Zusammenhang wird vielmehr von einer anderen Variablen mitbestimmt; diese ist im vorliegenden Fall das Brutto-Inlandsprodukt. Dieses korreliert in etwa gleicher Höhe sowohl mit der täglichen Kalorienaufnahme als auch mit dem prozentualen Anteil der Leute, die lesen können, wobei hier der kausale Zusammenhang unmittelbar einsichtig ist.

Die Berechnung so genannter partieller Korrelationen bietet die Möglichkeit, solche *Störvariablen*, die derartige *Scheinkorrelationen* erzeugen, auszuschließen.

Versieht man die beiden zu korrelierenden Variablen mit den Ziffern 1 und 2 sowie die Störvariable mit 3 und die paarweise berechneten Korrelationskoeffizienten mit r_{12}, r_{13} bzw. r_{23}, so berechnet sich der partielle Korrelationskoeffzient nach der Formel

$$r_{12.3} = \frac{r_{12} - r_{13} \cdot r_{23}}{\sqrt{(1 - r_{13}^2) \cdot (1 - r_{23}^2)}}$$

Im gegebenen Beispiel ergibt sich damit

$$r_{12.3} = \frac{0{,}671 - 0{,}719 \cdot 0{,}698}{\sqrt{(1 - 0{,}719^2) \cdot (1 - 0{,}698^2)}} = 0{,}340$$

Die Absicherung gegen null erfolgt über die t-verteilte Prüfgröße

$$t = |r_{12.3}| \cdot \sqrt{\frac{n-2}{1 - r_{12.3}^2}}$$

bei

$$df = n - 3$$

Freiheitsgraden.

Im gegebenen Beispiel ergibt sich

$$t = 0{,}340 \cdot \sqrt{\frac{18-2}{1-0.340^2}} = 1{,}534$$

Dies ist, wie die t-Tabelle ausweist, bei $df = 18 - 3 = 15$ Freiheitsgraden ein nicht signifikanter Wert. Zwischen der täglichen Kalorienaufnahme und dem prozentualen Anteil der Leute, die lesen können, konnte also kein kausaler Zusammenhang nachgewiesen werden.

Im gegebenen Beispiel wurde der Fall *einer* Störvariablen behandelt; es können auch mehrere Störvariablen herauspartialisiert werden, was entsprechend zu partiellen Korrelationen höherer Ordnung führt. So lautet die Formel für die partielle Korrelation zweiter Ordnung zwischen den Variablen 1 und 2 unter Eliminierung der Variablen 3 und 4:

$$r_{12.34} = \frac{r_{12.3} - r_{14.3} \cdot r_{24.3}}{\sqrt{(1 - r_{14.3}^2) \cdot (1 - r_{24.3}^2)}}$$

In eine partielle Korrelation höherer Ordnung gehen also ausschließlich partielle Korrelationen niedrigerer Ordnung ein, was zu einem erheblichen Rechenaufwand führt.

Die Gefahr der Scheinkorrelation lauert überall, so dass vor diesem Phänomen nicht ausdrücklich genug gewarnt werden kann. So wurden von 193 Patienten einer Klinik u. a. die folgenden Variablen erhoben:

- Geschlecht (Codierung: 1 = männlich, 2 = weiblich)
- Alkoholkonsum (Codierung: 1 = keiner, 2 = mäßig, 3 = stark, 4 = sehr stark)
- Körpergröße

Berechnet man die Rangkorrelation zwischen Alkoholkonsum und Körpergröße, so erhält man mit $r = 0{,}374$ einen höchst signifikanten Wert, was bedeutet, dass große Leute mehr trinken als kleine. Trotzdem sollte man sich hüten, diese sensationelle Entdeckung zu veröffentlichen, denn auch hier würde man einer Scheinkorrelation aufsitzen.

Ermittelt man nämlich die Rangkorrelationen beider Variablen zum Geschlecht (was bei einer dichotomen Variablen gestattet ist), so erhält man zwischen Geschlecht und Alkoholkonsum einen Koeffizienten von $r = -0{,}480$ und zwischen Geschlecht und Körpergröße einen solchen von $r = -0{,}754$. Dies bedeutet unter Beachtung der entsprechenden Codierungen, dass Frauen weniger trinken als Männer und kleiner sind als Männer. Dies führt zur erwähnten Scheinkorrelation zwischen Alkoholkonsum und Körpergröße, was schließlich auch durch die Berechnung des partiellen Korrelationskoeffizienten zwischen Alkoholkonsum und Körpergröße bei Eliminierung des Geschlechts bewiesen wird:

$$r = \frac{0{,}374 - (-0{,}480 \cdot -0{,}754)}{\sqrt{(1 - 0{,}480^2) \cdot (1 - 0{,}754^2)}} = 0{,}021$$

Dies ist ein Wert nahe bei null und nicht signifikant, wie über die Prüfgröße t bewiesen wird:

$$t = 0.021 \cdot \sqrt{\frac{191}{1 - 0.021^2}} = 0{,}290$$

In diesem Zusammenhang sei noch darauf hingewiesen, dass die partiellen Korrelationskoeffizienten auf Produkt-Moment-Korrelationen nach Pearson aufbauen. Da diese im vorliegenden Beispiel ähnliche Werte wie die durchgeführten Rangkorrelationen ergeben, sollte die Störung dieser Voraussetzung hier nicht allzu sehr ins Gewicht fallen.

9.7 Regression

Die Korrelationsrechnung bestimmt die Stärke des Zusammenhangs zwischen zwei Variablen; mit Hilfe der Regressionsrechnung soll der Zusammenhang formelmäßig erfasst werden. Man versucht Formeln zu finden, nach denen man aus der Kenntnis des Wertes der einen Variablen den zu erwartenden Wert der anderen (abhängigen) Variablen bestimmen kann. Dabei unterscheidet man zwischen linearen und nichtlinearen Zusammenhängen.

9.7.1 Lineare Regression

In dem am häufigsten vorkommenden Fall des linearen Zusammenhangs sind die Parameter b und a der Geradengleichung

$$y = b \cdot x + a$$

zu ermitteln. Diese so genannte Regressionsgerade ist diejenige Gerade, für welche die Summe der Quadrate der Abweichungen aller Punkte von dieser Geraden ein Minimum wird. Dabei sind die Abstände parallel zur Ordinate gemeint, so dass es bei der Regressionsrechnung von wesentlicher Bedeutung ist, welche der beiden gegebenen Variablen die abhängige Variable ist, die dann auf der Ordinate (y-Achse) aufzutragen ist.

Den Parameter b nennt man den *Regressionskoeffizienten*; seine geometrische Bedeutung liegt darin, dass er den Tangens des Steigungswinkels der Regressionsgeraden angibt. Das Vorzeichen von b richtet sich offensichtlich nach dem des zugehörigen Korrelationskoeffizienten; bei positiver Korrelation ist auch b positiv, bei negativer Korrelation auch b negativ. Der Parameter a ist der Ordinatenabschnitt und gibt den Punkt wieder, an dem die Regressionsgerade die y-Achse schneidet.

Werden mit x die Werte der unabhängigen und mit y die Werte der abhängigen Variable bezeichnet und sind $\overline{x}$ und $\overline{y}$ deren Mittelwerte, so ist der Regressionskoeffizient definiert durch

$$b = \frac{\sum_{i=1}^{n} (x_i - \overline{x}) \cdot (y_i - \overline{y})}{\sum_{i=1}^{n} (x_i - \overline{x})^2}$$

In der Praxis verwendet man besser die folgende Formel:

$$b = \frac{\sum\limits_{i=1}^{n} (x_i \cdot y_i) - \frac{1}{n} \cdot \sum\limits_{i=1}^{n} x_i \cdot \sum\limits_{i=1}^{n} y_i}{\sum\limits_{i=1}^{n} x_i^2 - \frac{1}{n} \cdot (\sum\limits_{i=1}^{n} x_i)^2}$$

Der Ordinatenabschnitt a berechnet sich nach Kenntnis von b zu

$$a = \frac{\sum\limits_{i=1}^{n} y_i - b \cdot \sum\limits_{i=1}^{n} x_i}{n}$$

In die Formeln für b und a gehen ausschließlich Größen ein, die bereits bei der Berechnung des Produkt-Moment-Korrelationskoeffizienten anfallen (siehe Kapitel 9.1).

Wir greifen auf das dort vorgestellte Beispiel zurück und wollen die betreffenden Messpunkte zunächst in einem Streudiagramm darstellen (Abbildung 9.6), wobei das Coping die abhängige Variable (auf der y-Achse) und die Krankheitsdauer die unabhängige Variable (auf der x-Achse) sein soll.

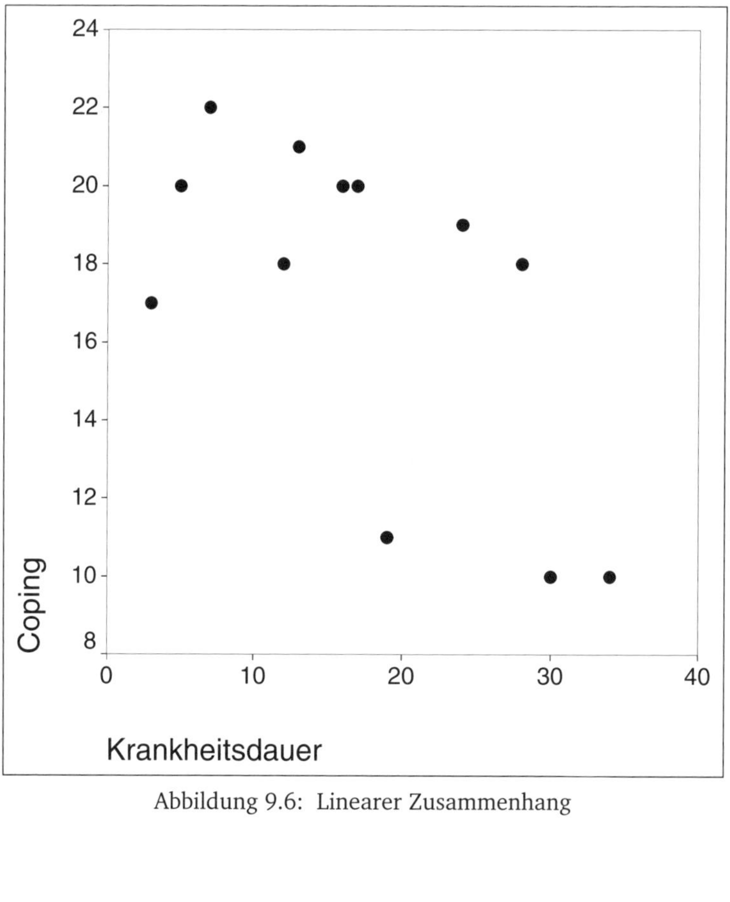

Abbildung 9.6: Linearer Zusammenhang

Es ist ein linearer und gegenläufiger Zusammenhang zu erkennen; seine Stärke war mit $r = 0{,}640$ beschrieben worden. Für den Regressionskoeffizienten ergibt sich mit den in Kapitel 9.1 berechneten Zwischengrößen

$$b = \frac{3263 - \frac{1}{12} \cdot 208 \cdot 206}{4718 - \frac{1}{12} \cdot 208^2} = -0{,}277$$

Für den Ordinatenabschnitt ergibt sich

$$a = \frac{206 + 0{,}277 \cdot 208}{12} = 21{,}97$$

Die Gleichung der Regressionsgeraden lautet somit

$$y = -0{,}277 \cdot x + 21{,}97$$

Diese Regressionsgerade ist in Abbildung 9.7 in das Streudiagramm eingezeichnet. Zum Zeichnen per Hand genügt die Kenntnis des Ordinatenabschnitts und eine weitere x-y-Koordinate.

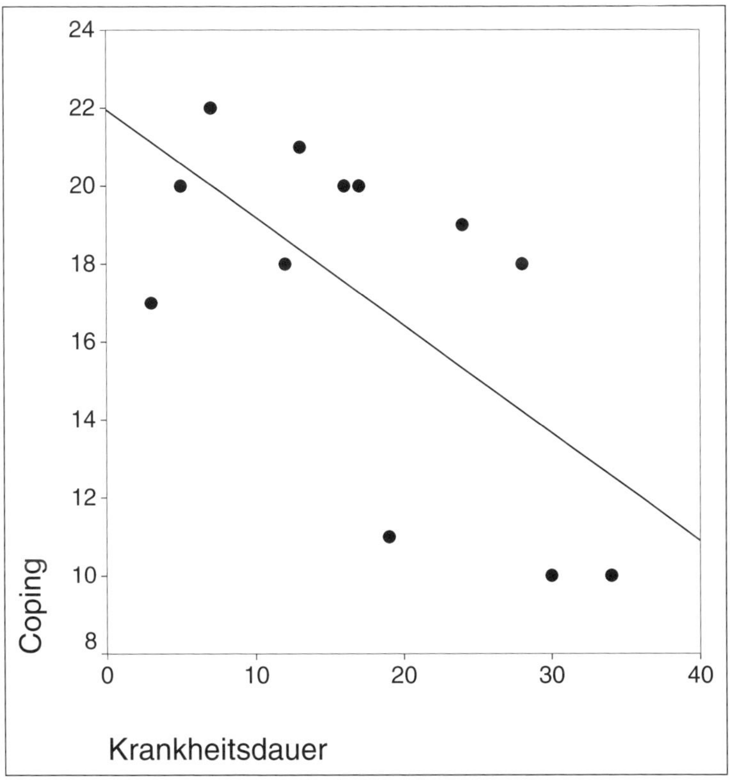

Abbildung 9.7: Regressionsgerade

Da x für die Krankheitsdauer und y für das Coping steht, gilt letztlich die Vorhersagegleichung

$$Coping = -0{,}277 \cdot Krankheitsdauer + 22$$

Eine solche Regressionsrechnung bei linearem Zusammenhang sollte nur vorgenommen werden, wenn die Punktwolke nicht allzu sehr um die Regressionsgerade streut, da dann die Vorhersage allzu unsicher wird. Auf alle Fälle muss natürlich der Korrelationskoeffizient überhaupt signifikant sein.

Zur Absicherung des Regressionskoeffizienten, d. h. zur Überprüfung, ob er signifikant von null verschieden ist, gibt es ein recht rechenaufwändiges Verfahren, das hier nicht dargestellt werden soll. Als Regel kann gelten, dass die Signifikanz des Regressionskoeffizienten mit der Signifikanz des entsprechenden Korrelationskoeffizienten einhergeht.

9.7.2 NICHTLINEARE REGRESSION

Bei nichtlinearen Zusammenhängen, die eher seltener auftreten, gibt es praktisch unbegrenzt viele Möglichkeiten der formelmäßigen Gestaltung. Die Rechengänge sind dabei in der Regel so kompliziert, dass sie nur noch mit einem entsprechenden Computerprogramm erledigt werden können. Dabei ist aus der Erfahrung bzw. der Theorie heraus oder durch Probieren die Gestalt der Formel vorzugeben; der Computer liefert dann eine optimale Schätzung der in der Formel enthaltenen Parameter.

Einige nichtlineare Zusammenhänge allerdings lassen sich durch Logarithmieren in lineare Zusammenhänge überführen. Es sind exponentielle Zusammenhänge der Form

$$y = a \cdot e^{b \cdot x}$$
$$y = a \cdot b^{x}$$
$$y = a \cdot x^{b}$$

Dabei ist e^x die Umkehrfunktion des natürlichen Logarithmus mit der Eulerschen Zahl $e = 2{,}71828\ldots$

Das Vorgehen in diesen Fällen soll anhand zweier Beispiele erläutert werden.

In einem Gedächtnistest wurden den Versuchspersonen 30 Ortsnamen aus der äußeren Mongolei vorgegeben. Dann wurde über einen Zeitraum von zehn Tagen festgehalten, wie viele Namen jeweils noch im Gedächtnis geblieben sind. Die gemittelten Werte über die Versuchspersonen sind in Tabelle 9.10 enthalten.

Ein Streudiagramm mit dem Tag auf der x-Achse und der Anzahl der Namen auf der y-Achse ist in Abbildung 9.8 wiedergegeben.

Der Zusammenhang ist offensichtlich nicht linear. Eine bessere Beschreibung soll mit der Beziehung

$$y = a \cdot e^{b \cdot x}$$

versucht werden.

Tag (x)	Anzahl Namen (y)	$\ln(y)$
1	24,9	3,21
2	19,7	2,98
3	17,0	2,83
4	13,2	2,58
5	11,0	2,40
6	8,5	2,14
7	7,9	2,07
8	5,8	1,76
9	5,5	1,70
10	5,0	1,61

Tabelle 9.10: Gedächtnisleistungen an aufeinander folgenden Tagen

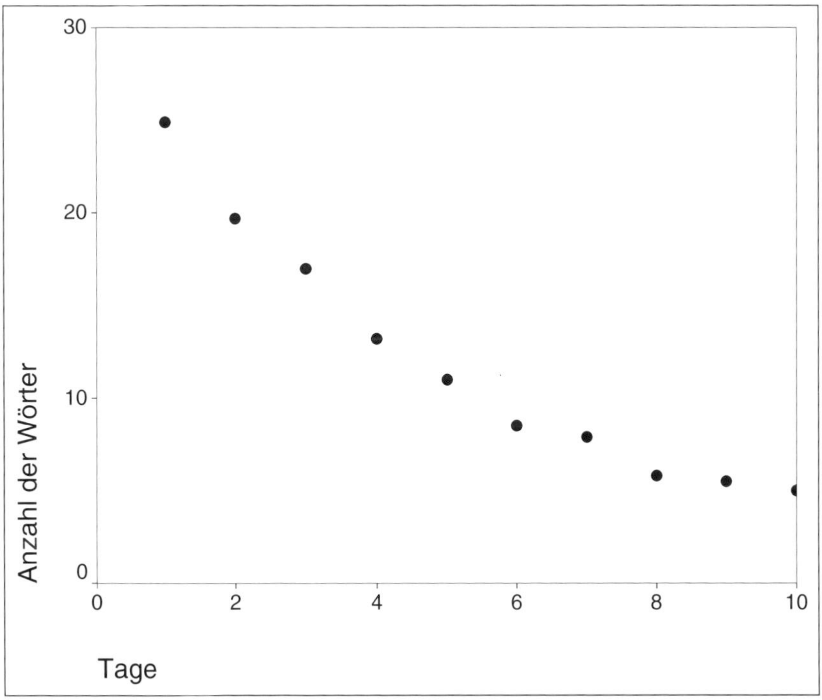

Abbildung 9.8: Nichtlinearer Abfall

Die Logarithmierung beider Seiten ergibt

$$\ln(y) = \ln(a) + \ln(e^{b \cdot x})$$

$$\ln(y) = \ln(a) + b \cdot x$$

Dieses ist eine lineare Gleichung mit $\ln(y)$ als abhängiger Variable. Ein Streudiagramm (Abbildung 9.9) mit dem Tag auf der x-Achse und dem natürlichen Logarithmus der Namensanzahl auf der y-Achse zeigt tatsächlich einen linearen Zusammenhang.

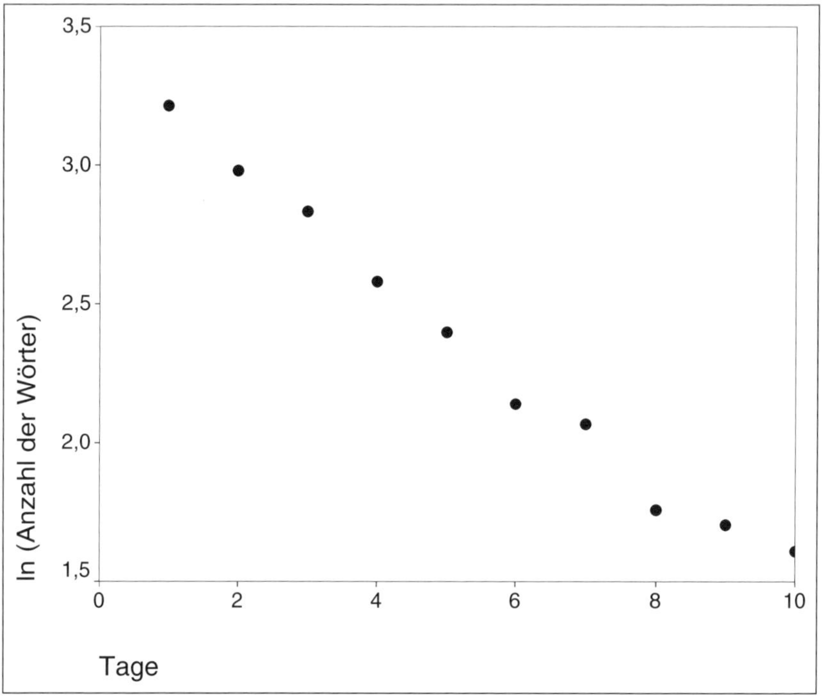

Abbildung 9.9: Linearer Abfall nach Logarithmierung

Die Regressionsrechnung mit $\ln(y)$ als abhängiger und x als unabhängiger Variable ergibt

$$b = -0{,}185 \qquad \ln(a) = 3{,}347$$

Hieraus folgt

$$a = e^{3{,}347} = 28{,}4$$

Die gefundene Gleichung lautet also schließlich

$$Namensanzahl = 28{,}4 \cdot e^{-0{,}185 \cdot Tage}$$

Nach dieser Gleichung beträgt zum Beispiel die Zahl der gemerkten Namen nach fünf Tagen

$$28{,}4 \cdot e^{-0{,}185 \cdot 5} = 11{,}3$$

Der tatsächliche Wert ist 11,0, stimmt also mit dem vorhergesagten sehr gut überein.

Ähnlich verfahren Sie, wenn Sie als Regressionsgleichung

$$y = a \cdot b^x$$

wählen. Logarithmieren beider Seiten ergibt

$$\ln(y) = \ln(a) + \ln(b^x)$$
$$\ln(y) = \ln(a) + \ln(b) \cdot x$$

Sie führen wieder eine Regressionsanalyse mit $\ln(y)$ als abhängiger und x als unabhängiger Variable durch, der sich dabei ergebende Regressionskoeffizient hat dann aber die Bedeutung von $\ln(b)$, so dass Sie hieraus nach

$$b = e^{\ln(b)}$$

den Parameter b berechnen müssen. Für den Ordinatenabschnitt gilt Entsprechendes.

Schließlich sei ein Beispiel für einen Zusammenhang nach der Gleichung

$$y = a \cdot x^b$$

gezeigt. Auf diese Weise ist bei Fischen das Gewicht von der Länge abhängig. Die entsprechenden Messungen an 16 Fischen sind in Tabelle 9.11 wiedergegeben.

Länge (x)	**Gewicht (y)**	**ln(x)**	**ln(y)**
15,0	28,3	2,71	3,34
16,2	37,3	2,79	3,62
16,9	45,8	2,83	3,82
18,3	58,0	2,91	4,06
19,0	66,4	2,94	4,20
20,4	85,1	3,02	4,44
21,0	93,9	3,04	4,54
21,9	110,0	3,09	4,70
23,2	129,9	3,14	4,87
24,5	157,9	3,20	5,06
25,3	177,1	3,23	5,18
26,1	194,1	3,26	5,27
26,8	214,7	3,29	5,37
28,0	249,7	3,33	5,52
29,1	281,4	3,37	5,64
30,0	315,7	3,40	5,75

Tabelle 9.11: Länge und Gewicht von Fischen

Ein Streudiagramm mit der Länge auf der x-Achse und dem Gewicht auf der y-Achse (Abbildung 9.10) zeigt einen nichtlinearen Zusammenhang.

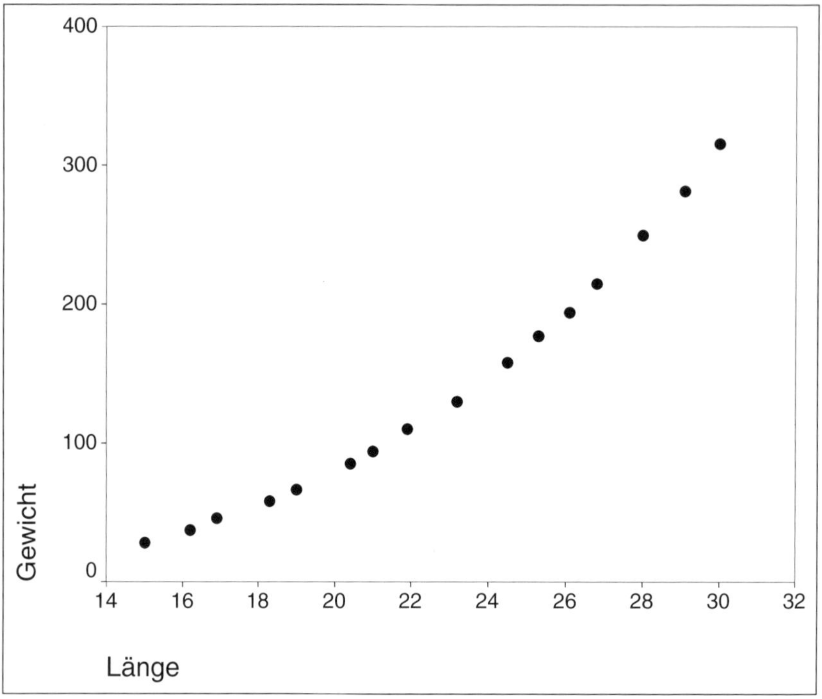

Abbildung 9.10: Nichtlinearer Anstieg

Beidseitiges Logarithmieren der Gleichung

$$y = a \cdot x^b$$

ergibt

$$\ln(y) = \ln(a) + \ln(x^b)$$

$$\ln(y) = \ln(a) + b \cdot \ln(x)$$

Tragen Sie $\ln(x)$ und $\ln(y)$ in einem Streudiagramm (Abbildung 9.11) auf, erkennen Sie einen linearen Zusammenhang.

Führen Sie eine Regressionsrechnung mit $\ln(y)$ als abhängiger und $\ln(x)$ als unabhängiger Variabler durch, so erhalten Sie

$$b = 3{,}436 \qquad \ln(a) = -5{,}928$$

Hieraus folgt

$$a = e^{-5{,}928} = 0{,}0027$$

und damit die Beziehung

$$\mathit{Gewicht} = 0{,}0027 \cdot \mathit{Länge}^{3{,}436}$$

Damit ergibt sich zum Beispiel für einen 21 cm langen Fisch ein Gewicht von

$$0{,}0027 \cdot 21^{3{,}436} = 94{,}3$$

Als tatsächlicher Wert hatte sich 93,9 ergeben.

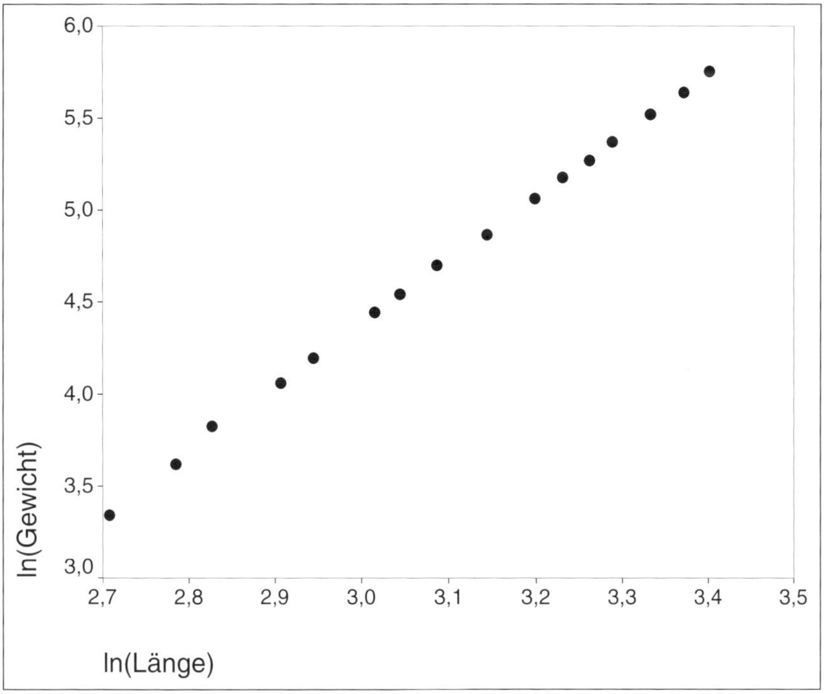

Abbildung 9.11: Linearer Anstieg nach Logarithmierung

Weitere Möglichkeiten, um nichtlineare Beziehungen zu beschreiben, sind Polynome, zum Beispiel quadratische Gleichungen

$$y = a + b_1 \cdot x + b_2 \cdot x^2$$

oder kubische Gleichungen

$$y = a + b_1 \cdot x + b_2 \cdot x^2 + b_3 \cdot x^3$$

Die Schätzung der betreffenden Parameter bei diesen und anderen Formeln ist nur noch mit entsprechenden Computerprogrammen zu leisten.

9.7.3 MULTIPLE LINEARE REGRESSION

Die Abhängigkeit einer Variablen von *einer* unabhängigen Variablen wurde in Kapitel 9.7.1 behandelt. Von *multipler* linearer Regression spricht man, wenn die Abhängigkeit einer abhängigen Variablen von *mehreren* unabhängigen Variablen analysiert wird.

Die in eine solche Regressionsanalyse eingehenden Variablen müssen intervallskaliert sein. Allerdings lassen sich dichotome nominalskalierte unabhängige Variablen wie solche metrischen Variablen behandeln, was die Einsatzbarkeit der multiplen Regressionsanalyse deutlich erweitert.

Mathematisch formuliert geht es darum, bei n unabhängigen Variablen x_1 bis x_n (auch Einflussvariablen oder Vorhersagevariablen genannt) und der abhängigen Variablen y die Regressionskoeffizienten b_1 bis b_n und die Konstante a der Gleichung

$$y = b_1 \cdot x_1 + b_2 \cdot x_2 + ... + b_n \cdot x_n + a$$

zu schätzen.

Das rechenintensive Iterationsverfahren kann nur noch mit entsprechenden Computerprogrammen geleistet werden. In SPSS werden dabei zwei prinzipiell verschiedene Vorgehensweisen angeboten, nämlich die Einschlussmethode, die alle unabhängigen Variablen in die Regressionsgleichung aufnimmt, und eine schrittweise Methode, die schließlich nur diejenigen unabhängigen Variablen berücksichtigt, die unter Beachtung von Wechselwirkungen einen signifikanten Einfluss auf die abhängige Variable (Zielvariable) ausüben.

Für alle aufgenommenen Variablen werden bei beiden Methoden als wichtigstes Ergebnis der Analyse die folgenden Größen ausgegeben:

- Regressionskoeffizienten b_i und Konstante a sowie deren Standardfehler
- Signifikanzüberprüfung über die Prüfgröße t
- Beta-Gewichte

Die Beta-Gewichte sind die auf den jeweiligen Wertebereich der zugehörigen Variablen normierten Regressionskoeffizienten. Während über das Vorzeichen der Regressionskoeffizienten die Richtung des jeweiligen Einflusses festgestellt werden kann, ist der absolute Betrag des Beta-Gewichts ein Maß für die Stärke des Einflusses. So lässt sich anhand der Beta-Gewichte eine Reihenfolge der unabhängigen Variablen bezüglich der Stärke ihres Einflusses auf die abhängige Variable erstellen.

Voraussetzung für die Gültigkeit der Analyse ist, dass die Residuen (Differenzen) zwischen den beobachteten und den gemäß der Regressionsgleichung vorhergesagten Werten einer Normalverteilung folgen.

9.8 ZUSAMMENFASSUNG

- Je nach Skalenniveau und Verteilungsform der beteiligten Variablen gibt es zur Berechnung des Zusammenhangs die Produkt-Moment-Korrelation nach Pearson, die Rangkorrelationen nach Spearman und Kendall, die Vierfelderkorrelation und die punktbiseriale Korrelation. Zu achten ist auf Scheinkorrelationen, die mithilfe partieller Korrelationskoeffizienten aufgedeckt werden können.
- Im Falle von signifikanten und deutlichen Zusammenhängen zwischen intervallskalierten Variablen kann eine Regressionsrechnung vorgenommen werden, wobei zwischen linearer und nichtlinearer Regression unterschieden wird.
- Das Verfahren der multiplen linearen Regression analysiert die Abhängigkeit einer intervallskalierten Variablen von *mehreren* unabhängigen Variablen.

9.9 ÜBUNGEN

1. Vierzehn Probanden nahmen an einem Wort- und einem Zahlengedächtnistest teil und erzielten dabei die folgenden Ergebnisse.

Wort:	22 30 23 25 26 29 32 25 29 28 30 21 26 23
Zahlen:	14 14 15 12 13 19 17 13 14 17 15 13 16 13

   Berechnen Sie die Produkt-Moment-Korrelation zwischen den beiden Tests.

2. Bei einer Schönheitskonkurrenz wurden die zwölf Kandidatinnen von zwei Richtern beurteilt, die schließlich die folgenden Reihenfolgen festlegten.

   Richter Pierre Pastis: Nicole, Margit, Jacqueline, Birgit, Mary, Li, Esmeralda, Anke, Elisabeth, Wanja, Natascha, Olga

   Richter Iwan Wodkow: Natascha, Li, Wanja, Elisabeth, Anke, Olga, Mary, Esmeralda, Jacqueline, Margit, Nicole, Birgit

   Berechnen Sie zwischen den beiden Beurteilungen die Rangkorrelation nach Spearman.

3. Rechnen Sie das Beispiel aus Übung 9.2 mit der Rangkorrelation nach Kendall.

4. Anhand von 200 Patienten einer Klinik wurde der Zusammenhang von Alkohol- und Nikotinkonsum in Form einer Vierfeldertafel ermittelt.

	Nichtraucher	Raucher
Nichttrinker	92	21
Trinker	40	47

Bestimmen Sie den Zusammenhang zwischen der Gewohnheit zu trinken und der Gewohnheit zu rauchen.

5. Eine Versuchs- und eine Kontrollgruppe, bestehend aus jeweils fünfzehn Probanden, wurden einem Leistungstest unterzogen, wobei die zusätzlich motivierte Versuchsgruppe im Schnitt fünf Punkte mehr erzielte als die Kontrollgruppe. Wie groß ist der Grad der Verbundenheit zwischen zusätzlicher Motivation und Leistungssteigerung, wenn die gemeinsame Standardabweichung aller erzielten Punktwerte 4,3 beträgt?

6. In einer Umfrage an 250 Kirchenbesuchern wurde unter anderem nach der Kirchgangshäufigkeit und nach der Einstellung zu Ausländern gefragt. Dabei wurde für Letztere ein Score entwickelt, bei dem hohe Werte eine kritische Einstellung wiedergaben. Für die Korrelation zwischen der Kirchgangshäufigkeit und diesem Score ergab sich ein Wert von $r = 0{,}432$, was bedeuten würde, dass häufiger Kirchenbesuch mit kritischerer Einstellung zu Ausländern einhergeht. Ein Vertreter der Kirche hält dem entgegen, man müsse das Alter der Befragten einbeziehen. Dieses korreliere mit $r = 0{,}779$ zur Kirchgangshäufigkeit und mit $r = 0{,}468$ zum Ausländerscore.

7. Berechnen Sie zu Übung 9.1 die Gleichung der Regressionsgeraden (also Regressionskoeffizienten und Ordinatenabschnitt), wobei das Ergebnis des Zahlengedächtnistests die abhängige Variable sei.

10

KREUZTABELLEN

Lernziele:

- → Kreuztabellen und Chiquadrat-Test
- → Kontingenzkoeffizient, Cramers V
- → Chiquadrat-Vierfeldertest
- → Relatives Risiko und odds ratio
- → exakter Test nach Fisher und Yates
- → Chiquadrat-Test nach McNemar

Zwei nominalskalierte oder ordinalskalierte Variablen mit nicht zu vielen Kategorien können in Form einer *Kreuztabelle* miteinander in Beziehung gebracht werden. Mit Hilfe einer χ^2-Analyse kann dann überprüft werden, ob es signifikant auffällige Kategorienkombinationen gibt. Für nominalskalierte Variablen mit mehr als zwei Kategorien ist dies die einzige Möglichkeit, Beziehungen untereinander aufzudecken. Spezielle Verfahren gibt es für die Beziehungen zwischen zwei dichotomen Variablen (Vierfeldertafeln).

10.1 CHIQUADRAT-MEHRFELDERTEST

Das Prinzip einer Kreuztabelle und die Rechenschritte einer χ^2-Analyse sollen anhand des folgendes Beispiels erläutert werden. An einer deutschen Universität wurden Studierende u. a. zu ihrer politischen Einstellung befragt. Hierbei waren die Antwortkategorien „eher links — Mitte — eher rechts“ vorgegeben. Ferner waren die jeweiligen Fächergruppen anzugeben.

Kann man die politische Einstellung noch als ordinalskalierte Variable betrachten, sind die Fächergruppen nominalskaliert, so dass die einzige Möglichkeit, beide Variablen miteinander in Beziehung zu bringen, in der Erstellung einer Kreuztabelle mit anschließender χ^2-Analyse besteht. Diese Kreuztabelle ist als Tabelle 10.1 wiedergegeben.

Diese Tabelle enthält die *beobachteten Häufigkeiten* aller Kategorienkombinationen, ferner die *Zeilensummen* und *Spaltensummen*. So gibt es zum Beispiel 35 Studierende der Rechtswissenschaften mit eher rechter politischer Grundeinstellung, bei den Naturwissenschaften sind es deren 51, also mehr. Allerdings ist auch die Gesamtzahl in

Fächergruppe	eher links	Mitte	eher rechts	Zeilensumme
Rechtswissenschaften	52	24	35	111
Wirtschaftswissenschaften	28	16	37	81
Sozialwissenschaften	215	39	11	265
Sprachwissenschaften	247	64	35	346
Naturwissenschaften	152	41	51	244
Medizin	82	35	31	148
Spaltensumme	776	219	200	1195

Tabelle 10.1: Kreuztabelle mit beobachteten Häufigkeiten und Randsummen

den Naturwissenschaften mit 244 höher als diejenige in den Rechtswissenschaften mit 111.

Zur besseren Beurteilung der Häufigkeiten ist also eine Prozentuierung mit Bezug auf die Zeilensummen sinnvoll. Diese Zeilenprozentuierung ist in Tabelle 10.2 eingetragen.

Fächergruppe	eher links	Mitte	eher rechts	Zeilensumme
Rechtswissenschaften	52	24	35	111
	46,8 %	21,6 %	31,5 %	
Wirtschaftswissenschaften	28	16	37	81
	34,6 %	19,8 %	45,7 %	
Sozialwissenschaften	215	39	11	265
	81,1 %	14,7 %	4,2 %	
Sprachwissenschaften	247	64	35	346
	71,4 %	18,5 %	10,1 %	
Naturwissenschaften	152	41	51	244
	62,3 %	16,8 %	20,9 %	
Medizin	82	35	31	148
	55,4 %	23,6 %	20,9 %	
Spaltensumme	776	219	200	1195

Tabelle 10.2: Kreuztabelle mit Zeilenprozentuierung

Die 35 Studierenden der Rechtswissenschaften mit eher rechter politischer Grundeinstellung machen von den insgesamt 111 befragten Studierenden der Rechtswissenschaften 31,5 % aus; die 51 Studierenden der Naturwissenschaften sind von den insgesamt 244 Studierenden der Naturwissenschaften 20,9 %. In den Rechtswissenschaften ist eine eher rechte Grundeinstellung also stärker verbreitet als in den Naturwissenschaften. Betrachtet man alle Fächergruppen, so ist eine eher linke politische Grundeinstellung mit 81,1 % am stärksten in den Sozialwissenschaften verbreitet, eine eher rechte Einstellung findet sich am stärksten mit 45,7 % in den Wirtschaftswissenschaften.

Die Zeilenprozentuierung ist also ein probates Hilfsmittel zum übersichtlichen Vergleich der Zeilenkategorien, hier der Fächergruppen. Die Alternative zur Zeilenprozentuierung ist die auf die jeweilige Spaltensumme vorgenommene Prozentuierung. Diese erscheint im gegebenen Fall vom sachlogischen Gesichtspunkt her nicht so sinnvoll. Im Regelfall ist es so, dass entweder die Zeilen- oder Spaltenprozente eine sinnvolle Prozentuierung wiedergeben, sehr selten aber Zeilen- und Spaltenprozente zugleich.

Bisher wurde der Zusammenhang zwischen der Zeilen- und Spaltenvariable lediglich beschrieben und mit Hilfe der passenden Prozentuierung transparent gemacht; nun soll die entsprechende Signifikanzberechnung folgen. Die zugehörige Fragestellung könnte lauten: „Unterscheiden sich die einzelnen Fächergruppen signifikant bezüglich der vorherrschenden politischen Grundeinstellung?" Korrekter formuliert lautet sie aber: „Unterscheiden sich die beobachteten Häufigkeiten signifikant von den erwarteten Häufigkeiten?"

Dabei sind die *erwarteten Häufigkeiten* diejenigen, die man unter Zugrundelegung der gegebenen Randsummen (Zeilen- und Spaltensummen) bei Gleichverteilung erhalten würde.

Bezeichnet man die Anzahl der Zeilen mit k, die Anzahl der Spalten mit m und die beobachtete Häufigkeit in der i-ten Zeile und j-ten Spalte mit $f_{\mathrm{o}ij}$ (f_{o} = Frequenz observiert), so berechnet sich die zugehörige erwartete Häufigkeit $f_{\mathrm{e}ij}$ (f_{e} = Frequenz erwartet) zu

$$f_{\mathrm{e}ij} = \frac{Zeilensumme \cdot Spaltensumme}{Gesamtsumme} \qquad (i = 1, \ldots, k;\ j = 1, \ldots, m)$$

Die erwartete Häufigkeit ist also das Produkt aus zugehöriger Zeilen- und Spaltensumme, dividiert durch die Gesamtsumme. Dem liegt die Nullhypothese zugrunde, dass Zeilen- und Spaltenvariable voneinander unabhängig sind. Zum Beispiel beträgt die erwartete Häufigkeit für die Studierenden der Sozialwissenschaften und eher linker politischer Grundeinstellung

$$f_{\mathrm{e}31} = \frac{265 \cdot 776}{1195} = 172{,}1$$

Die erwartete Häufigkeit ist ein theoretischer Wert, so dass Sie sich an der Dezimalstelle nicht stören sollten. Tabelle 10.3 enthält die beobachteten und erwarteten Häufigkeiten für alle Felder der Kreuztabelle.

Zum Beispiel wären also ca. 53 eher links eingestellte Studierende der Wirtschaftswissenschaften zu erwarten gewesen, tatsächlich sind es nur 28. Bei den Sozialwissenschaften wären ca. 44 eher rechts eingestellte Studierende zu erwarten gewesen, tatsächlich beobachtet wurden aber nur 11. Bei den Wirtschaftswissenschaften sind die eher links eingestellten Studierenden also unterrepräsentiert, bei den Sozialwissenschaften sind dies die eher rechts eingestellten Studierenden. Bei letzterer

Fächergruppe	eher links	Mitte	eher rechts	Zeilensumme
Rechtswissenschaften	52	24	35	111
	72,1	20,3	18,6	
Wirtschaftswissenschaften	28	16	37	81
	52,6	14,8	45,7	
Sozialwissenschaften	215	39	11	265
	172,1	48,6	44,4	
Sprachwissenschaften	247	64	35	346
	224,7	63,4	57,9	
Naturwissenschaften	152	41	51	244
	158,4	44,7	40,8	
Medizin	82	35	31	148
	96,1	27,1	24,8	
Spaltensumme	776	219	200	1195

Tabelle 10.3: Kreuztabelle mit erwarteten Häufigkeiten

Fächergruppe sind dagegen die eher links eingestellten Studierenden überrepräsentiert: 215 tatsächlich beobachtete bei nur etwa 172 zu erwartenden.

Betrachtet man die Naturwissenschaften, so wurden 152 eher links eingestellte Studierende beobachtet, erwartet wurden ca. 158 Studierende. Hier liegt die tatsächlich beobachtete Häufigkeit also offenbar im Rahmen der Erwartung.

So ergibt sich die Frage, ob die Unterschiede zwischen den beobachteten und erwarteten Häufigkeiten signifikant sind. Hierzu berechnet man zunächst in jedem Feld der Kreuztabelle das *standardisierte quadrierte Residuum*

$$\frac{(f_{\mathrm{o}ij} - f_{\mathrm{e}ij})^2}{f_{\mathrm{e}ij}} \qquad (i = 1, \ldots, k; j = 1, \ldots, m)$$

Diese Residuen werden über alle Felder der Kreuztabelle zur Prüfgröße χ^2 aufsummiert:

$$\chi^2 = \sum_{i=1}^{k} \sum_{j=1}^{m} \frac{(f_{\mathrm{o}ij} - f_{\mathrm{e}ij})^2}{f_{\mathrm{e}ij}}$$

Diese Prüfgröße ist χ^2-verteilt mit

$$df = (k - 1) \cdot (m - 1)$$

Freiheitsgraden.

Zum Beispiel ergibt sich im Falle der eher links eingestellten Studierenden der Sozialwissenschaften das folgende standardisierte quadrierte Residuum:

$$\frac{(215 - 172{,}1)^2}{172{,}1} = 10{,}69$$

Die quadrierten standardisierten Residuen sind mit den beobachteten und erwarteten Häufigkeiten für alle Felder in Tabelle 10.4 eingetragen.

Fächergruppe	eher links	Mitte	eher rechts	Zeilensumme
Rechtswissenschaften	52	24	35	111
	72,1	20,3	18,6	
	5,59	0,66	14,52	
Wirtschaftswissenschaften	28	16	37	81
	52,6	14,8	45,7	
	11,50	0,09	40,54	
Sozialwissenschaften	215	39	11	265
	172,1	48,6	44,4	
	10,69	1,88	25,08	
Sprachwissenschaften	247	64	35	346
	224,7	63,4	57,9	
	2,22	0,01	9,06	
Naturwissenschaften	152	41	51	244
	158,4	44,7	40,8	
	0,26	0,31	2,53	
Medizin	82	35	31	148
	96,1	27,1	24,8	
	2,07	2,29	1,57	
Spaltensumme	776	219	200	1195

Tabelle 10.4: Kreuztabelle mit quadrierten standardisierten Residuen

Die Aufsummierung der Residuen über alle Felder ergibt die Prüfgröße χ^2:

$$\chi^2 = 130{,}87$$

Dies ist nach der χ^2-Tabelle (Tabelle 4) bei

$$df = (6-1)\cdot(3-1) = 10$$

Freiheitsgraden ein höchst signifikanter Wert ($p < 0{,}001$).

Dies bedeutet, dass die Nullhypothese, beobachtete und erwartete Häufigkeiten würden sich nirgends unterscheiden, verworfen werden muss. Es drängt sich nun die Frage auf, in welchen Zellen genau es signifikante Unterschiede gibt.

Auskunft hierüber geben die quadrierten standardisierten Residuen

$$\frac{(f_{\text{o}ij} - f_{\text{e}ij})^2}{f_{\text{e}ij}}$$

Je nachdem, welchen Grenzwert diese Residuen überschreiten, gilt für den Unterschied zwischen beobachteter und erwarteter Häufigkeit:

$> 3{,}84$	signifikant ($p < 0{,}05$, *)
$> 6{,}64$	sehr signifikant ($p < 0{,}01$, **)
$> 10{,}83$	höchst signifikant ($p < 0{,}001$, ***)

In Tabelle 10.5, die als Endergebnis der χ^2-Analyse gelten kann, sind die so markierten Signifikanzniveaus eingetragen.

Fächergruppe	**eher links**	**Mitte**	**eher rechts**	**Zeilensumme**
Rechtswissenschaften	52	24	35	111
	72,1	20,3	18,6	
	*		***	
Wirtschaftswissenschaften	28	16	37	81
	52,6	14,8	45,7	
	***		***	
Sozialwissenschaften	215	39	11	265
	172,1	48,6	44,4	
	**		***	
Sprachwissenschaften	247	64	35	346
	224,7	63,4	57,9	
			**	
Naturwissenschaften	152	41	51	244
	158,4	44,7	40,8	
Medizin	82	35	31	148
	96,1	27,1	24,8	
Spaltensumme	776	219	200	1195

Tabelle 10.5: Kreuztabelle mit Signifikanzniveaus

Zusammenfassend lässt sich feststellen, dass eine eher linke politische Grundeinstellung in den Sozialwissenschaften überrepräsentiert ist, eine eher rechte Einstellung vor allem in den Wirtschaftswissenschaften, aber auch in den Rechtswissenschaften. Die Naturwissenschaften und die Medizin liegen im Schnitt.

Die Erstellung von Kreuztabellen zwischen nominal- und ordinalskalierten Variablen mit anschließender χ^2-Analyse dürfte inzwischen das bei Benutzung eines Computerprogramms am häufigsten angewandte statistische Verfahren sein. Den aufgezeigten Rechenschritten folgend, ist die Ausgabe der beobachteten Häufigkeiten, der passenden Prozentuierung, der erwarteten Häufigkeiten und der quadrierten standardisierten Residuen zu empfehlen. Das Programmsystem SPSS gibt allerdings hier die nicht quadrierten standardisierten Residuen aus.

Der χ^2-Test unterliegt allerdings einer Voraussetzung: Die erwarteten Häufigkeiten in den Feldern der Kreuztabelle müssen mindestens den Wert 5 haben; in 20 % der Felder sind Werte < 5 erlaubt. Um dies gegebenenfalls zu erreichen, können Sie versuchen, sachlogisch ähnliche Kategorien zusammenzufassen oder schwach besetzte Kategorien in der Analyse auszulassen.

Schöne Anwendungen der χ^2-Analyse findet man in dem Buch „Die Akte Astrologie" von Gunter Sachs. Er untersuchte u. a. 358 763 Heiraten der Jahre 1987 bis 1994 in der Schweiz und stellte dabei die jeweiligen Kombinationshäufigkeiten der Sternzeichen fest. In einer χ^2-Analyse fand er dann heraus, dass bei insgesamt 25 von den möglichen 144 Kombinationen signifikante Unterschiede zwischen beobachteten und erwarteten Häufigkeiten auftraten. Vor allem Heiraten zwischen gleichen Sternzeichen fanden mit meist signifikant erhöhter Häufigkeit statt.

KONTINGENZKOEFFIZIENT

Da mit einer nominalskalierten Variablen keine Ordnungsrelation verbunden ist, kann mit solchen Variablen bekanntlich kein Korrelationskoeffizient berechnet werden. Trotzdem hat man auch hier ein Maß entwickelt, das den Grad der Verbundenheit der beiden Variablen angeben soll.

Die im gegebenen Beispiel erhaltenen Ergebnisse kann man schließlich verbal auch so verstehen, dass ein Zusammenhang zwischen Fächergruppen und politischer Grundeinstellung dahingehend besteht, dass in manchen Fächergruppen eine eher linke, in anderen Fächergruppen eine eher rechte politische Grundeinstellung überrepräsentiert ist. Dieses für nominalskalierte Variablen entwickelte „Zusammenhangsmaß" heißt *Kontingenzkoeffizient*.

Dieser berechnet sich unmittelbar aus der Prüfgröße χ^2 und der Gesamtfallzahl n zu

$$C = \sqrt{\frac{\chi^2}{\chi^2 + n}}$$

Im gegebenen Beispiel erhält man hiermit

$$C = \sqrt{\frac{130{,}87}{130{,}87 + 1195}} = 0{,}314$$

Nach der Formel für den Kontingenzkoeffizienten ist stets $0 < C < 1$, wobei hohe Werte von C einen hohen Zusammenhang bedeuten. Gleichzeitig macht die Formel deutlich, dass der Wert 1 nie erreicht werden kann.

Der maximal erreichbare Wert hängt von der Größe der zugrunde liegenden Kreuztabelle ab. Für quadratische Kreuztabellen mit k Zeilen bzw. Spalten beträgt er

$$C_{\max} = \sqrt{\frac{k-1}{k}}$$

Unterscheidet sich die Zeilen- von der Spaltenzahl, lässt sich $C_{\max}$ abschätzen, indem man die Werte für die beiden entsprechenden quadratischen Tafeln mittelt.

Dies ergibt im gegebenen Beispiel

$$\sqrt{\frac{3-1}{3}} = 0{,}816 \qquad \sqrt{\frac{6-1}{6}} = 0{,}913 \qquad C_{\max} = \frac{0{,}816 + 0{,}913}{2} = 0{,}865$$

Kontingenzkoeffizienten werden über Kreuztabellen verschiedener Größe also erst vergleichbar, wenn man sie anhand des maximal erreichbaren Werts relativiert:

$$C_{\text{korr}} = \frac{C}{C_{\max}}$$

Im vorliegenden Fall ergibt sich

$$C_{\text{korr}} = \frac{0{,}314}{0{,}865} = 0{,}363$$

Eine Signifikanzüberprüfung des Kontingenzkoeffizienten braucht nicht mehr vorgenommen zu werden; sie erfolgte bereits über die Prüfgröße χ^2 bei der χ^2-Analyse.

Zwei Varianten des Kontingenzkoeffizienten sind Cramers φ-Koeffizient und Cramers V.

Cramers φ-Koeffizient

Dieser Koeffizient macht nur Sinn für eine Vierfeldertafel (siehe Kapitel 10.2), da er sonst auch Werte > 1 annehmen kann:

$$\varphi = \sqrt{\frac{\chi^2}{n}}$$

Für Vierfeldertafeln liegt der Wert des φ-Koeffizienten zwischen 0 und 1.

Cramers V

Der Vorteil von Cramers V gegenüber dem Kontingenzkoeffizienten liegt darin, dass alle Werte zwischen 0 und 1 erreicht werden können:

$$V = \sqrt{\frac{\chi^2}{n \cdot (k-1)}}$$

Dabei ist k die kleinere der beiden Anzahlen der Zeilen und Spalten.

Im gegebenen Beispiel ergibt sich

$$V = \sqrt{\frac{130{,}87}{1195 \cdot (3-1)}} = 0{,}234$$

Aus dem Vergleich der beiden Formeln für den Kontingenzkoeffizienten und für Cramers V ergibt sich, dass Cramers V stets kleiner ist als der Kontingenzkoeffizient.

10.2 CHIQUADRAT-VIERFELDERTEST

Besteht eine Kreuztabelle lediglich aus zwei Zeilen und zwei Spalten, insgesamt also aus vier Feldern, so vereinfachen sich die Rechenschritte. In diesem häufig vorkommenden Fall wird der χ^2-Vierfeldertest ausgeführt.

In einer Befragung von Studierenden über die Computernutzung im Alltag wurden diese unter anderem danach gefragt, ob sie das Internet nutzen. Das Ergebnis ist, getrennt nach Geschlecht, in Tabelle 10.6 als Vierfeldertafel dargestellt.

	Internet-Nutzung	**keine Internet-Nutzung**	**Summe**
männlich	449	165	614
	73,1 %	26,9 %	
weiblich	369	246	615
	60,0 %	40,0 %	
Summe	818	411	1229

Tabelle 10.6: Vierfeldertafel

In der Tabelle sind auch die Randsummen und die Zeilenprozentuierung eingetragen. So nutzen also 73,1 % der männlichen Studierenden das Internet, aber nur 60,0 % der weiblichen Studierenden. Die Frage, ob dieser Unterschied signifikant ist, wird mit dem χ^2-Vierfeldertest geklärt.

Wie bei der Vierfelderkorrelation auch, werden dabei die Felder der Vierfeldertafel mit den Buchstaben a, b, c und d bezeichnet:

a	b
c	d

Die Prüfgröße χ^2 berechnet sich zu

$$\chi^2 = \frac{(a \cdot d - b \cdot c)^2 \cdot n}{(a+b) \cdot (c+d) \cdot (a+c) \cdot (b+d)}$$

Dabei ist

$$n = a + b + c + d$$

die Gesamtsumme der Häufigkeiten.

Die Prüfgröße χ^2 ist χ^2-verteilt mit 1 Freiheitsgrad.

Im gegebenen Beispiel wird

$$\chi^2 = \frac{(369 \cdot 165 - 246 \cdot 449)^2 \cdot 1229}{615 \cdot 614 \cdot 818 \cdot 411} = 23{,}787$$

Nach der χ^2-Tabelle ist dies bei 1 Freiheitsgrad ein höchst signifikanter Wert ($p < 0{,}001$). Männliche Studierende nutzen das Internet also höchst signifikant häufiger als weibliche Studierende.

Der χ^2-Vierfeldertest hat sehr viel zu tun mit der Berechnung der Vierfelderkorrelation (siehe Kapitel 9.4). Ein Vergleich der beiden Formeln für die Testgröße χ^2 des χ^2-Tests und den Vierfelder-Korrelationskoeffizienten r ergibt die Beziehung

$$r = \sqrt{\frac{\chi^2}{n}}$$

Dabei ist das Vorzeichen von r negativ, falls $b \cdot c > a \cdot d$ ist.

Dies ist im gegebenen Beispiel der Fall, so ergibt sich für den Vierfelder-Korrelationskoeffizienten

$$r = -\sqrt{\frac{23{,}787}{1229}} = -0{,}139$$

Die Aussage des Chiquadrat-Tests, männliche Studierende nutzten das Internet höchst signifikant häufiger als weibliche, kann man unter Benutzung des Vierfelder-Korrelationskoeffizienten und seines Vorzeichens sowie der Codierung der beteiligten Variablen auch so formulieren: Zwischen Geschlecht und Internetnutzung besteht ein höchst signifikanter, aber betragsmäßig nur sehr geringer Zusammenhang dahingehend, dass männliche Studierende das Internet häufiger nutzen.

Die angegebene Formel für den χ^2-Wert gilt nur für den Fall, dass die Gesamtsumme n der Häufigkeiten mindestens 40 beträgt. Im anderen Fall benutzt man eine Formel mit der so genannten Yates-Korrektur:

$$\chi^2 = \frac{(|a \cdot d - b \cdot c| - \frac{n}{2})^2 \cdot n}{(a+b) \cdot (c+d) \cdot (a+c) \cdot (b+d)}$$

Für sehr kleine Fallzahlen wurde der exakte Test nach Fisher und Yates entwickelt. Diesem ist ein eigenes Kapitel (Kapitel 10.3) gewidmet.

RELATIVES RISIKO UND ODDS RATIO

Im Zusammenhang mit Vierfeldertafeln sind in bestimmten Situationen zwei Begriffe von Bedeutung, die man *relatives Risiko* und *odds ratio* nennt. Dabei wird eine so genannte Risikovariable, die angibt, ob ein bestimmtes Ereignis eintrifft oder nicht, in Abhängigkeit von einer unabhängigen (ursächlichen) und ebenfalls dichotomen Variablen untersucht.

Solche Risikovariablen treten vornehmlich in der Medizin auf; sie geben dann an, ob eine bestimmte Krankheit auftritt oder nicht. Im gegebenen Beispiel könnte man leicht boshaft die Internetnutzung als Risikovariable betrachten und das Geschlecht als ursächliche Variable.

Als *Inzidenzrate* bezeichnet man im gegebenen Beispiel bei beiden Kategorien des Geschlechts das Verhältnis der Internetnutzer zur Gesamtzahl der Frauen bzw.

Männer. So ist die Inzidenzrate bei den Frauen

$$\frac{369}{369 + 246} = 0{,}600$$

und bei den Männern

$$\frac{449}{449 + 165} = 0{,}731$$

Diese Werte entsprechen den Zeilenprozenten der Vierfeldertafel. Der Quotient aus den beiden Inzidenzraten wird relatives Risiko genannt, wobei die höhere der beiden Inzidenzraten im Zähler steht, so dass sich für das relative Risiko stets ein Wert ≥ 1 ergibt:

$$relatives\ Risiko = \frac{0{,}731}{0{,}600} = 1{,}218$$

Das „Risiko, der Internetnutzung zu verfallen“, liegt also bei den Männern um das 1,218-fache höher als bei den Frauen.

Eine etwas andere Variante ist das odds ratio. Die „Chancen“ (odds) bei den Frauen, der Internetnutzung anheim zu fallen, sind $369/246 = 1{,}500$, bei den Männern sind sie $449/165 = 2{,}721$. Das Chancenverhältnis (odds ratio) ist demnach

$$odds\ ratio = \frac{2{,}721}{1{,}500} = 1{,}814$$

Auch hier wird der größere Wert stets in den Zähler gestellt.

Die Rechenvorschriften für relatives Risiko und odds ratio seien noch einmal formelmäßig dargestellt, wobei die Bedeutung der Buchstaben a, b, c und d aus Tabelle 10.7 hervorgeht.

	Ereignis tritt ein	**Ereignis tritt nicht ein**
Kategorie der ursächlichen Variablen mit höherer Inzidenzrate	a	b
Kategorie der ursächlichen Variablen mit niedrigerer Inzidenzrate	c	d

Tabelle 10.7: Bezeichnungen beim relativen Risiko und odds ratio

$$relatives\ Risiko = \frac{a \cdot (c + d)}{c \cdot (a + b)}$$

$$odds\ ratio = \frac{a \cdot d}{b \cdot c}$$

Die Begriffe seien noch einmal an einem Beispiel aus der Medizin erläutert. Eine Untersuchung bezüglich des Auftretens von Angststörungen brachte das in Tabelle 10.8 dargestellte Ergebnis.

	Angststörung	keine Angststörung
Frauen	$a = 154$	$b = 592$
Männer	$c = 79$	$d = 715$

Tabelle 10.8: Angststörungen bei Frauen und Männern

Damit ergibt sich:

$$\textit{relatives Risiko} = \frac{154 \cdot (79 + 715)}{79 \cdot (154 + 592)} = 2{,}075$$

$$\textit{odds ratio} = \frac{154 \cdot 715}{592 \cdot 79} = 2{,}354$$

Das odds ratio weist aus, dass die Gefahr, eine Angststörung zu bekommen, bei Frauen gegenüber Männern um das 2,354-fache erhöht ist.

10.3 DER EXAKTE TEST NACH FISHER UND YATES

Bei sehr kleinen Häufigkeiten der Vierfeldertafel (Häufigkeiten < 5) ist der Chiquadrat-Vierfeldertest nicht anwendbar. In diesen Fällen kann der exakte Test nach Fisher und Yates angewandt werden. Dieser gestattet es, das Signifikanzniveau exakt zu bestimmen, indem bei den gegebenen Randsummen die Wahrscheinlichkeit der gegebenen Häufigkeitsverteilung und die Wahrscheinlichkeiten der „unwahrscheinlicheren" Verteilungen bestimmt werden.

In einem Betrieb wurden siebzehn Arbeitnehmer befragt, ob sie im letzten Jahr an Grippe erkrankt waren und ob sie mit den Arbeitsbedingungen zufrieden waren oder nicht. Die Ergebnisse sind in Tabelle 10.9 festgehalten.

	zufrieden	nicht zufrieden
Grippe	$a = 2$	$b = 5$
keine Grippe	$c = 7$	$d = 3$

Tabelle 10.9: Vierfeldertafel mit kleinen Häufigkeiten

In der Gruppe der Grippekranken ist der Anteil der nicht zufriedenen Arbeitnehmer also höher. Wegen der geringen Häufigkeiten kommt zur Signifikanzprüfung der exakte Test nach Fisher und Yates zur Anwendung.

Bezeichnet man wie beim Chiquadrat-Vierfeldertest die auftretenden Häufigkeiten mit a, b, c und d (wie in Tabelle 10.9 geschehen), ist die exakte Wahrscheinlichkeit dafür, dass sich bei den gegebenen Randsummen die Häufigkeiten wie gegeben verteilen:

$$p_0 = \frac{\binom{a+c}{a} \cdot \binom{b+d}{b}}{\binom{a+b+c+d}{a+b}}$$

In diese Formel gehen die in Kapitel 3.6 definierten Binomialkoeffizienten ein. Im vorliegenden Beispiel wird

$$p_0 = \frac{\binom{2+7}{2} \cdot \binom{5+3}{5}}{\binom{2+5+7+3}{2+5}} = \frac{36 \cdot 56}{19448} = 0{,}104$$

Zur gegebenen Verteilung gibt es zwei unwahrscheinlichere Verteilungen. Diese sind

1	6
8	2

und

0	7
9	1

Hierfür ergeben sich die Wahrscheinlichkeiten

$$p_1 = \frac{\binom{1+8}{1} \cdot \binom{6+2}{6}}{\binom{1+6+8+2}{1+6}} = \frac{9 \cdot 28}{19448} = 0{,}013$$

$$p_2 = \frac{\binom{0+9}{0} \cdot \binom{7+1}{7}}{\binom{0+7+9+1}{0+7}} = \frac{1 \cdot 8}{19448} = 0{,}000$$

Die Gesamtwahrscheinlichkeit wird demnach

$$p = p_0 + p_1 + p_2 = 0{,}104 + 0{,}013 + 0{,}000 = 0{,}117$$

Die Wahrscheinlichkeit dafür, dass bei den gegebenen Randsummen die gegebene Häufigkeitsverteilung oder noch unwahrscheinlichere auftreten, ist also 0,117. Da dieser Wert größer ist als die Signifikanzgrenze von 0,05, liegt also kein signifikanter Unterschied zwischen der Pustulosis-Gruppe und der Kontrollgruppe bezüglich des Raucheranteils vor.

Im vorliegenden Beispiel hätte man nach der Berechnung von p_0 den Rechenvorgang schon abbrechen können, da mit $p = 0{,}104$ bereits ein nicht signifikanter Wert erreicht war. Weitere Summanden konnten den Wahrscheinlichkeitswert ja nur erhöhen.

Ferner sei festgehalten, dass bei der Berechnung der Wahrscheinlichkeiten der einzelnen Verteilungen der Nenner unverändert bleibt. Er braucht also nur einmal berechnet zu werden.

10.4 DER CHIQUADRAT-TEST NACH MCNEMAR

Grundlage dieses Chiquadrat-Tests ist wie beim Chiquadrat-Vierfeldertest oder beim exakten Test nach Fisher und Yates eine Vierfeldertafel. Anders als dort behandelt er aber den Fall von abhängigen Stichproben.

Insgesamt 66 Personen, die sich einer Kur unterzogen, wurden vor und nach der Kur nach ihrem Befinden befragt, worauf sie mit „gut“ oder „schlecht“ antworten konnten. Die Ergebnisse sind in Tabelle 10.10 enthalten.

	gut nach Kur	**schlecht nach Kur**
gut vor Kur	$a = 11$	$b = 4$
schlecht vor Kur	$c = 24$	$d = 27$

Tabelle 10.10: Vierfelderschema für den McNemar-Test

Im Gegensatz zu den bisherigen Varianten des Chiquadrat-Tests haben wir nun für jeden Fall (hier: jeden Kurgast) zwei Angaben, die entsprechend einander zugeordnet werden können.

In die Formel für die Prüfgröße χ^2 gehen nur die beiden mit b und c bezeichneten Häufigkeiten ein, welche die Änderungen zwischen den beiden Zeitpunkten angeben:

$$\chi^2 = \frac{(b-c)^2}{b+c}$$

Diese Prüfgröße ist χ^2-verteilt mit 1 Freiheitsgrad. Im gegebenen Beispiel wird

$$\chi^2 = \frac{(4-24)^2}{4+24} = 14{,}286$$

Dies ist nach der χ^2-Tabelle bei 1 Freiheitsgrad ein höchst signifikanter Wert ($p < 0{,}001$). Durch die Kur ist das Befinden also höchst signifikant besser geworden.

Im Fall, dass $b + c < 30$ ist, ist folgende kontinuitätskorrigierte Formel zu verwenden:

$$\chi^2 = \frac{(|b-c| - 0{,}5)^2}{b+c}$$

Im gegebenen Beispiel ergibt sich damit $\chi^2 = 13{,}580$, was ebenfalls ein höchst signifikanter Wert ist.

10.5 ZUSAMMENFASSUNG

- Zwei kategoriale Variablen können in Form einer Kreuztabelle verbunden werden, wobei als Signifikanztest der Chiquadrat-Test zur Anwendung kommt.
- Im Falle einer Vierfeldertafel können die Begriffe des relativen Risikos und des odds ratio Bedeutung erlangen.
- Bei kleinen Fallzahlen steht der exakte Test nach Fisher und Yates zur Verfügung.
- Der Chiquadrat-Test nach McNemar ist eine Variante des Vierfeldertests bei abhängigen Stichproben.

10.6 ÜBUNGEN

1. In einer Bevölkerungsumfrage wurde unter anderem nach dem Beruf und der politischen Selbsteinschätzung gefragt. Im Folgenden sind die Häufigkeiten einer entsprechenden Kreuztabelle aufgeführt.

	eher links	**Mitte**	**eher rechts**
Landwirt	2	6	10
Akad. Freier Beruf	11	11	9
Selbstständiger	21	42	41
Beamter	52	50	33
Angestellter	185	297	136
Arbeiter	111	182	61
in Ausbildung	25	21	9

   Führen Sie eine Chiquadrat-Analyse nach Art der Tabelle 10.5 durch.

2. In einer entsprechenden Umfrage gaben 286 von 681 Männern an, schon einmal schwarzgefahren zu sein. Von 721 Frauen behaupteten das deren 227. Ist der Unterschied zwischen den Geschlechtern signifikant?

3. Sir R. A. Fisher, der berühmte Statistiker, machte einst ein wissenschaftliches Experiment echt britischer Art. Eine Bekannte hatte behauptet, sie könne es einer Tasse Tee ansehen, ob zuerst der Tee oder zuerst die Milch eingegossen worden sei. Fisher wollte dies überprüfen und setzte der Teetrinkerin acht Tassen Tee mit Milch vor, von denen vier zuerst mit Tee und vier zuerst mit Milch gefüllt waren. Die Bekannte landete jeweils drei Treffer und lag einmal daneben. Ist das ein signifikantes Ergebnis?

4. Einer Gruppe von Testpersonen wurden zwei Aufgaben vorgelegt. 41 Probanden lösten Aufgabe A richtig und Aufgabe B nicht, während 20 Probanden Aufgabe B richtig lösten und Aufgabe A nicht. Unterscheiden sich beide Aufgaben signifikant hinsichtlich ihrer Schwierigkeit?

11

BEZIEHUNGEN ZWISCHEN MEHREREN ABHÄNGIGEN VARIABLEN

Lernziele:

- → einfaktorielle Varianzanalyse mit Messwiederholung
- → Friedman-Test

In Kapitel 8 wurden der t-Test für abhängige Stichproben und der Wilcoxon-Test vorgestellt, die zum Vergleich von zwei abhängigen Stichproben dienen. Die Erweiterung dieser Signifikanztests auf mehrere abhängige Stichproben sind die einfaktorielle Varianzanalyse mit Messwiederholung bzw. der Friedman-Test.

11.1 EINFAKTORIELLE VARIANZANALYSE MIT MESSWIEDERHOLUNG

Die einfaktorielle Varianzanalyse mit Messwiederholung dient zum Vergleich von mehr als zwei abhängigen Stichproben hinsichtlich ihrer Mittelwerte. Wie bei der in Kapitel 8.5 vorgestellten Varianzanalyse ohne Messwiederholung müssen auch hier die Werte der Stichproben normalverteilt und Varianzenhomogenität über die Stichproben hinweg gegeben sein. Es kommt aber eine weitere Voraussetzung hinzu: Die Korrelationen zwischen den verschiedenen Stichproben der Messwiederholung müssen homogen sein.

Bei den meisten Anwendungen handelt es sich um zeitliche Verläufe, so auch im folgenden Beispiel.

Acht Probanden führten über vier aufeinander folgende Tage hinweg einen Durchstreichtest aus, bei dem in einer langen Liste vier Kombinationen von jeweils vier Schreibmaschinenzeichen zu erkennen und durchzustreichen waren. Die Anzahlen der in einer bestimmten Zeiteinheit richtig durchgestrichenen Zeichengruppen sind in Tabelle 11.1 enthalten.

1. Tag	2. Tag	3. Tag	4. Tag
88	122	184	181
81	118	113	143
125	168	217	269
160	168	195	253
151	167	189	218
118	141	178	197
111	131	155	180
120	129	174	225
$\overline{x}_1 = 119{,}3$	$\overline{x}_2 = 143{,}0$	$\overline{x}_3 = 175{,}6$	$\overline{x}_4 = 208{,}3$

Tabelle 11.1: Ergebnisse eines Durchstreichtests

Möchte man anhand der Werte aus Tabelle 11.1 die Voraussetzung der Homogenität der Korrelationen zwischen den einzelnen Versuchstagen überprüfen, so erhält man Produkt-Moment-Korrelationskoeffizienten zwischen 0,635 und 0,883, so dass keine erheblichen Abweichungen festzustellen sind.

Es soll überprüft werden, ob sich die Mittelwerte aus Tabelle 11.1 signifikant voneinander unterscheiden, d. h., ob der erzielte Übnungsfortschritt signifikant ist. Da jeweils die Werte zu den vier Zeitpunkten über die Versuchspersonen eindeutig einander zugeordnet werden können, haben wir es hier mit abhängigen Stichproben zu tun. Dabei werden die folgenden Bezeichnungen verwendet.

- k Anzahl der Stichproben (Versuchsbedingungen)
- n Anzahl der Fälle (Versuchspersonen)
- x_{ij} Wert der i-ten Stichprobe (Versuchsbedingung) beim j-ten Fall (i = 1, …, k; j = 1, …, n)
- $\overline{x}_i$ Mittelwert der i-ten Stichprobe (Spaltenmittelwerte; i = 1, …, k)
- $\overline{y}_j$ Mittelwert des j-ten Falls (Zeilenmittelwerte; j = 1, …, n)
- $\overline{x}$ Mittelwerte aller Werte

Gegenüber der einfaktoriellen Varianzanalyse ohne Messwiederholung wird folgende erweiterte Varianzzerlegung vorgenommen:

$$\sum_{i=1}^{k}\sum_{j=1}^{n}(x_{ij}-\overline{x})^2 = n\cdot\sum_{i=1}^{k}(\overline{x}_i-\overline{x})^2 + k\cdot\sum_{j=1}^{n}(\overline{y}_j-\overline{x})^2 + \sum_{i=1}^{k}\sum_{j=1}^{n}(x_{ij}-\overline{x}_i-\overline{y}_j+\overline{x})^2$$

Das erste Glied auf der rechten Seite ist die Summe der Abweichungsquadrate zwischen den Spalten, $SAQ(\text{Spalten})$ genannt. Das zweite Glied ist die Summe der Abweichungsquadrate zwischen den Zeilen, $SAQ(\text{Zeilen})$ genannt. Das dritte Glied ist die Summe der Abweichungen der Beobachtungswerte von den „erwarteten" Werten, $SAQ(\text{Rest})$ genannt.

Es gilt also die Beziehung

$$SAQ(\text{gesamt}) = SAQ(\text{Zeilen}) + SAQ(\text{Spalten}) + SAQ(\text{Rest})$$

Die Variabilität zwischen den Zeilen, also zwischen den Versuchspersonen, ist ohne Bedeutung. Nach der Berechnung der entsprechenden mittleren Quadratsummen wird daher mittels der F-Statistik die Variabilität zwischen den Spalten gegen die Restvariabilität getestet.

Im Einzelnen sind die folgenden Rechenschritte zu durchlaufen.

$$\begin{aligned}
S_i &= \sum_{j=1}^{n} x_{ij} && i = 1, \ldots, k \\
T_j &= \sum_{i=1}^{k} x_{ij} && j = 1, \ldots, n \\
S &= \sum_{i=1}^{k} S_i \\
SAQ(\text{gesamt}) &= \sum_{i=1}^{k} \sum_{j=1}^{n} x_{ij}^2 - \frac{S^2}{k \cdot n} \\
SAQ(\text{Zeilen}) &= \frac{1}{k} \cdot \sum_{j=1}^{n} T_j^2 - \frac{S^2}{k \cdot n} \\
SAQ(\text{Spalten}) &= \frac{1}{n} \cdot \sum_{i=1}^{k} S_i^2 - \frac{S^2}{k \cdot n} \\
SAQ(\text{Rest}) &= SAQ(\text{gesamt}) - SAQ(\text{Zeilen}) - SAQ(\text{Spalten}) \\
df(\text{Spalten}) &= k - 1 \\
df(\text{Rest}) &= (k-1) \cdot (n-1) \\
MQ(\text{Spalten}) &= \frac{SAQ(\text{Spalten})}{df(\text{Spalten})} \\
MQ(\text{Rest}) &= \frac{SAQ(\text{Rest})}{df(\text{Rest})} \\
F &= \frac{MQ(\text{Spalten})}{MQ(\text{Rest})}
\end{aligned}$$

Dieser F-Wert ist F-verteilt mit

$$df1 = k - 1; \quad df2 = (k-1) \cdot (n-1)$$

Freiheitsgraden.

Im gegebenen Beispiel erhält man die folgenden Ergebnisse.

$$\begin{aligned}
S_1 &= 954 \qquad S_2 = 1144 \qquad S_3 = 1405 \qquad S_4 = 1666\\
T_1 &= 575 \qquad T_2 = 455 \qquad T_3 = 779 \qquad T_4 = 776\\
T_5 &= 725 \qquad T_6 = 634 \qquad T_7 = 577 \qquad T_8 = 648\\
S &= 5169\\
SAQ(\text{gesamt}) &= 898187 - \frac{5169^2}{4 \cdot 8} = 63232{,}0\\
SAQ(\text{Zeilen}) &= \frac{1}{4} \cdot 3427081 - \frac{5169^2}{4 \cdot 8} = 21815{,}3\\
SAQ(\text{Spalten}) &= \frac{1}{8} \cdot 6968433 - \frac{5169^2}{4 \cdot 8} = 36099{,}1\\
SAQ(\text{Rest}) &= 63232{,}0 - 21815{,}3 - 36099{,}1 = 5317{,}6\\
df(\text{Spalten}) &= 4 - 1 = 3\\
df(\text{Rest}) &= (4-1) \cdot (8-1) = 21\\
MQ(\text{Spalten}) &= \frac{36099{,}1}{3} = 12033{,}0\\
MQ(\text{Rest}) &= \frac{5317{,}6}{21} = 253{,}2\\
F &= \frac{12033{,}0}{253{,}2} = 47{,}52
\end{aligned}$$

Dies ist nach der F-Tabelle bei (3, 21) Freiheitsgraden ein höchst signifikanter Wert ($p < 0{,}001$).

Es wird also über die Zeitpunkte hinweg ein höchst signifikanter Anstieg der Testleistung festgestellt. Ähnlich wie bei der einfaktoriellen Varianzanalyse ohne Messwiederholung kann man auch hier fragen, welche Stichproben (hier: Tage) sich im Signifikanzfall voneinander unterscheiden.

POST-HOC-TESTS

Für paarweise Vergleiche der einzelnen Stichproben steht im Prinzip der t-Test für abhängige Stichproben zur Verfügung; besser ist aber auch hier die Anwendung eines Post-hoc-Tests.

Aus der Vielzahl der hierfür entwickelten Tests soll wieder der Scheffé-Test vorgestellt werden.

Zum Vergleich der beiden Mittelwerte $\overline{x}_l$ und $\overline{x}_m$ ($1 \leq l, m \leq k$) berechnet man die Prüfgröße

$$F = \frac{n \cdot (\overline{x}_l - \overline{x}_m)^2}{2 \cdot (k-1) \cdot MQ(\text{Rest})}$$

Diese Prüfgröße ist F-verteilt mit

$$df1 = k - 1; \quad df2 = (k-1) \cdot (n-1)$$

Freiheitsgraden.

Wir wollen überprüfen, ob sich die Testleistungen am dritten und vierten Tag signifikant voneinander unterscheiden, und berechnen

$$F = \frac{8 \cdot (175{,}6 - 208{,}3)^2}{2 \cdot 3 \cdot 253{,}2} = 5{,}63$$

Dies ist nach der F-Tabelle bei (3, 21) Freiheitsgraden ein sehr signifikanter Wert ($p < 0{,}01$).

RECHNEN MIT SPSS

Laden Sie die Datei durchstr.sav. Wählen Sie aus dem Menü *Analysieren/Allgemeines lineares Modell/Meßwiederholung...* Überschreiben Sie den voreingestellten Namen des Innersubjektfaktors mit *tage* und setzen Sie die Anzahl der Stufen auf 4. Betätigen Sie die Schalter *Hinzufügen* und *Definieren*. Geben Sie nacheinander die Variablen *tag1, tag2, tag3, tag4* als Innersubjektvariablen an. Aktivieren Sie über den Schalter *Optionen...* die Ausgabe von deskriptiven Statistiken.

Sie können stattdessen die Berechnungen auch mit folgender Syntax starten:

```
glm tag1,tag2,tag3,tag4
  /wsfactor=tage 4
  /print=descriptive.
```

Der vom Programm erstellte Ausdruck ist recht umfangreich, da er sowohl die Berechnungen nach der klassischen Methode nach Fisher als auch die nach dem allgemeinen linearen Modell enthält. Die Ergebnisse der in diesem Buch dargestellten Rechenschritte können Sie den beiden Zeilen „Sphärizität angenommen" der Tabelle „Tests der Innersubjekteffekte" entnehmen.

Leider können in SPSS Post-hoc-Tests bei Messwiederholungsfaktoren nicht angefordert werden.

11.2 DER FRIEDMAN-TEST

Der von J. E. Friedman entwickelte Test dient zum Vergleich von mehr als zwei abhängigen Stichproben, wobei nicht, wie bei der einfachen Varianzanalyse mit Messwiederholung, die Voraussetzung der Normalverteilung erfüllt sein muss. Häufigster Anwendungsfall ist der, dass eine Messung zu verschiedenen Zeitpunkten vorgenommen wurde.

Zehn Probanden nahmen an drei aufeinander folgenden Wochen an einem Wortgedächtnistest teil. Dabei wurden jeweils dreißig Wörter dargeboten, von denen die Probanden möglichst viele behalten sollten. Tabelle 11.2 zeigt die Ergebnisse.

Berechnet man zu den drei Zeitpunkten jeweils den Median, so erhält man der Reihe nach die Werte 11,5, 13 und 14; Mittelwertsberechnung würde die Werte 11,5, 12,6 und 13,4 ergeben.

1. Woche	2. Woche	3. Woche
14	14	16
10	11	11
12	11	12
13	14	15
11	13	14
9	11	10
12	13	14
14	15	16
11	13	14
9	11	12

Tabelle 11.2: Ergebnisse eines Wortgedächtnistests

Getestet werden soll, ob die Steigerung der Gedächtnisleistung über die drei Zeitpunkte signifikant ist oder, etwas präziser formuliert, ob die Nullhypothese „Alle drei Zeitpunkte zeigen in der Grundgesamtheit gleiche mittlere Werte" beizubehalten oder abzulehnen ist.

Zu beachten ist, dass, wie im vorliegenden Fall gegeben, nur komplette Verläufe in die Berechnungen einbezogen werden können.

Für jeden Probanden (allgemein: für jeden Fall) wird eine Rangreihe der Werte erstellt, wobei der kleinste Wert den Rangplatz 1 erhält und bei gleichen Werten entsprechend gemittelte Rangreihen vergeben werden. Diese Rangzuordnungen sind in Tabelle 11.3 enthalten.

1. Woche	2. Woche	3. Woche
1,5	1,5	3
1	2,5	2,5
2,5	1	2,5
1	2	3
1	2	3
1	3	2
1	2	3
1	2	3
1	2	3
1	2	3
12,0	20,0	28,0

Tabelle 11.3: Rangplätze für den Friedman-Test

Die Rangsummen zu den einzelnen Zeitpunkten (allgemein: in den k Stichproben) werden mit $T_i(i = 1, \ldots, k)$ bezeichnet. Im gegebenen Beispiel gilt also

$$k = 3 \quad T_1 = 12 \quad T_2 = 20 \quad T_3 = 28$$

Bezeichnet man mit n den (für alle Stichproben gleichen) Stichprobenumfang (hier $n = 10$), so gilt die Kontrollbeziehung

$$\sum_{i-1}^{k} T_i = \frac{n \cdot k \cdot (k+1)}{2}$$

Im vorliegenden Fall ergibt sich

$$12 + 20 + 28 = \frac{10 \cdot 3 \cdot 4}{2}$$

Beide Seiten ergeben übereinstimmend den Wert 60.

Die von Friedman angegebene Prüfgröße ist

$$\chi^2 = \frac{12}{n \cdot k \cdot (k+1)} \cdot \sum_{i=1}^{k} T_i^2 - 3 \cdot n \cdot (k+1)$$

Diese Prüfgröße ist Chiquadrat-verteilt mit

$$df = k - 1$$

Freiheitsgraden.

Im gegebenen Beispiel erhält man

$$\chi^2 = \frac{12}{10 \cdot 3 \cdot 4} \cdot (12^2 + 20^2 + 28^2) - 3 \cdot 10 \cdot 4 = 12{,}8$$

$$df = 4 - 1 = 3$$

Nach der Chiquadrat-Tabelle ist der berechnete Chiquadrat-Wert auf der 0,01-Stufe signifikant (kritischer Tabellenwert bei zwei Freiheitsgraden: 9,21).

Nicht geklärt mit dem Friedman-Test ist die Frage, welche Zeitpunkte sich im Einzelnen signifikant voneinander unterscheiden. Dies müsste man gegebenenfalls paarweise mit dem Wilcoxon-Test überprüfen (siehe Kapitel 8.7).

Für die Fälle $k = 3$ und $n < 10$ sowie $k = 4$ und $n < 5$ ist die Chiquadrat-Verteilung der Prüfgröße nicht gegeben. Man benutzt in diesen beiden Fällen Tabelle 8 des Anhangs A, in der die kritischen Grenzwerte zu drei Signifikanzniveaus angegeben sind. Ist der berechnete Wert größer oder gleich dem Tabellenwert, liegt Signifikanz auf der betreffenden Stufe vor.

11.3 PROBLEME BEI UNVOLLSTÄNDIGEN DATEN

Bei abhängigen Variablen gibt es Probleme, wenn die Daten eines Falls, also zum Beispiel einer Versuchsperson, nicht vollständig sind. Dazu sei in Tabelle 11.4 ein

Versuchsperson	1. Tag	2. Tag	3. Tag
Emil	100	110	120
Otto	150		
Berta	90	96	105
Heinrich			75
Amalie	95	112	115

Tabelle 11.4: Unvollständige Daten

kleines Datenbeispiel betrachtet, das sich auf den in Kapitel 11.1 zitierten Durchstreichtest bezieht.

Berechnet man an allen drei Versuchstagen den Mittelwert, so erhält man die in Tabelle 11.5 dargestellten Ergebnisse.

Versuchstag	$\overline{x}$	n
1. Tag	108,75	4
2. Tag	106,00	3
3. Tag	103,75	4

Tabelle 11.5: Mittelwerte bei teilweise unvollständigen Verläufen

Die durchschnittliche Leistung nimmt also über die Versuchstage ab, was recht überraschend ist. Rechnet man mit den gegebenen Daten in SPSS eine Varianzanalyse mit Messwiederholung, so erhält man mit $p = 0{,}004$ ein sehr signifikantes Ergebnis.

Hieraus allerdings zu folgern, die durchschnittliche Leistung im Durchstreichtest nehme sehr signifikant ab, ist völlig falsch. Bei der Durchführung der Varianzanalyse werden nur komplette Verläufe berücksichtigt, also lediglich die Daten von Emil, Berta und Amalie. Berechnet man die Mittelwerte nur von diesen drei Probanden, erhält man das in Tabelle 11.6 dargestellte Ergebnis.

Versuchstag	$\overline{x}$	n
1. Tag	95,00	3
2. Tag	106,00	3
3. Tag	113,33	3

Tabelle 11.6: Mittelwerte bei kompletten Verläufen

Betrachtet man also die kompletten Verläufe, so steigen die durchschnittlichen Leistungen über die Versuchstage erwartungsgemäß an. Dieses hat die Varianzanalyse als sehr signifikant erkannt.

Die Probanden Otto und Heinrich haben bei Einbeziehung aller Probanden in die Mittelwertsberechnung das Ergebnis verfälscht. Otto mit seinem hohen Anfangswert hat den Durchschnittswert am 1. Tag in die Höhe getrieben, Heinrich mit seinem niedrigen Endwert den Durchschnittswert am 3. Tag gesenkt.

Achten Sie also in solchen Situationen unbedingt darauf, nur komplette Datenverläufe in Ihre Berechnungen einzubeziehen, auch wenn dies zu Lasten der Fallzahl gehen sollte.

11.4 ZUSAMMENFASSUNG

- Um Unterschiede zwischen mehr als zwei abhängigen Stichproben zu testen, steht im Falle einer Normalverteilung die einfaktorielle Varianzanalyse mit Messwiederholung zur Verfügung, bei beliebiger Verteilung der Friedman-Test.
- Fälle mit unvollständigen Daten sind von den Berechnungen auszuschließen.

11.5 ÜBUNGEN

1. Acht Schüler mit schlechten Mathematiknoten nahmen Nachhilfeunterricht. In der folgenden Tabelle sind die Noten der letzten Klassenarbeit vor dem Nachhilfeunterricht und der drei nachfolgenden Arbeiten aufgeführt.

Arbeit vor	1. Arbeit danach	2. Arbeit danach	3. Arbeit danach
5	4	4	3
4	4	5	4
4	3	3	3
6	5	4	5
4	3	3	2
5	3	4	5
4	4	3	3
5	5	3	3

Überprüfen Sie mit Hilfe der Varianzanalyse, ob eine signifikante Verbesserung der Noten vorliegt. Besteht gegebenenfalls schon eine signifikante Verbesserung zur ersten Arbeit nach dem Nachhilfeunterricht?

2. Rechnen Sie das Problem der Übung 11.1 mit dem Friedman-Test.

12

VARIANZANALYSE

Lernziele:

- ➔ mehrfaktorielle Varianzanalysen
- ➔ Post-hoc-Tests
- ➔ Kovarianzanalyse
- ➔ Messwiederholungsfaktoren

Einfaktorielle Varianzanalysen wurden bereits in den Kapiteln 8.5 und 11.1 behandelt. Sie dienen zum Vergleich von mehr als zwei unabhängigen bzw. abhängigen Stichproben hinsichtlich ihrer Mittelwerte. Im allgemeinen Fall analysieren Varianzanalysen die Abhängigkeit einer intervallskalierten Variablen (univariate Analyse) oder mehrerer abhängiger Variablen (multivariate Analyse) von *mehreren* unabhängigen Variablen.

Falls diese unabhängigen Variablen nur diskrete Werte annehmen (Nominal- oder Ordinalniveau), werden sie auch als Faktoren bezeichnet. Allerdings ist es auch möglich, intervallskalierte Einflussgrößen einzubringen. In diesem Fall spricht man von Kovariaten und entsprechend von einer Kovarianzanalyse.

Der typische Anwendungsfall einer Varianz- bzw. Kovarianzanalyse soll anhand eines Beispiels aus der Psychologie erläutert werden; in diesem Fachgebiet wird das Verfahren besonders häufig eingesetzt.

Ein Begriff aus der Gedächtnisforschung ist die so genannte „rückwirkende Hemmung". Man bezeichnet damit die Tatsache, dass das Behalten eines eingeprägten Stoffs durch eine unmittelbar nachfolgende psychisch anspannende Tätigkeit beeinträchtigt wird. Lernt ein Schüler etwa eine Reihe von Vokabeln und führt anschließend seine Rechenaufgaben aus, so wird er die Vokabeln im Allgemeinen schlechter behalten, als wenn er danach eine Ruhepause eingelegt hätte. Um herauszufinden, ob die rückwirkende Hemmung nicht nur eine Schwächung des Erinnerungsvermögens bewirkt, sondern auch der bei einer Tätigkeit erzielte Übungsfortschritt beeinträchtigt wird, wurde eine entsprechende Untersuchung durchgeführt.

Als zu übende Tätigkeit diente ein Durchstreichtest. Es wurden vier Gruppen von jeweils vier Schreibmaschinenzeichen vorgegeben, die dann in einer großen Liste von solchen Zeichengruppen wiederzufinden und durchzustreichen waren. Die in einem festgesetzten Zeitraum richtig durchgestrichenen Zeichengruppen können dann als die von einer Versuchsperson erbrachte Leistung angesehen werden.

Insgesamt nahmen 36 Versuchspersonen an der Untersuchung teil, die den Durchstreichtest an zwei aufeinander folgenden Versuchstagen ausführten. Sie wurden in drei gleich große Gruppen eingeteilt. Die erste Gruppe wurde am ersten Versuchstag nach der Ausführung des Durchstreichtests noch einem Konzentrationsleistungstest (Lösen von einfachen Rechenaufgaben) unterzogen, die zweite Gruppe wurde entlassen und ging dann ihren normalen Beschäftigungen nach und die dritte Gruppe musste eine Ruhepause einlegen. Schließlich wurden die drei Probandengruppen noch einmal halbiert; die eine Hälfte führte den Versuch morgens, die andere abends durch. Die erzielten Ergebnisse sind in Tabelle 12.1 eingetragen.

KLT	morgens	Tag 1	61	106	84	127	97	73
		Tag 2	88	151	120	164	118	88
	abends	Tag 1	72	49	107	80	87	103
		Tag 2	81	87	154	98	112	136
normal	morgens	Tag 1	45	85	60	81	41	70
		Tag 2	72	135	107	111	104	120
	abends	Tag 1	72	132	74	71	58	81
		Tag 2	130	170	118	100	113	104
Ruhepause	morgens	Tag 1	78	123	92	99	98	45
		Tag 2	131	160	143	147	138	100
	abends	Tag 1	101	71	71	33	69	71
		Tag 2	144	125	95	93	118	111

Tabelle 12.1: Leistungen in einem Durchstreichtest

Der Übungsfortschritt ergibt sich offensichtlich aus der Differenz der an beiden Tagen erzielten Leistungen und ist aus Tabelle 12.2 ersichtlich.

KLT	morgens	27	45	36	37	21	15
	abends	9	38	47	18	25	33
normal	morgens	27	50	47	30	63	50
	abends	58	38	44	29	55	23
Ruhepause	morgens	53	37	51	48	40	55
	abends	43	54	24	60	49	40

Tabelle 12.2: Differenzen als Maß für den Übungsfortschritt

Tabelle 12.3 enthält die Mittelwerte, Standardabweichungen und Fallzahlen in den sechs Probandengruppen.

Zu beiden Tageszeiten zeigen also die Probanden, die den Konzentrationsleistungstest durchführen mussten, einen deutlich geringeren Übungsfortschritt als die bei-

Versuchsbedingung	Tageszeit	$\overline{x}$	s	n
KLT	morgens	30,17	11,18	6
	abends	28,33	13,82	6
normal	morgens	44,50	13,61	6
	abends	41,17	13,93	6
Ruhepause	morgens	47,33	7,28	6
	abends	45,00	12,59	6

Tabelle 12.3: Mittelwerte und Standardabweichungen

den anderen Gruppen. Ferner ist bei allen drei Versuchsbedingungen der Übungsfortschritt morgens etwas größer als abends.

Zu prüfen ist also einerseits, ob sich der Übungsfortschritt zwischen den drei Versuchsbedingungen (KLT, normal, Ruhepause) signifikant unterscheidet, und andererseits, ob sich zwischen den beiden Tageszeiten signifikante Unterschiede ergeben.

Was die Signifikanzüberprüfung zwischen den drei Versuchsbedingungen anbelangt, so könnten wir getrennt nach den beiden Tageszeiten jeweils eine einfaktorielle Varianzanalyse durchführen. Zum Vergleich der beiden Tageszeiten schließlich käme, getrennt nach den drei Versuchsbedingungen, jeweils der t-Test nach Student in Frage. Voraussetzung für diese Tests wäre, dass die jeweils sechs Werte einer Stichprobe hinreichend normalverteilt sind.

Dies lässt sich mit dem Kolmogorov-Smirnov-Test (siehe Kapitel 7.1.2) überprüfen, wobei anzumerken ist, dass bei einer solch kleinen Fallzahl die Normalverteilung nur bei Vorliegen von extremen Ausreißern nachhaltig gestört sein kann. Der Kolmogorov-Smirnov--Test ergibt in der Tat in keiner der Gruppen eine signifikante Abweichung von der Normalverteilung.

Das geschilderte Vorgehen ist allerdings unbefriedigend. So ist beim Vergleich der beiden Tageszeiten mit dem t-Test die Fallzahl in beiden Gruppen jeweils nur 6, andererseits erscheint es nicht angebracht, die zu den drei Versuchsbedingungen gehörenden Werte einfach zusammenzuwerfen, wobei sich die Fallzahl auf jeweils 18 erhöhen würde. Ähnlich unbefriedigend ist die getrennte Durchführung der einfaktoriellen Varianzanalyse zu den beiden Tageszeiten.

Einen Ausweg aus diesem Dilemma bietet die Varianzanalyse, in diesem Fall die zweifaktorielle Varianzanalyse. Der entscheidende Vorteil dieses Verfahrens ist, dass der Einfluss der beiden Faktoren Versuchsbedingung und Tageszeit auf die abhängige Variable Übungsfortschritt gleichzeitig untersucht wird. Dabei sei noch einmal darauf hingewiesen, dass die möglicherweise leicht irreführende Bezeichnung „Varianzanalyse“ daher stammt, dass die Grundlage des Verfahrens eine Varianzzerlegung ist.

Das vorliegende Beispiel einer (zweifaktoriellen) Varianzanalyse ist sozusagen der Standardfall einer Varianzanalyse: Alle (sechs) Gruppen sind voneinander unabhängig und die Fallzahl ist in allen Gruppen gleich (nämlich 6). Bei solch geplanten Versuchen wie dem geschilderten sollte auf die Gleichheit der Fallzahl geachtet werden, da ungleiche Fallzahlen gewisse theoretische Schwierigkeiten bei der formelmäßigen Erfassung der einzelnen Rechenschritte nach sich ziehen. Die Ausprägungen (Kategorien) eines Faktors nennt man auch die Faktorstufen; die sich unter den verschiedenen Kombinationen der Faktorstufen ergebenden Gruppen bezeichnet man auch als Zellen.

Wie bei der einfaktoriellen Varianzanalyse auch, hat die mehrfaktorielle Varianzanalyse zwei Voraussetzungen: Normalverteilung der Werte in den einzelnen Zellen und Varianzenhomogenität zwischen den Zellen. Die Normalverteilung kann mit dem Kolmogorov-Smirnov-Test überprüft werden (siehe Kapitel 7.1.2), die Varianzenhomogenität mit einem der in Kapitel 8.5 vorgestellten Tests. Was im Falle der Störung dieser Voraussetzungen getan werden kann, wird am Schluss dieses Kapitels erläutert.

Das Prinzip der mehrfaktoriellen (hier: zweifaktoriellen) Varianzanalyse ist, wie bei der einfaktoriellen Varianzanalyse auch, eine Zerlegung der Gesamtvarianz in eine Varianz innerhalb der Gruppen und eine Varianz zwischen den Gruppen. Dies ergibt dann zunächst einen Test auf eine „Gesamtsignifikanz", d. h., es wird die Frage geklärt, ob es „irgendwo" signifikante Unterschiede gibt. In diesem Fall, und nur in diesem, ist es dann erlaubt, weiter zu prüfen, wo genau (d. h. bei welchem Faktor und gegebenenfalls zwischen welchen Faktorstufen) diese Unterschiede begründet sind.

12.1 Rechenschritte

Niemand rechnet eine Varianzanalyse noch per Hand; dennoch sollen zum besseren Verständnis die einzelnen Rechenschritte beim vorliegenden einfachen Standardfall der Varianzanalyse (zwei Faktoren, gleiche Fallzahlen, keine Faktorstufen mit abhängigen Werten) im Folgenden angegeben werden.

Wir wollen die beiden Faktoren (hier: Versuchsbedingungen und Tageszeit) A und B nennen und die folgenden Bezeichnungen einführen.

p	Anzahl der Stufen des Faktors A
q	Anzahl der Stufen des Faktors B
n	Anzahl der Werte pro Zelle
x_{ijm}	die gegebenen Einzelwerte ($i = 1, \ldots, p; j = 1, \ldots, q; m = 1, \ldots, n$)
S_{ij}	Summen der Werte in den einzelnen Zellen ($i = 1, \ldots, p; j = 1, \ldots, q$)
G	Gesamtsumme der Werte

Damit berechnet man der Reihe nach

$$\begin{aligned}
S_{ij} &= \sum_{m=1}^{n} x_{ijm} \qquad\qquad i = 1, \ldots, p;\, j = 1, \ldots, q \\
G &= \sum_{i=1}^{p} \sum_{j=1}^{q} S_{ij} \\
(1) &= \frac{G^2}{p \cdot q \cdot n} \\
(2) &= \sum_{i=1}^{p} \sum_{j=1}^{q} \sum_{m=1}^{n} x_{ijm}^2 \\
(3) &= \frac{1}{n} \cdot \sum_{i=1}^{p} \sum_{j=1}^{q} S_{ij}^2 \\
QSZ &= (3) - (1) \\
QSI &= (2) - (3) \\
QST &= (2) - (1) \\
dfz &= p \cdot q - 1 \\
dfi &= p \cdot q \cdot (n - 1) \\
MQZ &= \frac{QSZ}{dfz} \\
MQI &= \frac{QSI}{dfi} \\
F &= \frac{MQZ}{MQI}
\end{aligned}$$

Dabei sind *QSZ*, *QSI* und *QST* die Quadratsummen zwischen den Gruppen, innerhalb der Gruppen bzw. die Quadratsumme total, *dfz* und *dfi* die zugehörigen Freiheitsgrade und *MQZ* bzw. *MQI* die entsprechenden mittleren Quadratsummen. *F* ist die mit (*dfz*, *dfi*) Freiheitsgraden F-verteilte Prüfgröße.

Die Ergebnisse stellt man im Schema der Tabelle 12.4 zusammen.

Art der Variation	***QS***	***df***	***MQ***	***F***
zwischen den Gruppen	*QSZ*	*dfz*	*MQZ*	*F*
innerhalb der Gruppen	*QSI*	*dfi*	*MQI*	
total	*QST*			

Tabelle 12.4: Schema beim Test auf Gesamtsignifikanz

In unserem Beispiel ergeben die einzelnen Rechenschritte:

$$\begin{aligned}
p &= 3 \qquad q = 2 \qquad n = 6 \\
S_{11} &= 181 \qquad S_{12} = 170 \qquad S_{21} = 267 \qquad S_{22} = 247 \qquad S_{31} = 284 \qquad S_{32} = 270 \\
G &= 1419
\end{aligned}$$

$$
\begin{aligned}
(1) &= 55932{,}25 \quad (2) = 62453 \quad (3) = 57919{,}17 \\
QSZ &= 1986{,}92 \quad QSI = 4533{,}83 \quad QSI = 6520{,}75 \\
dfz &= 5 \quad dfi = 30 \\
MQZ &= 397{,}38 \quad MQI = 151{,}13 \\
F &= 2{,}63
\end{aligned}
$$

In das Schema der Tabelle 12.4 eingetragen, ergibt dies Tabelle 12.5.

Art der Variation	*QS*	*df*	*MQ*	*F*
zwischen den Gruppen	1986,92	5	397,38	2,63
innerhalb der Gruppen	4533,83	30	151,13	
total	6520,75			

Tabelle 12.5: Test auf Gesamtsignifikanz

Der berechnete F-Wert ist, wie die F-Tabelle ausweist, bei (5, 30) Freiheitsgraden auf der 0,05-Stufe signifikant.

Dies bedeutet, dass zumindest einer der beiden Faktoren einen signifikanten Einfluss auf die abhängige Variable (Übungsfortschritt) hat. Um zu testen, welche Faktoren einen signifikanten Einfluss haben und ob es eine „Wechselwirkung“ zwischen den beiden Faktoren gibt, sind die folgenden Rechenschritte auszuführen.

$$
\begin{aligned}
(4) &= \frac{1}{n \cdot q} \cdot \sum_{i=1}^{p} \left(\sum_{j=1}^{q} S_{ij} \right)^2 \\
(5) &= \frac{1}{n \cdot p} \cdot \sum_{j=1}^{q} \left(\sum_{i=1}^{p} S_{ij} \right)^2 \\
QSA &= (4) - (1) \\
QSB &= (5) - (1) \\
dfa &= p - 1 \\
dfb &= q - 1 \\
MQA &= \frac{QSA}{dfa} \\
MQB &= \frac{QSB}{dfb} \\
FA &= \frac{MQA}{MQI} \\
FB &= \frac{MQB}{MQI} \\
QSAB &= (3) - QSA - QSB - (1) \\
dfab &= (p-1) \cdot (q-1)
\end{aligned}
$$

$$MQAB = \frac{QSAB}{dfab}$$
$$FAB = \frac{MQAB}{MQI}$$

Die Prüfgrößen FA, FB und FAB sind F-verteilt mit (dfa, dfi), (dfb, dfi) bzw. $(dfab, dfi)$ Freiheitsgraden.

Die Ergebnisse werden in dem Schema der Tabelle 12.6 zusammengestellt.

Art der Variation	***QS***	***df***	***MQ***	***F***
zwischen A	QSA	dfa	MQA	FA
zwischen B	QSB	dfb	MQB	FB
A * B	$QSAB$	$dfab$	$MQAB$	FAB

Tabelle 12.6: Schema beim Test auf Signifikanz der Faktoren

Die einzelnen Rechenschritte ergeben beim vorliegenden Beispiel:

$$(4) = 57859{,}42 \quad (5) = 55988{,}5$$
$$QSA = 1927{,}17 \quad QSB = 56{,}25 \quad QSAB = 3{,}5$$
$$dfa = 2 \quad dfb = 1 \quad dfab = 2$$
$$MQA = 963{,}58 \quad MQB = 56{,}25 \quad MQAB = 1{,}75$$
$$FA = 6{,}38 \quad FB = 0{,}37 \quad FAB = 0{,}01$$

Diese Werte, in das Schema der Tabelle 12.6 eingetragen, ergeben Tabelle 12.7.

Art der Variation	***QS***	***df***	***MQ***	***F***
zwischen A	1927,17	2	963,58	6,38
zwischen B	56,25	1	56,25	0,37
A * B	3,5	2	1,75	0,01

Tabelle 12.7: Test auf Signifikanz der Faktoren

Nach der F-Tabelle hat Faktor A (Versuchsbedingungen) bei der gegebenen Anzahl von (2, 30) Freiheitsgraden einen sehr signifikanten Einfluss auf die abhängige Variable Übungsfortschritt ($p < 0{,}01$). Die Tageszeit hat keinen signifikanten Einfluss, ebenso gibt es keine signifikante Wechselwirkung.

Eine signifikante Wechselwirkung würde im vorliegenden Fall bedeuten, dass die Unterschiede zwischen den drei Versuchsbedingungen je nach Tageszeit verschieden groß sind. Dies ist also nicht der Fall und wird bereits bei Betrachtung der Zellenmittelwerte klar.

Nützlich ist in diesem Zusammenhang ein entsprechendes Diagramm (Abbildung 12.1), wie es zum Beispiel in SPSS unter der Bezeichnung *Profile* erstellt werden kann.

Da die beiden Linien fast parallel verlaufen, liegt keine Wechselwirkung vor.

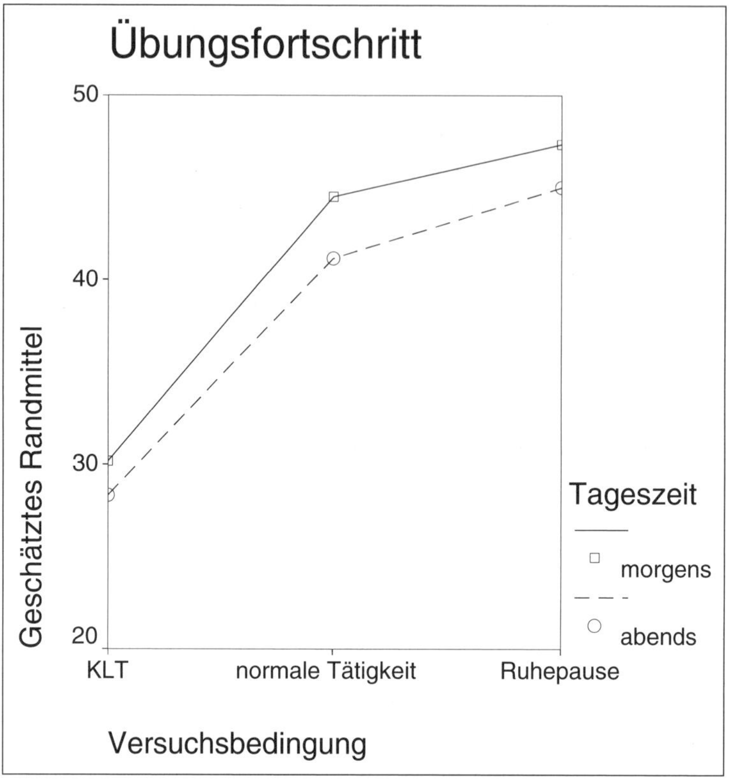

Abbildung 12.1: Wechselwirkungs-Diagramm

12.2 POST-HOC-TESTS

Als signifikantes Ergebnis bleibt also die Erkenntnis, dass die drei Versuchsbedingungen (Konzentrationsleistungstest, normale Tätigkeit, Ruhepause) auf den Übungsfortschritt signifikant unterschiedlich wirken. Um dies zahlenmäßig zu belegen, seien zunächst die Mittelwerte dieser drei Abstufungen berechnet, wobei die Werte zu den beiden Tageszeiten zusammengeworfen werden sollen (was dann jeweils die Fallzahl 12 ergibt). Diese Stufenmittelwerte sind in Tabelle 12.8 eingetragen.

Versuchsbedingung	mittlerer Übungsfortschritt
Konzentrationsleistungstest	29,25
normale Tätigkeit	42,83
Ruhepause	46,17

Tabelle 12.8: Stufenmittelwerte

Der Übungsfortschritt wird also in der Tat durch die Ausführung des Konzentrationsleistungstests gehemmt; der entsprechende Mittelwert ist deutlich geringer als die beiden anderen, was sicherlich die ermittelte Signifikanz ausmacht. Unklar ist, ob sich auch die beiden anderen Versuchsbedingungen (normale Tätigkeit und Ruhepause) signifikant voneinander unterscheiden. Hier ist der Mittelwert bei der Ruhepause etwas höher.

Solche Fragestellungen, welche Faktorstufen sich im Falle einer signifikanten Wirkung des Faktors im Einzelnen voneinander unterscheiden, werden mit einem so genannten Post-hoc-Test geklärt, der zur Ermittlung seiner Testgröße Zwischenergebnisse der Varianzanalyse benutzt. Hierzu gibt es zahlreiche Varianten; so bietet zum Beispiel das Programmsystem SPSS achtzehn solcher Tests an. Die bekannteren sind die Tests nach Bonferroni, Scheffé, Student-Newman-Keuls und Duncan. Als einer der konservativsten gilt der Scheffé-Test, der also eher zögerlich bei der Aufspürung von Signifikanzen ist.

Bezeichnen wir etwa zwei der p Stufenmittelwerte des Faktors A (Versuchsbedingungen) mit a_i und a_j, so erfolgt die Überprüfung, ob sich diese beiden Mittelwerte signifikant voneinander unterscheiden, beim Scheffé-Test über die Prüfgröße

$$F = \frac{n \cdot q}{2 \cdot (p-1)} \cdot \frac{(a_i - a_j)^2}{MQI}$$

Diese Prüfgröße ist F-verteilt mit (dfa, dfi) Freiheitsgraden. Eine entsprechende Formel gilt für die Stufenmittelwerte des Faktors B. Im gegebenen Beispiel ist eine Post-hoc-Überprüfung beim Faktor B (Tageszeit) nicht nötig, da sich erstens dieser Faktor als nicht signifikant erwiesen und zweitens ohnehin nur zwei Abstufungen hat, so dass im Signifikanzfall klar wäre, dass sich eben diese beiden Stufen signifikant voneinander unterscheiden.

Möchten wir also überprüfen, ob sich die Mittelwerte zu den beiden Versuchsbedingungen normale Tätigkeit und Ruhepause signifikant voneinander unterscheiden, müssen wir folgende Prüfgröße berechnen:

$$F = \frac{6 \cdot 2}{2 \cdot (3-1)} \cdot \frac{(42{,}83 - 46{,}17)^2}{151{,}13} = 0{,}22$$

Dies ist bei (2, 30) Freiheitsgraden ein nicht signifikanter Wert. Beim Vergleich des Konzentrationsleistungstests mit der normalen Tätigkeit ergibt sich

$$F = \frac{6 \cdot 2}{2 \cdot (3-1)} \cdot \frac{(29{,}25 - 42{,}83)^2}{151{,}13} = 3{,}66$$

Dies ist bei (2, 30) Freiheitsgraden ein signifikanter Wert ($p < 0{,}05$).

Da die Mittelwertdifferenz zwischen den Versuchsbedingungen KLT und Ruhepause noch größer ist, ist gemäß der Formel für die Prüfgröße F dieser Unterschied dann erst recht signifikant. Als Endergebnis der Varianzanalyse kann also festgehalten werden, dass das Ausüben einer anstrengenden Tätigkeit (KLT) gegenüber einer normalen Tätigkeit und einer Ruhepause eine signifikante Verminderung des Übungsfortschritts bewirkt. Die Tageszeit hat keinen Einfluss.

Bei den Rechenschritten der Varianzanalyse gehen Sie also, aber nur jeweils im Signifikanzfall des vorhergehenden Schritts, so vor:

1. Berechnung der Gesamtsignifikanz
2. Feststellung der signifikanten Faktoren und Wechselwirkungen
3. Post-hoc-Tests

12.3 Kovarianzanalyse

Wir wollen die Mittelwerte der erzielten Leistungen am ersten Versuchstag, getrennt nach den drei Versuchsbedingungen, betrachten. Diese sind in Tabelle 12.9 zusammengestellt.

Versuchsbedingung	Mittelwert
KLT	87,17
normal	72,50
Ruhepause	79,25

Tabelle 12.9: Mittlere Ausgangswerte

Die Probanden, die als hemmende Tätigkeit den KLT ausführten, haben demnach im Mittel am ersten Tag höhere Werte als die anderen Probanden. Dies ist recht ärgerlich, denn wenn jemand bereits am Anfang höhere Leistungen bringt, hat er von vornherein weniger Gelegenheit, sich zu verbessern, als jemand, der mit einer schwachen Leistung beginnt. Ein besonders krasses Beispiel für diesen Effekt sind Schulnoten: Ein Schüler mit einer Zwei kann sich allenfalls um eine Note verbessern, ein Schüler mit einer Fünf aber theoretisch um vier Noten.

Korreliert man im gegebenen Beispiel über alle Probanden hinweg den Wert des Durchstreichtests am ersten Versuchstag mit dem erzielten Übungsfortschritt, so zeigt sich in der Tat eine schwache, allerdings nicht signifikante Korrelation ($r = -0{,}197$) dahingehend, dass höhere Werte am ersten Tag einen geringeren Übungsfortschritt bewirken.

Das Problem kann so gelöst werden, dass der Wert am ersten Tag als *Kovariate* in die Analyse eingeführt wird. So nennt man im Allgemeinen intervallskalierte Variablen, die zusätzlich zu den nominal- oder ordinalskalierten Faktoren in die Varianzanalyse eingebracht werden können; man spricht in diesem Fall von einer *Kovarianzanalyse*.

Die Rechenschritte seien hier nicht dargestellt; es mag der Hinweis genügen, dass die Signifikanz einer Kovariaten ebenfalls mit einem F-Wert überprüft wird. Führt man die Kovarianzanalyse in der beschriebenen Weise im gegebenen Beispiel mit einem Computerprogramm (zum Beispiel SPSS) durch, so erkennt man, dass die Kovariate (Leistung am ersten Tag) keinen signifikanten Einfluss auf den Übungsfortschritt hat. Allerdings wird der zum Faktor Versuchsbedingungen gehörende F-Wert etwas kleiner (5,51 statt 6,38 wie bisher), ohne aber am Signifikanzniveau ($p < 0{,}01$) etwas zu ändern.

Das beschriebene Beispiel einer mehrfaktoriellen Varianzanalyse ist sozusagen der einfachste Standardfall: zwei Faktoren und gleiche Fallzahlen in den sich ergebenden Zellen. Darüber hinaus gibt es folgende Varianten:

- mehr als zwei Faktoren,
- ungleiche Fallzahlen in den Zellen,
- Faktoren mit Messwiederholungsdesign,
- mehrere abhängige Variablen.

Was die Anzahl der Faktoren anbelangt, so gibt es hierfür theoretisch keine Obergrenze. Um alle Zellen mit Werten zu füllen, bedarf es dabei aber einer großen Zahl von Fällen. Außerdem wird die Vielzahl möglicher Wechselwirkungen leicht unüberschaubar; so gibt es neben zweifachen Wechselwirkungen nun auch dreifache und gegebenenfalls auch höhere Wechselwirkungen.

12.4 UNGLEICHE ZELLENUMFÄNGE

Nicht immer sind gleich große Fallzahlen in den einzelnen Zellen des varianzanalytischen Designs zu gewährleisten. Bei geplanten Studien können Probanden ausfallen und bei retrospektiven Studien sind ungleiche Fallzahlen sowieso der Normalfall. Bei Varianzanalysen mit ungleichen Zellenumfängen werden diese entweder durch das harmonische Mittel aller Zellenumfänge geschätzt oder es wird eine andere, modernere Rechenmethode verwendet, das so genannte *allgemeine lineare Modell* (siehe später). Bei der zweifaktoriellen Varianzanalyse mit p bzw. q Faktorstufen berechnet sich dabei das harmonische Mittel der Zellenumfänge n_{ij} nach folgender Formel:

$$\overline{n}_h = \frac{p \cdot q}{\sum_{i=1}^{p} \sum_{j=1}^{q} \frac{1}{n_{ij}}}$$

12.5 MESSWIEDERHOLUNGSFAKTOREN

Beim gegebenen Beispiel wurde noch nicht getestet, ob der erzielte Übungsfortschritt zwischen dem ersten und zweiten Versuchstag überhaupt signifikant ist. Da sich die gemessenen Werte bei allen Probanden deutlich erhöhen, ist eine solche Überprüfung sicherlich nicht nötig. Falls eine solche Signifikanzüberprüfung doch vorgenommen werden soll, kann man die zweifaktorielle Varianzanalyse zu einer dreifachen erweitern, indem die beiden Faktoren Versuchsbedingungen und Tageszeit belassen werden und ein dritter Faktor eingeführt wird, der durch die Messungen an den beiden Versuchstagen gebildet wird. Diesen Faktor nennt man einen Faktor mit Messwiederholung und die Varianzanalyse wird zu einer dreifaktoriellen Varianzanalyse mit Messwiederholung auf einem Faktor (eine einfaktorielle Varianzanalyse mit Messwiederholung wurde bereits in Kapitel 11.1 behandelt).

Bei Einsatz eines Computerprogramms wie SPSS werden die beiden Nicht-Messwiederholungsfaktoren durch entsprechende Gruppierungsvariablen realisiert, der Messwiederholungsfaktor durch zwei entsprechende Variablen.

Führt man eine solche dreifaktorielle Varianzanalyse mit Messwiederholung auf dem Zeitfaktor im gegebenen Beispiel durch, so ergibt sich erwartungsgemäß ein höchst signifikanter Einfluss des Zeitfaktors, es verschwindet aber die Signifikanz auf dem Faktor Versuchsbedingungen. Durch das Zusammenwerfen der Testergebnisse an beiden Versuchstagen haben sich die Unterschiede verwischt. Die signifikanten Unterschiede zwischen den Versuchsbedingungen werden nun aber wiedergegeben durch eine sehr signifikante Wechselwirkung zwischen dem Zeitfaktor und dem Faktor Versuchsbedingungen: Die Unterschiede zwischen beiden Versuchstagen sind je nach Versuchsbedingung verschieden groß.

Das vorliegende Problem kann also auf zwei Arten angegangen werden, zum einen durch Differenzenbildung zwischen den beiden Versuchstagen und dann Analyse dieser Differenzen mit einer zweifaktoriellen Varianzanalyse und zum anderen durch Definition der Werte an den beiden Versuchstagen zu einem Messwiederholungsfaktor einer dreifaktoriellen Varianzanalyse. Der erste Weg erscheint direkter und übersichtlicher.

12.6 MULTIVARIATE VARIANZANALYSEN

Das vorliegende Beispiel einer zweifaktoriellen Varianzanalyse beinhaltet *eine* abhängige Variable, nämlich den Übungsfortschritt; man spricht in diesem Fall von einer univariaten Varianzanalyse. Man hat aber auch Verfahren entwickelt, die mehrere abhängige Variablen gleichzeitig behandeln, und nennt diese Verfahren multivariate Varianzanalysen. Man benutzt dieses Verfahren insbesondere in den Fällen, wo die abhängigen Variablen miteinander korrelieren. Ergibt sich dann eine Gesamtsignifikanz, hat man jeweils die einzelnen Variablen wieder einer univariaten Analyse zu unterziehen, um die für diese Signifikanz ursächlichen Variablen zu ermitteln.

12.7 KLASSISCHE METHODE UND ALLGEMEINES LINEARES MODELL

Varianzanalysen können prinzipiell nach zwei verschiedenen Ansätzen gerechnet werden:

- die klassische Methode nach R. A. Fisher,
- die neuere Methode des allgemeinen linearen Modells.

Die erste Methode gründet sich, wie beschrieben, auf die Zerlegung von Quadratsummen; Grundlage des allgemeinen linearen Modells (englisch: general linear model, abgekürzt GLM) ist die Korrelations- und Regressionsrechnung. Bei ungleichen Zellenumfängen liefern beide Rechnungsarten etwas unterschiedliche Ergebnisse.

Das Computerprogramm SPSS zum Beispiel verwendet beide Verfahren, so dass die Ergebnisausdrucke teilweise etwas unübersichtlich wirken. Zudem werden beim allgemeinen linearen Modell mehrere Varianten angeboten.

12.8 VERLETZUNGEN DER VORAUSSETZUNGEN

Die Voraussetzungen zur Durchführbarkeit der Varianzanalyse sind Normalverteilung und Varianzenhomogenität. Bei Verletzung dieser Voraussetzungen kann im einfaktoriellen Fall der H-Test nach Kruskal und Wallis bzw. im Falle abhängiger Stichproben der Friedman-Test gerechnet werden. Im mehrfaktoriellen Fall gibt es aber leider kein entsprechendes nichtparametrisches Verfahren.

Man kann auch bei nicht gegebenen Voraussetzungen eine Varianzanalyse rechnen, wenn man Folgendes beachtet:

1. Ergibt sich keine Signifikanz, so hätte sich bei Erfüllung der Voraussetzungen erst recht keine ergeben.
2. Die Varianzanalyse ist recht robust gegen Abweichungen von der Normalverteilung. Testet man auf dem Niveau $p = 0{,}05$, so sollte der berechnete F-Wert etwa einem $p = 0{,}04$ entsprechen, d. h., der kritische F-Wert zu $p = 0{,}05$ sollte deutlich überschritten werden.
3. Problematischer ist die Verletzung der Varianzenhomogenität. Um ein faktisches Signifikanzniveau von $p = 0{,}05$ zu erreichen, sollte mit $p = 0{,}01$ getestet werden.

Die Varianzanalyse ist eines der meistangewandten statistischen Analyseverfahren. Aufgrund der zahlreichen Varianten und der Entwicklung des neueren Ansatzes des allgemeinen linearen Modells ist es aber nicht immer leicht, den nötigen Überblick zu bewahren. Auch die gängigen Computerprogramme bieten eine zum Teil eher verwirrende Vielfalt von Optionen an.

12.9 RECHNEN MIT SPSS

Laden Sie aus dem Internet die Datei hemmung.sav mit den Variablen *gruppe, tzeit, tag1, tag2, uebfort*. Wählen Sie aus dem Menü *Analysieren/Allgemeines lineares Modell/Univariat…* Definieren Sie *uebfort* als abhängige Variable, *gruppe* und *tzeit* als feste Faktoren. Fordern Sie über den Schalter *Post Hoc…* für die Variable *gruppe* den Scheffé-Test an und über den Schalter *Optionen…* die Ausgabe von deskriptiven Statistiken.

Fordern Sie über den Schalter *Diagramme…* einen Profilplot an, wobei Sie unter *Horizontale Achse:* die Variable *gruppe* und unter *Separate Linien:* die Variable *tzeit* eintragen.

Stattdessen können Sie die Berechnungen auch mit folgender Syntax starten:

```
unianova uebfort by gruppe tzeit
 /posthoc=gruppe(scheffe)
 /plot=profile(gruppe*tzeit)
 /print=descriptive.
```

Möchten Sie die Analyse wie in Abschnitt 12.2 geschildert als Kovarianzanalyse rechnen, so geben Sie die Variable *tag1* als Kovariate an. In diesem Fall ist in SPSS aber die Ausführung eines Post-hoc-Tests nicht möglich. Die entsprechende Syntax ist:

```
unianova uebfort by gruppe tzeit with tag1
 /print=descriptive.
```

Falls Sie die in Abschnitt 12.4 geschilderte Varianzanalyse mit Messwiederholungsdesign rechnen möchten, treffen Sie die Menüwahl *Analysieren/Allgemeines lineares Modell/Meßwiederholung...* Den voreingestellten Namen des Innersubjektfaktors *faktor1* überschreiben Sie mit *zeit*. Setzen Sie die Anzahl der Stufen auf 2 und betätigen Sie die Schalter *Hinzufügen* und *Definieren*. Erklären Sie *tag1* und *tag2* zu Innersubjektvariablen sowie *gruppe* und *tzeit* zu Zwischensubjektfaktoren. Auch die Eingabe von *tag1* als Kovariate wäre möglich. Über die Schalter *Post Hoc...* und *Optionen...* können Sie den Scheffé-Test bzw. die Ausgabe deskriptiver Statistiken anfordern.

Die zugehörige Syntax ist

```
glm tag1 tag2 by gruppe tzeit
 /wsfactor=zeit(2)
 /posthoc=gruppe(scheffe)
 /print=descriptive.
```

Die Ausgabe des Programms ist etwas unübersichtlich; es werden sowohl die Ergebnisse der klassischen Methode nach Fisher als auch diejenigen des allgemeinen linearen Modells ausgegeben (siehe Abschnitt 12.6).

12.10 ZUSAMMENFASSUNG

- Varianzanalysen untersuchen die Abhängigkeit einer intervallskalierten Variablen von mehreren unabhängigen Variablen mit Nominal- bzw. Ordinalniveau (auch Faktoren genannt).
- Im Signifikanzfall kann mit so genannten Post-hoc-Tests überprüft werden, welche Faktorenkategorien (auch Faktorstufen genannt) sich signifikant voneinander unterscheiden.
- Fügt man bei den unabhängigen Variablen intervallskalierte Variablen hinzu, spricht man von einer Kovarianzanalyse.
- Ungleiche Zellenumfänge sind erlaubt, komplizieren aber die Rechenschritte.
- Eine Variante der Varianzanalyse ergibt sich, wenn Faktoren mit Messwiederholungsdesign vorliegen.
- Werden mehrere abhängige Variablen gleichzeitig untersucht, spricht man von multivariater Varianzanalyse.
- Neben der klassischen, auf R. A. Fisher zurückgehenden Methode gibt es den moderneren Ansatz des allgemeinen linearen Modells.

12.11 ÜBUNGEN

1. Insgesamt 36 Studierende nahmen an einem Zahlengedächtnistest teil, wobei sie in Natur- und Geisteswissenschaftler eingeteilt wurden. Ferner musste eine Hälfte die vorgesagte Ziffernkolonne vorwärts, die andere rückwärts wiederholen. Die folgende Tabelle enthält die Länge der Ziffernkolonnen, die maximal reproduziert werden konnten.

	vorwärts	**rückwärts**
Naturwissenschaftler	7 10 8 6 7 10 7 7 8	6 8 6 7 9 7 6 6 5
Geisteswissenschaftler	5 7 8 8 6 5 6 6 6	7 6 5 5 5 8 6 5 5

   Rechnen Sie eine Varianzanalyse, um zu klären, ob die Studienrichtung (Naturwissenschaftler, Geisteswissenschaftler) bzw. die Versuchsdurchführung (vorwärts, rückwärts) einen Einfluss auf die Gedächtnisleistung haben und ob es eine Wechselwirkung zwischen beiden gibt.

2. Rechnen Sie mit SPSS und den Daten der Datei hemmung.sav die in Abschnitt 12.3 beschriebene Kovarianzanalyse.
3. Rechnen Sie mit SPSS und den Daten der Datei hemmung.sav die in Abschnitt 12.5 beschriebene Varianzanalyse mit Messwiederholungsdesign.

13 FAKTORENANALYSE

Lernziele:

- → Eigenwerte und aufgeklärte Varianz
- → Faktorladungen
- → Faktorwerte

Die Faktorenanalyse ist ein Verfahren, das eine größere Anzahl von Variablen auf eine kleinere Anzahl hypothetischer Größen, *Faktoren* genannt, zurückführt. Diese Faktoren werden durch Variablengruppen gebildet, die untereinander stark korreliert sind, während zu verschiedenen Faktoren gehörige Variablen nur schwach oder gar nicht miteinander korrelieren. So soll die Faktorenanalyse weitgehend voneinander unabhängige Faktoren liefern, welche die Zusammenhänge zwischen den Variablen möglichst vollständig erklären.

Als Beispiel soll eine Befragung von 530 Urlauberinnen und Urlaubern in Kenia herangezogen werden, die unter anderem die Gründe für ihren Kenia-Urlaub nennen sollten. Auf einer Skala von 1 = „trifft gar nicht zu" bis 5 = „trifft völlig zu" sollten sie angeben, inwieweit die in Tabelle 13.1 aufgeführten sechzehn Gründe zutreffen. Die Daten sind in den Spalten 5 bis 20 der Textdatei kenia.txt bzw. in der SPSS-Datei kenia.sav gespeichert.

Offenbar werden mit diesen *Items* verschiedene Aspekte abgedeckt, unter denen man Urlaub machen kann. So zielen etwa die Items 2 und 16 auf das Interesse an der Natur ab; sie korrelieren höchst signifikant miteinander mit einem Korrelationskoeffizienten r = 0,372.

Die beiden Items 5 und 14 hingegen haben sportliche Betätigung zum Inhalt und korrelieren höchst signifikant mit $r = 0{,}304$. Hingegen gibt es keinerlei Zusammenhang zwischen den beiden Items 2 und 16 (Interesse an der Natur) einerseits und den beiden Items 5 und 14 (sportliche Betätigung) andererseits. Man wird von einer Faktorenanalyse also erwarten können, dass die beiden Itempaare in jeweils einen separaten Faktor (Variablengruppe) aufgenommen werden.

13.1 ERLÄUTERUNG DER RECHENSCHRITTE

Das Verfahren der Faktorenanalyse ist sehr rechenaufwendig, so dass man sich fragen muss, wie man ohne Hilfe eines Computers jemals eine Faktorenanalyse rechnen

	Befragung
1	preisgünstiges Angebot
2	Interesse an der Natur
3	kulturelle Sehenswürdigkeiten
4	schönes Wetter
5	gute Bade- und Sportmöglichkeiten
6	Mentalität der Einheimischen
7	gute Erholung
8	Tapetenwechsel
9	ausspannen, abschalten
10	auch mal bedient werden
11	Gelegenheit zu Bekanntschaften
12	Flirt und Liebe
13	braun werden
14	sich sportlich betätigen
15	etwas für die Bildung tun
16	Tier- und Pflanzenwelt kennen lernen

Tabelle 13.1: Gründe für einen Kenia-Urlaub

konnte. Ausgangspunkt der Faktorenanalyse ist die Matrix der Produkt-Moment-Korrelationen zwischen den beteiligten Variablen; dies bedeutet, dass auf alle Fälle nominalskalierte Variablen mit mehr als zwei Kategorien von der Analyse ausgeschlossen sind.

Zu dieser symmetrischen Korrelationsmatrix werden dann die so genannten *Eigenwerte* und die dazugehörigen *Eigenvektoren* bestimmt; das sind Größen, die in der Matrizenrechnung eine bestimmte Bedeutung haben. Dabei gibt es zu jeder Matrix so viele Eigenwerte (und damit Eigenvektoren), wie ihre Zeilen- bzw. Spaltenzahl angibt. Bezieht man also m Variablen in eine Faktorenanalyse ein, so werden auch m Eigenwerte bestimmt.

Die Eigenvektoren bilden die Faktoren, wobei ein zusätzliches so genanntes *Rotationsverfahren* (am gebräuchlichsten: orthogonale Rotation nach der Varimax-Methode) für Eindeutigkeit sorgt. Die Elemente der Eigenvektoren heißen *Faktorladungen*. Diese gelten als eigentliches Ergebnis der Faktorenanalyse. Dabei werden üblicherweise so viele Faktoren als relevant angesehen („extrahiert"), wie es Eigenwerte gibt, deren Betrag größer als 1 ist.

Werden k Faktoren extrahiert und bezeichnet man mit A die Matrix der Faktorladungen mit m Zeilen und k Spalten sowie mit R die gegebene quadratische Korrelationsmatrix (m Zeilen, m Spalten), so sollte die folgende Matrizengleichung, auch als das

Fundamentaltheorem der Faktorenanalyse bezeichnet, möglichst gut erfüllt sein:

$$\boldsymbol{R} = \boldsymbol{A} \cdot \boldsymbol{A}'$$

Dabei ist A' die zu A transponierte Matrix.

Das klingt alles recht verwirrend, daher sollen zur Verdeutlichung die Ergebnisse diskutiert werden, die zum Beispiel das Programmsystem SPSS anhand der gegebenen Datendatei liefert. Zunächst seien in Tabelle 13.2 die ermittelten Eigenwerte aufgelistet.

Faktor	Eigenwert	erklärte Varianz	kumulierte erklärte Varianz
1	1,922	12,0%	12,0%
2	1,501	9,4%	21,4%
3	1,267	7,9%	29,3%
4	1,222	7,6%	36,9%
5	1,139	7,1%	44,1%
6	1,032	6,4%	50,5%
7	0,975	6,1%	56,6%
8	0,928	5,8%	62,4%
9	0,919	5,7%	68,2%
10	0,865	5,4%	73,6%
11	0,823	5,1%	78,7%
12	0,778	4,9%	83,6%
13	0,760	4,7%	88,3%
14	0,722	4,5%	92,8%
15	0,615	3,8%	96,7%
16	0,533	3,3%	100,0%

Tabelle 13.2: Eigenwerte und erklärte Varianz

Die Eigenwerte sind in absteigender Folge sortiert. Sechs Eigenwerte sind größer als 1; daher werden sechs Faktoren extrahiert. Aus dem Betrag der Eigenwerte und der Eigenwertsumme kann der durch den betreffenden Faktor aufgeklärte Varianzanteil ermittelt werden. Dabei ist die Summe der Eigenwerte λ_l gleich der Anzahl m der Variablen:

$$\sum_{l=1}^{m} \lambda_l = m$$

Der vom Eigenwert λ_l aufgeklärte prozentuale Anteil der Varianz ist somit

$$\frac{\lambda_l}{m} \cdot 100$$

Beim ersten Faktor ergibt dies

$$\frac{1{,}922}{16} \cdot 100 = 12{,}0\,\%$$

Der erste Faktor, wie auch immer dieser sich zusammensetzt, erklärt also 12,0 % der Gesamtvarianz (d. h. der Gesamtinformation, die durch die 16 Items wiedergegeben wird), der zweite Faktor 9,4 %. Die kumulierte erklärte Varianz zeigt zum Beispiel, dass die ersten sechs Faktoren zusammen eine Varianzaufklärung von 50,5 % haben.

Die Bedeutung der sechs extrahierten Faktoren ist Tabelle 13.3 zu entnehmen, welche die Faktorladungen dieser Faktoren enthält.

Item	1. Faktor	2. Faktor	3. Faktor	4. Faktor	5. Faktor	6. Faktor
1	0,099	−0,066	−0,021	**0,382**	0,199	0,320
2	0,001	**0,811**	−0,059	0,149	−0,057	0,036
3	−0,128	0,005	0,081	**0,703**	0,076	−0,087
4	**0,578**	− 0,078	0,145	−0,180	0,151	0,235
5	0,265	0,071	**0,706**	0,014	0,076	−0,040
6	0,062	0,189	−0,053	0,096	**0,648**	−0,200
7	**0,469**	−0,020	−0,085	0,176	0,239	−0,444
8	**0,449**	0,140	−0,081	−0,063	0,423	0,105
9	**0,587**	−0,171	−0,060	0,114	−0,050	−0,077
10	**0,465**	0,197	0,048	0,188	−0,461	−0,053
11	−0,012	−0,069	0,136	0,097	**0,517**	0,137
12	0,096	0,008	−0,027	0,030	0,036	**0,799**
13	**0,534**	0,053	0,229	−0,042	−0,059	0,061
14	−0,063	−0,023	**0,836**	0,094	−0,014	0,027
15	0,082	0,062	0,028	**0,669**	−0,027	0,024
16	−0,074	**0,788**	0,107	−0,101	0,121	−0,051

Tabelle 13.3: Faktorladungen

Die Faktorladungen haben den Rang von Korrelationskoeffizienten und bewegen sich daher wie diese in den Grenzen zwischen −1 und +1. Betrachten Sie etwa Item 2, so korreliert dies mit Abstand am höchsten mit Faktor 2 („es lädt am höchsten auf Faktor 2“). Item 1 lädt am höchsten auf Faktor 4; die Faktorladung ist aber bei weitem nicht so hoch.

Um die einzelnen Items (Variablen) den sechs Faktoren zuzuordnen, suchen Sie zeilenweise die höchste Faktorladung heraus; in der Tabelle sind diese fett gedruckt. Auf diese Weise können Sie feststellen, aus welchen Variablenbündeln die einzelnen Faktoren bestehen. Diese seien in Tabelle 13.4 zusammengestellt.

Faktor	Items	Bedeutung
1	4	schönes Wetter
1	7	gute Erholung
1	8	Tapetenwechsel
1	9	ausspannen, abschalten
1	10	auch mal bedient werden
1	13	braun werden
2	2	Interesse an der Natur
2	16	Tier- und Pflanzenwelt kennen lernen
3	5	gute Bade- und Sportmöglichkeiten
3	14	sich sportlich betätigen
4	1	preisgünstiges Angebot
4	3	kulturelle Sehenswürdigkeiten
4	15	etwas für die Bildung tun
5	6	Mentalität der Einheimischen
5	11	Gelegenheit zu Bekanntschaften
6	12	Flirt und Liebe

Tabelle 13.4: Faktoren

Es ist nun an Ihnen, sozusagen ein „Aha-Erlebnis“ zu haben, die Faktorenzusammensetzung zu verstehen und die Faktoren mit einem Namen zu versehen. Dies dürfte im gegebenen Beispiel ohne große Mühe gelingen, wie Tabelle 13.5 zu entnehmen ist.

Faktor	Name
1	Erholung
2	Natur
3	Sport
4	Kultur und Bildung
5	Bevölkerung kennen lernen
6	Flirt und Liebe

Tabelle 13.5: Namen für die Faktoren

In den Faktor 4 (Kultur und Bildung) ist auch Item 1 (preisgünstiges Angebot) eingeflossen; dies kann so gedeutet werden, dass insbesondere Bildungsreisende auf ein preisgünstiges Angebot achten.

Zu bemerken ist, dass es auch negative Ladungen gibt. So lädt zum Beispiel Item 7 (gute Erholung) mit −0,444 recht stark negativ auf Faktor 6 (Flirt und Liebe). Dies bedeutet, dass Liebesurlauber auf gute Erholung ausdrücklich keinen Wert legen.

Wir haben also 16 Variablen (Items) auf 6 Faktoren zurückgeführt. So wie jeder Variablen fallweise ein Wert zugeordnet ist (nämlich ein ganzzahliger Score von 1 bis 5), so kann man auch jedem Faktor einen Wert zuordnen. Man spricht in diesem Zusammenhang von *Faktorwerten*; diese sind die Werte eines Falls in Bezug auf einen Faktor und haben die Bedeutung von z-Werten, bewegen sich also etwa im Bereich zwischen −3 und +3. Diese Faktorwerte sind so konstruiert, dass sich aus ihnen und aus den Faktorladungen die Variablenwerte wieder rekonstruieren lassen.

Für einige ausgewählte Fälle seien die berechneten Faktorwerte in Tabelle 13.6 angegeben.

Fall	Erholung	Natur	Sport	Bildung	Bevölkerung	Flirt
22	0,234	0,512	−1,203	−0,565	3,444	−0,421
41	2,663	−1,016	−0,347	−1,008	0,890	−0,587
56	−1,930	−0,165	2,506	−0,392	−1,163	−0,001
111	1,220	0,535	−0,532	3,276	0,244	0,057
123	1,739	−0,739	−0,785	0,055	0,386	3,423
444	−0,288	2,111	−1,238	2,263	1,020	−0,634

Tabelle 13.6: Faktorwerte ausgewählter Fälle

Bei Fall 22 handelt es sich um einen Urlauber, der vor allem Kontakt zur einheimischen Bevölkerung sucht. Erholung steht im Vordergrund für Urlauber 41, Sport für Urlauber 56, Kultur und Bildung für Urlauber 111 und ein Urlaubsflirt für Urlauber 123. Sowohl Interesse an der Natur als auch an Kultur und Bildung besteht bei Urlauber 444.

Mit Hilfe der Faktorenanalyse haben wir also die recht unübersichtliche Menge von sechzehn Variablen auf die überschaubare Anzahl von sechs Faktoren zurückgeführt, so dass die Faktorenanalyse auch als datenreduzierendes Verfahren bezeichnet wird. Die ermittelten Faktorwerte können Sie nun mit anderen Variablen, etwa mit den soziodemographischen Variablen des gegebenen Beispiels (Datei kenia.dat), in Beziehung bringen, um herauszufinden, wie sich die einzelnen Urlaubertypen zusammensetzen.

Ihren Ursprung hat die Faktorenanalyse in der Psychologie; sie wird dort auch heute noch am häufigsten eingesetzt. Als Anfang der Faktorenanalyse wird dabei allgemein eine Publikation von Spearman aus dem Jahre 1904 angesehen, die sich mit Intelligenzforschung beschäftigte. Mehrere Statistiker, unter ihnen Pearson, beeinflussten die Entwicklung, bis schließlich Thurstone die heutige Form der Faktorenanalyse mathematisch begründete.

Die Faktorenanalyse ist ein spannendes Verfahren, das seit dem Einsatz von Computern auch die Lösung größerer Probleme gestattet. Ihren Reiz macht nicht zuletzt die Denkarbeit aus, die bei der Deutung der Faktoren erbracht werden muss.

13.2 RECHNEN MIT SPSS

Laden Sie aus dem Internet die Datei kenia.sav. Wählen Sie aus dem Menü *Analysieren/Dimensionsreduktion/Faktorenanalyse...* Verschieben Sie die Variablen g1 bis g16 in das Variablenfeld. Deaktivieren Sie über den Schalter *Extraktion...* das Anzeigen der nicht rotierten Faktorlösung und aktivieren Sie über den Schalter *Rotation* die Varimax-Methode. Aktivieren Sie über den Schalter *Optionen...* die Ausgabe der Koeffizienten (Faktorladungen) sortiert nach Größe und fordern Sie über den Schalter *Werte...* sowie die Option *Als Variablen speichern* die Erzeugung von Faktorwerten an.

Stattdessen können Sie die Berechnungen auch mit folgender Syntax starten:

```
factor variables=g1 to g16
 /print=initial rotation
 /format=sort
 /save=reg(all).
```

Es werden die Eigenwerte mit zugehöriger Varianzaufklärung und die Faktorladungen in nach Größe sortierter Reihenfolge ausgegeben; ferner werden neue Variablen mit den Faktorwerten aller extrahierten Faktoren erzeugt.

13.3 ZUSAMMENFASSUNG

- Die Faktorenanalyse ist ein Verfahren, das eine größere Anzahl von Variablen auf eine kleinere Anzahl von Hintergrundgrößen, Faktoren genannt, zurückführt.
- Grundlage der Berechnungen ist die Korrelationsmatrix zwischen den Variablen.
- Die Eigenwerte der Korrelationsmatrix sind das Kriterium für die Anzahl der zu extrahierenden Faktoren und das Maß für den Anteil der aufgeklärten Varianz.
- Die Faktorladungen dienen zur Deutung der extrahierten Faktoren.
- Die Faktorwerte geben die Werte der Faktoren für die einzelnen Fälle wieder.

13.4 ÜBUNGEN

1. In der SPSS-Datendatei jugend.sav (entsprechende Textdatei: jugend.txt) ist der Auszug einer Befragung von 287 Schülern enthalten. Hierbei geben diese mit der Kodierung 1 = ja bzw. 2 = nein an, welche der folgenden 17 Eigenschaften sie ihrer Meinung nach besitzen: mutig, zickig, rechthaberisch, intelligent, cool, humorvoll, geizig, sportlich, sensibel, kompromissbereit, kontaktfreudig, gut aussehend, freundlich, zuverlässig, beliebt, ehrlich, treu.

   Rechnen Sie, zum Beispiel mit dem Programmsystem SPSS, mit diesen 17 Variablen eine Faktorenanalyse, um herauszufinden, in wie viele Faktoren diese Eigenschaften gebündelt werden können.

2. Der „Freiburger Fragebogen zur Krankheitsverarbeitung“ beschreibt in 35 Items mögliche Handlungsweisen, welche Aufschluss über die Krankheitsverarbeitung von Patienten geben. Der behandelnde Psychologe soll auf einer Fünfer-Skala von 1 (gar nicht) bis 5 (sehr stark) vermerken, wie stark die jeweils beschriebene Handlungsweise auf den von ihm betreuten Patienten zutrifft. Nachfolgend sind die einzelnen Items zusammengestellt.

1 Informationen über Erkrankung und Behandlung suchen
2 Nicht-wahrhaben-Wollen des Geschehenen
3 Herunterspielen der Bedeutung und Tragweite
4 Wunschdenken und Tagträumen nachhängen
5 Sich selbst die Schuld geben
6 Andere verantwortlich machen
7 Aktive Anstrengungen zur Lösung des Problems unternehmen
8 Einen Plan machen und danach handeln
9 Ungeduldig und gereizt auf andere reagieren
10 Gefühle nach außen zeigen
11 Gefühle unterdrücken, Selbstbeherrschung
12 Stimmungsverbesserung durch Alkohol oder Beruhigungsmittel
13 Sich mehr gönnen
14 Sich vornehmen, intensiver zu leben
15 Entschlossen gegen die Krankheit ankämpfen
16 Sich selbst bemitleiden
17 Sich selbst Mut machen
18 Erfolge und Selbstbestätigung suchen
19 Sich abzulenken versuchen
20 Abstand zu gewinnen versuchen
21 Die Krankheit als Schicksal annehmen
22 Ins Grübeln kommen
23 Trost im Glauben suchen
24 Versuch, in der Krankheit einen Sinn zu sehen
25 Sich damit trösten, dass es andere noch schlimmer getroffen hat
26 Mit dem Schicksal hadern
27 Genau den ärztlichen Rat befolgen
28 Vertrauen in die Ärzte setzen
29 Die Diagnose überprüfen lassen, andere Ärzte aufsuchen
30 Anderen Gutes tun
31 Galgenhumor entwickeln
32 Hilfe anderer in Anspruch nehmen
33 Sich umsorgen lassen
34 Sich von anderen Menschen zurückziehen
35 Sich auf frühere Erfahrungen besinnen

Hieraus wurden fünf Skalen gebildet, die nachfolgend erklärt sind.

Skala	Benennung	Items
F1	Depressive Verarbeitung	9, 16, 22, 26, 34
F2	Aktives Coping	1, 7, 8, 14, 15
F3	Ablenkung und Selbstaufbau	13, 17, 18, 19, 20
F4	Religiosität und Sinnsuche	21, 23, 24, 25, 30
F5	Bagatellisierung und Wunschdenken	2, 3, 4

In der SPSS-Datendatei fkv.sav (entsprechende Textdatei: fkv.txt) sind die Daten von 160 Patienten enthalten. Können Sie mit einer Faktorenanalyse diese Skalenbildung verifizieren?

14

Reliabilitäts-analyse

Lernziele:

- ➔ Richtig-Falsch-Aufgaben, Stufen-Antwort-Aufgaben
- ➔ Schwierigkeitsindex
- ➔ Trennschärfenkoeffizient
- ➔ Itemstreuung, Selektionskennwert
- ➔ Reliabilität, Validität

Die Reliabilitätsanalyse (auch: Itemanalyse, Aufgabenanalyse) hat ihr Anwendungsgebiet in der Psychologie und Psychiatrie und beschäftigt sich mit der Zusammenstellung von einzelnen Items (Fragen, Aufgaben) zu einem Test. Sie prüft nach verschiedenen Kriterien, welche Items sich für den Gesamttest als brauchbar und welche als unbrauchbar erweisen.

Zu diesem Zweck bietet man bei einer Stichprobe von Probanden eine Testvorform mit allen erdachten Items an und führt dann eine Reliabilitätsanalyse durch. Anhand der Ergebnisse dieser Analyse nimmt man unbrauchbare Aufgaben heraus und stellt die übrig bleibenden zur Testendform zusammen.

Dabei wird hier „Test“ nicht als statistisches Prüfverfahren verstanden, sondern als ein Verfahren zur Untersuchung eines Persönlichkeitsmerkmals. Lienert definiert in seinem grundlegenden Buch „Testaufbau und Testanalyse“ wie folgt: „Ein Test ist ein wissenschaftliches Routineverfahren zur Untersuchung eines oder mehrerer abgrenzbarer Persönlichkeitsmerkmale mit dem Ziel einer möglichst quantitativen Aussage über den relativen Grad der individuellen Merkmalsausprägung“. Die Tests werden dabei unterteilt in Intelligenztests, Leistungstests und Persönlichkeitstests.

Die einzelnen Testaufgaben kann man dabei in zwei Kategorien einteilen:

- Aufgaben, bei denen genau eine Antwort richtig, die anderen falsch sind (in der Regel Richtig-Falsch-Aufgaben mit zwei Antwortkategorien)
- Stufen-Antwort-Aufgaben

Zu jeder dieser beiden Aufgabenarten soll die Reliabilitätsanalyse im Folgenden anhand eines Beispiels erläutert werden.

14.1 RICHTIG-FALSCH-AUFGABEN

Es soll ein Test entwickelt werden, der die Probanden danach beurteilt, inwieweit sie zu „zielgerichtetem Handeln“ in der Lage sind. Dazu hat sich jemand die folgenden Fragen ausgedacht, die jeweils mit „stimmt“ oder „stimmt nicht“ beantwortet werden sollen.

1. Ich besitze die Kraft und die Fähigkeit, mein Leben zu meistern.
2. Wenn etwas Unangenehmes auf mich zukommt, versuche ich mich schnell zurückzuziehen.
3. Manchmal fühle ich mich wie in einer Sackgasse, in der es nicht mehr weitergeht.
4. Ich verbringe mehr Zeit damit, mich auf das Leben vorzubereiten, als es tatsächlich zu leben.
5. Ich habe stets Angst davor, mich zu blamieren.
6. Hinsichtlich meines Lebensziels fühle ich mich sicher und entschlossen.
7. Im Großen und Ganzen bin ich der Welt gegenüber positiv eingestellt.
8. Ich habe ein festes Lebensziel, das sich anzustreben lohnt.
9. Ich habe ständig das Gefühl der Freudlosigkeit.
10. Ich würde mich als einen ehrgeizigen Menschen bezeichnen.
11. Ich habe eine große Ausdauer, wenn es gilt, ein gestecktes Ziel zu erreichen.
12. Mein Blick in die Zukunft wird mehr von Ängsten, Wünschen und Hoffnungen bestimmt als von Tatsachen.
13. Mit den Aussichten, die mir das Leben bietet, bin ich durchaus zufrieden.
14. Gewöhnlich kann ich genügend Selbstbeherrschung aufbringen, die angestrebten Ziele zu erreichen.
15. Ständig verlangten mir meine Eltern große Leistungen ab.
16. Ich weiß wirklich nicht, ob ich diese unsere Welt bejahen oder ablehnen soll.
17. Oft habe ich ein Gefühl der Gleichgültigkeit, obwohl doch alles in bester Ordnung ist.
18. Manchmal erledige ich mehr, als man von mir verlangt.

Mit allen diesen Items soll herausgefunden werden, inwieweit ein Proband in der Lage ist, zielgerichtet zu handeln. Dabei soll für jede „richtige“ Antwort ein Punkt vergeben werden, so dass der Gesamttest einen Score (Gesamtpunktwert) liefert, der theoretisch zwischen 0 (keine einzige richtige Antwort) bis 18 (alle Antworten richtig) liegen kann.

Dabei ist eine „richtige" Antwort nicht unbedingt eine „stimmt"-Antwort. Eine richtige Antwort ist vielmehr eine solche, die im Sinne des untersuchten Persönlichkeitsmerkmals gegeben wurde. Beim ersten Item ist dies die Antwort „stimmt", beim zweiten Item ist es aber offensichtlich die Antwort „stimmt nicht". Diese „Polung" der einzelnen Items ist Tabelle 14.1 zu entnehmen.

Item	Richtigantwort
1	stimmt
2	stimmt nicht
3	stimmt nicht
4	stimmt nicht
5	stimmt nicht
6	stimmt
7	stimmt
8	stimmt
9	stimmt nicht
10	stimmt
11	stimmt
12	stimmt nicht
13	stimmt
14	stimmt
15	stimmt
16	stimmt nicht
17	stimmt nicht
18	stimmt

Tabelle 14.1: Polung der Items

Ein solcher Wechsel in der Polung ist durchaus empfehlenswert. Bei Anwendung eines Computerprogramms wie zum Beispiel SPSS, das bei der Reliabilitätsanalyse den Gesamtpunktwert automatisch berechnet, sind vor Durchführung dieser Analyse die anders gepolten Items entsprechend umzucodieren.

Die mit diesen 18 Items konzipierte Testvorform wurde einem Kollektiv von 152 Probanden vorgelegt. Die Antworten auf die einzelnen Items wurden mit 0 (stimmt nicht) und 1 (stimmt) vercodet und in der Datei ziel.txt (bzw. der SPSS-Datei ziel.sav) gespeichert. Die Werte der ersten zehn Probanden seien im Folgenden aufgeführt.

```
1 111111110111110111
2 100000110110110011
3 110111110110111111
```

```
 4 1001011100101111101
 5 0110001111100010111
 6 0111111011111110011
 7 1000011101101100001
 8 0111101001110010111
 9 0111101011110011111
10 0111100111011111111
```

Den Gesamtpunktwert jedes Probanden erhalten Sie, indem Sie auszählen, wie viele Richtig-Antworten er (unter Berücksichtigung der Aufgabenpolung) gegeben hat. Die Gesamtpunktwerte der ersten fünf Probanden sind in Tabelle 14.2 wiedergegeben.

Proband	Gesamtpunktwert
1	10
2	15
3	13
4	15
5	9

Tabelle 14.2: Gesamtpunktwerte

Zielgerichtetes Handeln ist also bei den Probanden 2 und 4 besonders stark ausgeprägt, weniger stark bei Proband 5.

Im Folgenden sollen die Begriffe erläutert werden, welche die Brauchbarkeit der einzelnen Items und die Reliabilität des Gesamttests beschreiben. Zur Beurteilung der einzelnen Items dienen dabei vor allem der Schwierigkeitsindex und der Trennschärfenkoeffizient.

14.1.1 SCHWIERIGKEITSINDEX

Das einfachste Kriterium zur Beurteilung der Brauchbarkeit eines Items ist der prozentuale Anteil der Richtig-Antworten. Haben alle Probanden „richtig" geantwortet, ist das Item schließlich ebenso unbrauchbar, wie wenn kein Proband „richtig" geantwortet hätte. Daher sollten Items mit sehr vielen bzw. mit sehr wenigen Richtig-Antworten herausgenommen werden.

Ist n die Anzahl der Probanden, m die Anzahl der Items und R_j die Anzahl der Richtig-Antworten des j-ten Items, so berechnet sich der Schwierigkeitsindex P_j des j-ten Items zu

$$P_j = \frac{R_j}{n} \cdot 100 \qquad j = 1, \ldots m$$

Die Anzahlen der richtigen und falschen Antworten und der Schwierigkeitsindex sind für jedes Item in Tabelle 14.3 aufgeführt.

Item	richtige Antworten	falsche Antworten	Schwierigkeitsindex
1	59	93	38,8 %
2	70	82	46,1 %
3	44	108	28,9 %
4	75	77	49,3 %
5	53	99	34,9 %
6	81	71	53,3 %
7	111	41	73,0 %
8	113	39	74,3 %
9	106	46	69,7 %
10	73	79	48,0 %
11	91	61	59,9 %
12	55	97	36,2 %
13	80	72	52,6 %
14	104	48	68,4 %
15	51	101	33,6 %
16	86	66	56,6 %
17	58	94	38,2 %
18	114	38	75,0 %

Tabelle 14.3: Schwierigkeitsindizes

Den höchsten Schwierigkeitsindex hat Item 18. Es wurde von 75,0 % der Probanden mit „richtig" beantwortet. Auf diesen paradoxen Zustand, dass ein Item mit hohem Schwierigkeitsindex leicht zu beantworten ist, sei hingewiesen.

Es wird empfohlen, Items mit einem Schwierigkeitsindex kleiner als 20 % oder größer als 80 % zu eliminieren. Solche Schwierigkeitsindizes kommen aber im gegebenen Beispiel nicht vor.

14.1.2 Trennschärfenkoeffizient

Der Trennschärfenkoeffizient als wichtigstes Kriterium zur Beurteilung der Brauchbarkeit eines Items gibt an, wie gut das betreffende Item zwischen „guten" und „schlechten" Probanden trennt; er ist die Korrelation zwischen der Aufgabenantwort (richtig bzw. falsch) und dem Gesamtpunktwert. Im Falle von Richtig-Falsch-Aufgaben bietet sich hierfür die punktbiseriale Korrelation an. Ferner wird empfohlen, bei der Berechnung des Trennschärfenkoeffizienten eines Items dieses Item bei der Bestimmung des Gesamtpunktwerts jeweils auszulassen; so wird das betreffende Item jeweils mit dem Gesamttest ohne dieses Item korreliert.

Der Trennschärfenkoeffizient eines Items ist danach definiert durch

$$T = \frac{\overline{x}_r - \overline{x}_f}{n \cdot s} \cdot \sqrt{n_r \cdot n_f}$$

Seine Signifikanzüberprüfung erfolgt über die t-verteilte Prüfgröße

$$t = |T| \cdot \sqrt{\frac{n_r + n_f - 2}{1 - T^2}}$$

bei $df = n_r + n_f - 2$ Freiheitsgraden.

Dabei ist n_r die Anzahl der Richtig-Antworten des Items, n_f die Anzahl der Falsch-Antworten. $\overline{x}_r$ ist der Mittelwert des Gesamtpunktwerts für diejenigen Probanden, die eine Richtig-Antwort gegeben haben, $\overline{x}_f$ der Mittelwert des Gesamtpunktwerts für diejenigen Probanden, die eine Falsch-Antwort gegeben haben. Ferner ist s die Standardabweichung des Gesamtpunktwerts über alle Probanden. Es sei noch einmal darauf hingewiesen, dass bei der Bestimmung des Gesamtpunktwerts das betreffende Item ausgelassen werden sollte.

Zum Beispiel ergibt sich für das erste Item

$$n_r = 59 \qquad n_f = 93 \qquad \overline{x}_r = 11{,}729 \qquad \overline{x}_f = 7{,}237 \qquad s = 4{,}239$$

Damit wird

$$T = \frac{11{,}729 - 7{,}237}{(59 + 93) \cdot 4{,}239} \cdot \sqrt{59 \cdot 93} = 0{,}516$$

Die Signifikanzüberprüfung ergibt

$$t = 0{,}516 \cdot \sqrt{\frac{59 + 93 - 2}{1 - 0{,}516^2}} = 7{,}378$$

Dies ist, wie die t-Tabelle ausweist, bei $df = 59 + 93 - 2 = 150$ Freiheitsgraden ein höchst signifikanter Wert.

Die Trennschärfenkoeffizienten aller Items sind in Tabelle 14.4 enthalten. Mit Ausnahme von Item 15 sind alle Trennschärfenkoeffizienten sehr bzw. höchst signifikant.

Das Item 15 („Ständig verlangten mir meine Eltern große Leistungen ab") ist überhaupt nicht trennscharf und muss unbedingt eliminiert werden. Auch Item 18 fällt in der Trennschärfe erheblich ab und sollte ebenso ausgeschlossen werden.

Trennschärfenkoeffizient und Schwierigkeitsindex sind nicht unabhängig voneinander. Trägt man in einem Streudiagramm die Trennschärfe in Abhängigkeit vom Schwierigkeitsindex auf, so erkennt man einen parabelförmigen Zusammenhang. Die Trennschärfe ist für mittlere Schwierigkeitsindizes am größten, während sie für niedrige und hohe Schwierigkeitsindizes abfällt. Im gegebenen Beispiel haben die Items 8 und 18 die höchsten Schwierigkeitsindizes und, wenn man vom völlig daneben liegenden Item 15 absieht, gleichzeitig die niedrigsten Trennschärfen.

Item	Trennschärfenkoeffizient
1	0,516
2	0,553
3	0,438
4	0,432
5	0,459
6	0,515
7	0,453
8	0,320
9	0,543
10	0,384
11	0,611
12	0,626
13	0,483
14	0,601
15	−0,011
16	0,373
17	0,374
18	0,251

Tabelle 14.4: Trennschärfenkoeffizienten

14.1.3 Itemstreuungen und Selektionskennwerte

Die Streuungen der einzelnen Items können nach der üblichen Formel der Standardabweichung berechnet werden (siehe Kapitel 2.5.1), wobei als Messwerte nur 0 und 1 auftreten. Sie können bei dichotomen Richtig-Falsch-Aufgaben aber auch unmittelbar aus den Schwierigkeitsindizes P_j bestimmt werden:

$$s_j = \sqrt{\frac{P_j}{100} \cdot (1 - \frac{P_j}{100})} \qquad j = 1, \ldots, m$$

Für das erste Item ergibt sich damit

$$s_1 = \sqrt{0{,}388 \cdot (1 - 0{,}388)} = 0{,}487$$

Die größte Streuung besteht bei einem Schwierigkeitsindex von 50 %; sie hat dann den Wert 0,5.

Zusammen mit der Trennschärfe kann man die Itemstreuung zu einem so genannten Selektionskennwert verrechnen:

$$S_j = \frac{T_j}{2 \cdot s_j} \qquad j = 1, \ldots, m$$

Für das erste Item wird

$$S_1 = \frac{0{,}516}{2 \cdot 0{,}487} = 0{,}529$$

Die Streuungen und Selektionskennwerte aller Items sind in Tabelle 14.5 enthalten.

Item	Streuung	Selektionskennwert
1	0,487	0,529
2	0,498	0,555
3	0,453	0,483
4	0,500	0,432
5	0,477	0,481
6	0,499	0,516
7	0,444	0,510
8	0,437	0,366
9	0,460	0,591
10	0,500	0,384
11	0,490	0,623
12	0,481	0,651
13	0,499	0,484
14	0,465	0,646
15	0,472	−0,012
16	0,496	0,376
17	0,486	0,385
18	0,433	0,290

Tabelle 14.5: Streuungen und Selektionskennwerte

Die Items mit den kleinsten Selektionskennwerten sind gegebenenfalls zu eliminieren, hier also Item 15 und eventuell Item 18.

14.1.4 Reliabilität und Validität des Gesamttests

Folgt man der Definition von Lienert, so versteht man unter der *Reliabilität* eines Tests den Grad der Genauigkeit, mit dem er ein bestimmtes Persönlichkeits- oder Verhaltensmerkmal misst, gleichgültig, ob er dieses Merkmal auch zu messen beansprucht.

Letzteres ist eine Sache der *Validität*. Diese gibt den Grad der Genauigkeit an, mit dem der Test dasjenige Persönlichkeits- oder Verhaltensmerkmal, das er messen soll oder zu messen vorgibt, auch tatsächlich misst.

Die Reliabilität wird über den *Reliabilitätskoeffizienten* gemessen, dessen Wert zwischen 0 und 1 liegt und zu dessen Bestimmung es mehrere Ansätze gibt.

Bei der *Retest-Reliabilität* wird ein und derselbe Test einer Stichprobe zweimal vorgelegt. Der Reliabilitätskoeffizient ist dann die Korrelation zwischen den beiden Testergebnissen (Gesamtpunktwerten). Diese Methode ist nicht sonderlich empfehlenswert, da insbesondere bei einem zu kurzen Zeitraum zwischen den beiden Testdarbietungen die gegebenen Antworten noch erinnert werden können und daher die Reliabilität zu hoch ausfällt. Mit der zweimaligen Darbietung des Tests ist auch ein erheblicher Mehraufwand verbunden.

Mit einer einmaligen Testdarbietung kommt die *Split-half-Methode* aus. Die Menge der Items wird in zwei Hälften geteilt, wobei es hierzu wiederum mehrere Vorschläge gibt. Zum Beispiel kann die erste Hälfte der Items der zweiten Hälfte so gegenübergestellt werden, dass aus beiden Hälften ein Gesamtpunktwert bestimmt und dann diese beiden Gesamtpunktwerte miteinander korreliert werden. Hierfür bietet sich der Rangkorrelationskoeffizient nach Spearman an, der im gegebenen Beispiel den Wert 0,669 hat. Auch diese Methode ist nicht recht befriedigend, weil sich je nach Halbierungsverfahren andere Koeffizienten ergeben.

Üblich ist ein Koeffizient, der als *Cronbachs Alpha* bezeichnet wird und der sich aus den Itemstreuungen s_j und der Streuung s des Gesamtpunktwerts berechnet:

$$\alpha = \frac{m}{m-1} \cdot \left(1 - \frac{\sum_{j=1}^{m} s_j^2}{s^2}\right)$$

Hohe Itemstreuungen wirken nach dieser Formel zu Lasten und eine hohe Gesamtpunktwertstreuung zu Gunsten des Reliabilitätskoeffizienten. Im gegebenen Beispiel wird

$$\alpha = \frac{18}{18-1} \cdot \left(1 - \frac{4{,}095}{4{,}512^2}\right) = 0{,}846$$

Dies ist ein guter Wert, der noch verbessert wird, wenn aus der durchgeführten Reliabilitätsanalyse die richtige Konsequenz gezogen und die beiden Items 15 und 18 eliminiert werden. Die Testendform besteht dann aus sechzehn Items; für den Reliabilitätskoeffizienten ergibt sich dann der Wert $\alpha = 0{,}859$.

Die Validität kann nur bestimmt werden, wenn ein entsprechendes Außenkriterium vorliegt. Dieses ist eine schon vorliegende, als gültig anerkannte Beurteilung hinsichtlich des untersuchten Persönlichkeitsmerkmals. Fehlt ein solches Außenkriterium,was in vielen Fällen so sein wird, kann die Validität nicht bestimmt werden.

14.2 STUFEN-ANTWORT-AUFGABEN

Bei dieser Aufgabenart werden nicht Richtig-Falsch-Antworten gegeben, sondern Antworten, die eine bestimmte Gradausprägung angeben. So werden zum Beispiel im „Trierer Persönlichkeitsfragebogen“ anhand von insgesamt 120 Items neun Persönlichkeitsmerkmale abgefragt, unter ihnen zwölf Items zum Merkmal „Selbstwertgefühl“. Diese sind codiert mit 1 = nie, 2 = manchmal, 3 = oft und 4 = immer und im Folgenden aufgeführt.

1. Ich bin davon überzeugt, dass man mich sehr mögen kann.
2. Ich bin unbeschwert und gut aufgelegt.
3. Ich finde mich sehr sympathisch.
4. Ich bin wunschlos glücklich und in völligem Einklang mit mir und meiner Umwelt.
5. Ich bin unbekümmert und sorglos.
6. Ich bin ein ruhiger, ausgeglichener Mensch.
7. Ich bin offen für Kritik an meiner Person.
8. Wenn etwas schief gelaufen ist, sage ich mir, das wird sich mit der Zeit schon wieder einrenken.
9. Ich bin stolz auf meinen Körper.
10. Meine Art kommt bei anderen gut an.
11. Ich habe das Gefühl, dass die meisten Menschen mich gerne mögen.
12. Wenn mich irgendetwas vorübergehend innerlich erregt oder aus dem Gleichgewicht gebracht hat, werde ich schneller damit fertig als andere.

Die Items sind alle gleich gepolt, so dass der Gesamtpunktwert einfach als Summe der Codierungen bestimmt werden kann und eine vorherige Umpolung einzelner Items nicht notwendig ist.

Es gelten die gleichen Begriffe wie bei den Richtig-Falsch-Aufgaben. Etwas geändert haben sich die Berechnungsarten.

Die an 117 Probanden erhobenen Daten des Beispiels sind in der Datei tpf.txt enthalten (bzw. in der SPSS-Datei tpf.sav), deren erste zehn Zeilen im Folgenden aufgelistet sind.

```
 1 222221221222
 2 231223212231
 3 322111322221
 4 232322322222
 5 434213421232
 6 324112333331
 7 222312322322
 8 334223324232
 9 433211442211
10 223222332322
```

Da es eine genau definierte Richtig-Antwort nicht mehr gibt, ist für den *Schwierigkeitsindex* eine modifizierte Formel zu verwenden:

$$P_j = \frac{\overline{x}_j - x_{\min}}{x_{\max} - x_{\min}} \cdot 100 \qquad j = 1, \ldots, m$$

Dabei sind die $\overline{x}_j$ die Mittelwerte der m Items über die n Probanden. $x_{\min}$ und $x_{\max}$ bezeichnen die kleinste bzw. größte Item-Codierung (hier 1 bzw. 4).

Zum Beispiel ist für das erste Item $\overline{x}_1 = 2{,}735$; damit wird sein Schwierigkeitsindex

$$P_1 = \frac{2{,}275 - 1}{4 - 1} \cdot 100 = 57{,}8\ \%$$

Als *Trennschärfenkoeffizient* bietet sich die Rangkorrelation nach Spearman zwischen dem betreffenden Item-Wert und dem Gesamtpunktwert an. Hier ist bei der Bestimmung des Gesamtpunktwerts das betreffende Item wieder auszulassen.

Die *Itemstreuungen* werden nach der üblichen Formel für die Standardabweichung berechnet; zusammen mit den Trennschärfekoeffizienten können auch hier die *Selektionskennwerte* bestimmt werden.

Für jedes Item sind in Tabelle 14.6 die Mittelwerte, Schwierigkeitsindizes, Trennschärfen, Streuungen und Selektionskennwerte aufgeführt.

Item	Mittelwert	Schwierigkeits-index	Trennschärfe	Streuung	Selektions-kennwert
1	2,735	57,8 %	0,445	0,635	0,350
2	2,795	59,8 %	0,511	0,534	0,478
3	2,547	51,6 %	0,385	0,737	0,261
4	2,316	43,9 %	0,388	0,739	0,263
5	2,162	38,7 %	0,469	0,682	0,344
6	2,573	52,4 %	0,383	0,769	0,249
7	2,803	60,1 %	0,186	0,757	0,123
8	2,282	42,7 %	0,075	0,680	0,055
9	2,205	40,2 %	0,309	0,836	0,185
10	2,539	51,3 %	0,581	0,595	0,488
11	2,641	54,7 %	0,621	0,636	0,488
12	2,086	36,2 %	0,137	0,664	0,103

Tabelle 14.6: Zusammenstellung der Ergebnisse

Aufgrund der gegebenen Trennschärfenkoeffizienten und der damit eng verbundenen Selektionskennwerte sollten die Items 7, 8 und 12 aus dem Test eliminiert werden. Dabei soll ausdrücklich angemerkt werden, dass der an hoher Fallzahl entwickelte Trierer Persönlichkeitsfragebogen mit dieser recht kleinen Stichprobe nicht in Frage gestellt werden soll.

Der Reliabilitätskoeffizient in der Form von *Cronbachs Alpha* wird wie bei den Richtig-Falsch-Aufgaben berechnet. Für die Testform mit allen zwölf Items ergibt sich hierfür $\alpha = 0{,}732$; eliminiert man die Items 7, 8 und 12, verbessert sich der Wert auf $\alpha = 0{,}789$.

14.3 RECHNEN MIT SPSS

Das Programmsystem SPSS ermöglicht in einfacher Weise die Durchrechnung einer Reliabilitätsanalyse. Dabei können sowohl Richtig-Falsch-Aufgaben (mit zwei Kategorien) als auch Stufen-Antwort-Aufgaben (mit mehr als zwei Kategorien) analysiert werden. Unbedingt zu beachten ist, dass vor Beginn der eigentlichen Analyse gegebenenfalls entgegengesetzt gepolte Items umcodiert werden müssen.

Um das Beispiel aus Abschnitt 14.1 mit SPSS zu rechnen, laden Sie die Datei ziel.sav aus dem Internet. Zunächst müssen Sie die Umcodierung der Items 2, 3, 4, 5, 9, 12, 16 und 17 vornehmen. Dies gelingt mit Hilfe der Menüwahl *Transformieren/ Umcodieren/In dieselben Variablen...* oder mit folgender Syntax:

```
recode z2, z3, z4, z5, z9, z12, z16, z17 (0=1) (1=0).
execute.
```

Treffen Sie die Menüwahl *Analysieren/Skalieren/Reliabilitätsanalyse...* und verschieben Sie die Variablen z1 bis z18 in das Itemfeld. Über den Schalter *Statistik...* aktivieren Sie unter *Deskriptive Statistiken für* die Optionen *Item* und *Skala wenn Item gelöscht*.

Stattdessen können Sie die Berechnungen auch mit folgender Syntax starten:

```
reliability variables=z1 to z18
 /statistics=descriptive
 /summary=total.
```

Die Ausgabe umfasst neben dem Wert für Cronbachs Alpha unter der Bezeichnung *Corrected Item-Total Correlation* die Trennschärfenkoeffizienten.

Leider wird der Schwierigkeitsindex der einzelnen Items nicht ausgegeben. Sie können diesen aber den Häufigkeitstabellen der Variablen z1 bis z18 entnehmen, die Sie über die Menüwahl *Analysieren/Deskriptive Statistiken/Häufigkeiten...* erstellen können.

14.4 ZUSAMMENFASSUNG

- Die Reliabilitätsanalyse beschäftigt sich mit der Zusammenstellung von einzelnen Items zu einem Gesamttest, wobei es sich bei den Items um Richtig-Falsch-Aufgaben mit zwei Antwortkategorien oder um Stufen-Antwort-Aufgaben mit mehr als zwei Antwortkategorien handeln kann.
- Die Brauchbarkeit der einzelnen Items wird nach dem Schwierigkeitsindex, dem Trennschärfenkoeffizienten und dem Selektionskennwert beurteilt. Begriffe zur Beurteilung des Gesamttests sind Reliabilität und Validität.

14.5 ÜBUNGEN

Der Chef einer Firma möchte die Arbeitszufriedenheit seiner Angestellten ermitteln und entwirft einen Fragebogen mit folgenden Aussagen, die mit Hilfe einer vorgegebenen Skala von 1 (stimmt vollkommen) bis 5 (trifft gar nicht zu) zu beantworten sind. Die einzelnen Aussagen sind nachfolgend zusammengestellt.

1 Mir gefällt meine Arbeit.
2 Meine Arbeit belastet mich.
3 Meine Arbeit ist sinnvoll.
4 Meine Arbeit ist interessant.
5 Ich bin stolz auf meine Arbeit.
6 Ich kann bei meiner Arbeit eigene Ideen einbringen.
7 Bei meiner Arbeit kann ich auch mal kürzer treten.
8 Ich bin entsprechend meinen Fähigkeiten eingesetzt.
9 Für meine Arbeit werde ich leistungsgerecht bezahlt.
10 Ich bin mit meiner Arbeitszeitregelung zufrieden.
11 Meine Arbeit ist stressig.
12 Ich würde meine Arbeitssituation gerne verändern.
13 Ich würde lieber den Arbeitgeber wechseln.

In der SPSS-Datendatei arbeit.sav (entsprechende Textdatei: arbeit.txt) sind unter den Variablen a1 bis a13 die entsprechenden Daten von 150 Arbeitnehmern enthalten. Berechnen Sie mit SPSS Cronbachs Alpha und die Trennschärfenkoeffizienten der einzelnen Items.

A TABELLEN

Tabelle 1

z-Tabelle

z	$\Phi(z)$	$\Phi(-z)$	p	z	$\Phi(z)$	$\Phi(-z)$	p
0,00	0,50000	0,50000	1,000	0,35	0,63683	0,36317	0,726
0,01	0,50399	0,49601	0,992	0,36	0,64058	0,35942	0,719
0,02	0,50798	0,49202	0,984	0,37	0,64431	0,35569	0,711
0,03	0,51197	0,48803	0,976	0,38	0,64803	0,35197	0,704
0,04	0,51595	0,48405	0,968	0,39	0,65173	0,34827	0,697
0,05	0,51994	0,48006	0,960	0,40	0,65542	0,34458	0,689
0,06	0,52392	0,47608	0,952	0,41	0,65910	0,34090	0,682
0,07	0,52790	0,47210	0,944	0,42	0,66276	0,33724	0,674
0,08	0,53188	0,46812	0,936	0,43	0,66640	0,33360	0,667
0,09	0,53586	0,46414	0,928	0,44	0,67003	0,32997	0,660
0,10	0,53983	0,46017	0,920	0,45	0,67364	0,32636	0,653
0,11	0,54380	0,45620	0,912	0,46	0,67724	0,32276	0,646
0,12	0,54776	0,45224	0,904	0,47	0,68082	0,31918	0,638
0,13	0,55172	0,44828	0,897	0,48	0,68439	0,31561	0,631
0,14	0,55567	0,44433	0,889	0,49	0,68793	0,31207	0,624
0,15	0,55962	0,44038	0,881	0,50	0,69146	0,30854	0,617
0,16	0,56356	0,43644	0,873	0,51	0,69497	0,30503	0,610
0,17	0,56749	0,43251	0,865	0,52	0,69847	0,30153	0,603
0,18	0,57142	0,42858	0,857	0,53	0,70194	0,29806	0,596
0,19	0,57535	0,42465	0,849	0,54	0,70540	0,29460	0,589
0,20	0,57926	0,42074	0,841	0,55	0,70884	0,29116	0,582
0,21	0,58317	0,41683	0,834	0,56	0,71226	0,28774	0,575
0,22	0,58706	0,41294	0,826	0,57	0,71566	0,28434	0,569
0,23	0,59095	0,40905	0,818	0,58	0,71904	0,28096	0,562
0,24	0,59483	0,40517	0,810	0,59	0,72240	0,27760	0,555
0,25	0,59871	0,40129	0,803	0,60	0,72575	0,27425	0,549
0,26	0,60257	0,39743	0,795	0,61	0,72907	0,27093	0,542
0,27	0,60642	0,39358	0,787	0,62	0,73237	0,26763	0,535
0,28	0,61026	0,38974	0,779	0,63	0,73565	0,26435	0,529
0,29	0,61409	0,38591	0,772	0,64	0,73891	0,26109	0,522
0,30	0,61791	0,38209	0,764	0,65	0,74215	0,25785	0,516
0,31	0,62172	0,37828	0,757	0,66	0,74537	0,25463	0,509
0,32	0,62552	0,37448	0,749	0,67	0,74857	0,25143	0,503
0,33	0,62930	0,37070	0,741	0,68	0,75175	0,24825	0,497
0,34	0,63307	0,36693	0,734	0,69	0,75490	0,24510	0,490

Tabelle 1

z-Tabelle

z	$\Phi(z)$	$\Phi(-z)$	p	z	$\Phi(z)$	$\Phi(-z)$	p
0,70	0,75804	0,24196	0,484	1,05	0,85314	0,14686	0,294
0,71	0,76115	0,23885	0,478	1,06	0,85543	0,14457	0,289
0,72	0,76424	0,23576	0,472	1,07	0,85769	0,14231	0,285
0,73	0,76730	0,23270	0,465	1,08	0,85993	0,14007	0,280
0,74	0,77035	0,22965	0,459	1,09	0,86214	0,13786	0,276
0,75	0,77337	0,22663	0,453	1,10	0,86433	0,13567	0,271
0,76	0,77637	0,22363	0,447	1,11	0,86650	0,13350	0,267
0,77	0,77935	0,22065	0,441	1,12	0,86864	0,13136	0,263
0,78	0,78230	0,21770	0,435	1,13	0,87076	0,12924	0,258
0,79	0,78524	0,21476	0,430	1,14	0,87286	0,12714	0,254
0,80	0,78814	0,21186	0,424	1,15	0,87493	0,12507	0,250
0,81	0,79103	0,20897	0,418	1,16	0,87698	0,12302	0,246
0,82	0,79389	0,20611	0,412	1,17	0,87900	0,12100	0,242
0,83	0,79673	0,20327	0,407	1,18	0,88100	0,11900	0,238
0,84	0,79955	0,20045	0,401	1,19	0,88298	0,11702	0,234
0,85	0,80234	0,19766	0,395	1,20	0,88493	0,11507	0,230
0,86	0,80511	0,19489	0,390	1,21	0,88686	0,11314	0,226
0,87	0,80785	0,19215	0,384	1,22	0,88877	0,11123	0,222
0,88	0,81057	0,18943	0,379	1,23	0,89065	0,10935	0,219
0,89	0,81327	0,18673	0,373	1,24	0,89251	0,10749	0,215
0,90	0,81594	0,18406	0,368	1,25	0,89435	0,10565	0,211
0,91	0,81859	0,18141	0,363	1,26	0,89617	0,10383	0,208
0,92	0,82121	0,17879	0,358	1,27	0,89796	0,10204	0,204
0,93	0,82381	0,17619	0,352	1,28	0,89973	0,10027	0,201
0,94	0,82639	0,17361	0,347	1,29	0,90147	0,09853	0,197
0,95	0,82894	0,17106	0,342	1,30	0,90320	0,09680	0,194
0,96	0,83147	0,16853	0,337	1,31	0,90490	0,09510	0,190
0,97	0,83398	0,16602	0,332	1,32	0,90658	0,09342	0,187
0,98	0,83646	0,16354	0,327	1,33	0,90824	0,09176	0,184
0,99	0,83891	0,16109	0,322	1,34	0,90988	0,09012	0,180
1,00	0,84134	0,15866	0,317	1,35	0,91149	0,08851	0,177
1,01	0,84375	0,15625	0,312	1,36	0,91309	0,08691	0,174
1,02	0,84614	0,15386	0,308	1,37	0,91466	0,08534	0,171
1,03	0,84849	0,15151	0,303	1,38	0,91621	0,08379	0,168
1,04	0,85083	0,14917	0,298	1,39	0,91774	0,08226	0,165

Tabelle 1

z-Tabelle

z	$\Phi(z)$	$\Phi(-z)$	p	z	$\Phi(z)$	$\Phi(-z)$	p
1,40	0,91924	0,08076	0,162	1,75	0,95994	0,04006	0,080
1,41	0,92073	0,07927	0,159	1,76	0,96080	0,03920	0,078
1,42	0,92220	0,07780	0,156	1,77	0,96164	0,03836	0,077
1,43	0,92364	0,07636	0,153	1,78	0,96246	0,03754	0,075
1,44	0,92507	0,07493	0,150	1,79	0,96327	0,03673	0,073
1,45	0,92647	0,07353	0,147	1,80	0,96407	0,03593	0,072
1,46	0,92785	0,07215	0,144	1,81	0,96485	0,03515	0,070
1,47	0,92922	0,07078	0,142	1,82	0,96562	0,03438	0,069
1,48	0,93056	0,06944	0,139	1,83	0,96638	0,03362	0,067
1,49	0,93189	0,06811	0,136	1,84	0,96712	0,03288	0,066
1,50	0,93319	0,06681	0,134	1,85	0,96784	0,03216	0,064
1,51	0,93448	0,06552	0,131	1,86	0,96856	0,03144	0,063
1,52	0,93574	0,06426	0,129	1,87	0,96926	0,03074	0,061
1,53	0,93699	0,06301	0,126	1,88	0,96995	0,03005	0,060
1,54	0,93822	0,06178	0,124	1,89	0,97062	0,02938	0,059
1,55	0,93943	0,06057	0,121	1,90	0,97128	0,02872	0,057
1,56	0,94062	0,05938	0,119	1,91	0,97193	0,02807	0,056
1,57	0,94179	0,05821	0,116	1,92	0,97257	0,02743	0,055
1,58	0,94295	0,05705	0,114	1,93	0,97320	0,02680	0,054
1,59	0,94408	0,05592	0,112	1,94	0,97381	0,02619	0,052
1,60	0,94520	0,05480	0,110	1,95	0,97441	0,02559	0,051
1,61	0,94630	0,05370	0,107	1,96	0,97500	0,02500	0,050
1,62	0,94738	0,05262	0,105	1,97	0,97558	0,02442	0,049
1,63	0,94845	0,05155	0,103	1,98	0,97615	0,02385	0,048
1,64	0,94950	0,05050	0,101	1,99	0,97670	0,02330	0,047
1,65	0,95053	0,04947	0,099	2,00	0,97725	0,02275	0,046
1,66	0,95154	0,04846	0,097	2,01	0,97778	0,02222	0,044
1,67	0,95254	0,04746	0,095	2,02	0,97831	0,02169	0,043
1,68	0,95352	0,04648	0,093	2,03	0,97882	0,02118	0,042
1,69	0,95449	0,04551	0,091	2,04	0,97932	0,02068	0,041
1,70	0,95543	0,04457	0,089	2,05	0,97982	0,02018	0,040
1,71	0,95637	0,04363	0,087	2,06	0,98030	0,01970	0,039
1,72	0,95728	0,04272	0,085	2,07	0,98077	0,01923	0,038
1,73	0,95818	0,04182	0,084	2,08	0,98124	0,01876	0,038
1,74	0,95907	0,04093	0,082	2,09	0,98169	0,01831	0,037

Tabelle 1

z-Tabelle

z	$\Phi(z)$	$\Phi(-z)$	p	z	$\Phi(z)$	$\Phi(-z)$	p
2,10	0,98214	0,01786	0,036	2,45	0,99286	0,00714	0,014
2,11	0,98257	0,01743	0,035	2,46	0,99305	0,00695	0,014
2,12	0,98300	0,01700	0,034	2,47	0,99324	0,00676	0,014
2,13	0,98341	0,01659	0,033	2,48	0,99343	0,00657	0,013
2,14	0,98382	0,01618	0,032	2,49	0,99361	0,00639	0,013
2,15	0,98422	0,01578	0,032	2,50	0,99379	0,00621	0,012
2,16	0,98461	0,01539	0,031	2,51	0,99396	0,00604	0,012
2,17	0,98500	0,01500	0,030	2,52	0,99413	0,00587	0,012
2,18	0,98537	0,01463	0,029	2,53	0,99430	0,00570	0,011
2,19	0,98574	0,01426	0,029	2,54	0,99446	0,00554	0,011
2,20	0,98610	0,01390	0,028	2,55	0,99461	0,00539	0,011
2,21	0,98645	0,01355	0,027	2,56	0,99477	0,00523	0,010
2,22	0,98679	0,01321	0,026	2,57	0,99492	0,00508	0,010
2,23	0,98713	0,01287	0,026	2,58	0,99506	0,00494	0,010
2,24	0,98745	0,01255	0,025	2,59	0,99520	0,00480	0,010
2,25	0,98778	0,01222	0,024	2,60	0,99534	0,00466	0,009
2,26	0,98809	0,01191	0,024	2,61	0,99547	0,00453	0,009
2,27	0,98840	0,01160	0,023	2,62	0,99560	0,00440	0,009
2,28	0,98870	0,01130	0,023	2,63	0,99573	0,00427	0,009
2,29	0,98899	0,01101	0,022	2,64	0,99585	0,00415	0,008
2,30	0,98928	0,01072	0,021	2,65	0,99598	0,00402	0,008
2,31	0,98956	0,01044	0,021	2,66	0,99609	0,00391	0,008
2,32	0,98983	0,01017	0,020	2,67	0,99621	0,00379	0,008
2,33	0,99010	0,00990	0,020	2,68	0,99632	0,00368	0,007
2,34	0,99036	0,00964	0,019	2,69	0,99643	0,00357	0,007
2,35	0,99061	0,00939	0,019	2,70	0,99653	0,00347	0,007
2,36	0,99086	0,00914	0,018	2,71	0,99664	0,00336	0,007
2,37	0,99111	0,00889	0,018	2,72	0,99674	0,00326	0,007
2,38	0,99134	0,00866	0,017	2,73	0,99683	0,00317	0,006
2,39	0,99158	0,00842	0,017	2,74	0,99693	0,00307	0,006
2,40	0,99180	0,00820	0,016	2,75	0,99702	0,00298	0,006
2,41	0,99202	0,00798	0,016	2,76	0,99711	0,00289	0,006
2,42	0,99224	0,00776	0,016	2,77	0,99720	0,00280	0,006
2,43	0,99245	0,00755	0,015	2,78	0,99728	0,00272	0,005
2,44	0,99266	0,00734	0,015	2,79	0,99736	0,00264	0,005

Tabelle 1

z-Tabelle

z	$\Phi(z)$	$\Phi(-z)$	p	z	$\Phi(z)$	$\Phi(-z)$	p
2,80	0,99744	0,00256	0,005	3,15	0,99918	0,00082	0,002
2,81	0,99752	0,00248	0,005	3,16	0,99921	0,00079	0,002
2,82	0,99760	0,00240	0,005	3,17	0,99924	0,00076	0,002
2,83	0,99767	0,00233	0,005	3,18	0,99926	0,00074	0,001
2,84	0,99774	0,00226	0,005	3,19	0,99929	0,00071	0,001
2,85	0,99781	0,00219	0,004	3,20	0,99931	0,00069	0,001
2,86	0,99788	0,00212	0,004	3,21	0,99934	0,00066	0,001
2,87	0,99795	0,00205	0,004	3,22	0,99936	0,00064	0,001
2,88	0,99801	0,00199	0,004	3,23	0,99938	0,00062	0,001
2,89	0,99807	0,00193	0,004	3,24	0,99940	0,00060	0,001
2,90	0,99813	0,00187	0,004	3,25	0,99942	0,00058	0,001
2,91	0,99819	0,00181	0,004	3,26	0,99944	0,00056	0,001
2,92	0,99825	0,00175	0,004	3,27	0,99946	0,00054	0,001
2,93	0,99831	0,00169	0,003	3,28	0,99948	0,00052	0,001
2,94	0,99836	0,00164	0,003	3,29	0,99950	0,00050	0,001
2,95	0,99841	0,00159	0,003	3,30	0,99952	0,00048	0,001
2,96	0,99846	0,00154	0,003	3,31	0,99953	0,00047	0,001
2,97	0,99851	0,00149	0,003	3,32	0,99955	0,00045	0,001
2,98	0,99856	0,00144	0,003	3,33	0,99957	0,00043	0,001
2,99	0,99861	0,00139	0,003	3,34	0,99958	0,00042	0,001
3,00	0,99865	0,00135	0,003	3,35	0,99960	0,00040	0,001
3,01	0,99869	0,00131	0,003	3,36	0,99961	0,00039	0,001
3,02	0,99874	0,00126	0,003	3,37	0,99962	0,00038	0,001
3,03	0,99878	0,00122	0,002	3,38	0,99964	0,00036	0,001
3,04	0,99882	0,00118	0,002	3,39	0,99965	0,00035	0,001
3,05	0,99886	0,00114	0,002	3,40	0,99966	0,00034	0,001
3,06	0,99889	0,00111	0,002	3,41	0,99968	0,00032	0,001
3,07	0,99893	0,00107	0,002	3,42	0,99969	0,00031	0,001
3,08	0,99896	0,00104	0,002	3,43	0,99970	0,00030	0,001
3,09	0,99900	0,00100	0,002	3,44	0,99971	0,00029	0,001
3,10	0,99903	0,00097	0,002	3,45	0,99972	0,00028	0,001
3,11	0,99906	0,00094	0,002	3,46	0,99973	0,00027	0,001
3,12	0,99910	0,00090	0,002	3,47	0,99974	0,00026	0,001
3,13	0,99913	0,00087	0,002	3,48	0,99975	0,00025	0,001
3,14	0,99916	0,00084	0,002	3,49	0,99976	0,00024	0,000

Tabelle 2

t-Tabelle

df	$p = 0{,}05$	$p = 0{,}01$	$p = 0{,}001$	*df*	$p = 0{,}05$	$p = 0{,}01$	$p = 0{,}001$
1	12,706	63,657	636,619	36	2,028	2,719	3,582
2	4,303	9,925	31,599	37	2,026	2,715	3,574
3	3,182	5,841	12,924	38	2,024	2,712	3,566
4	2,776	4,604	8,610	39	2,023	2,708	3,558
5	2,571	4,032	6,869	40	2,021	2,704	3,551
6	2,447	3,707	5,959	41	2,020	2,701	3,544
7	2,365	3,499	5,408	42	2,018	2,698	3,538
8	2,306	3,355	5,041	43	2,017	2,695	3,532
9	2,262	3,250	4,781	44	2,015	2,692	3,526
10	2,228	3,169	4,587	45	2,014	2,690	3,520
11	2,201	3,106	4,437	46	2,013	2,687	3,515
12	2,179	3,055	4,318	47	2,012	2,685	3,510
13	2,160	3,012	4,221	48	2,011	2,682	3,505
14	2,145	2,977	4,140	49	2,010	2,680	3,500
15	2,131	2,947	4,073	50	2,009	2,678	3,496
16	2,120	2,921	4,015	51	2,008	2,676	3,492
17	2,110	2,898	3,965	52	2,007	2,674	3,488
18	2,101	2,878	3,922	53	2,006	2,672	3,484
19	2,093	2,861	3,883	54	2,005	2,670	3,480
20	2,086	2,845	3,850	55	2,004	2,668	3,476
21	2,080	2,831	3,819	56	2,003	2,667	3,473
22	2,074	2,819	3,792	57	2,002	2,665	3,470
23	2,069	2,807	3,768	58	2,002	2,663	3,466
24	2,064	2,797	3,745	59	2,001	2,662	3,463
25	2,060	2,787	3,725	60	2,000	2,660	3,460
26	2,056	2,779	3,707	61	2,000	2,659	3,457
27	2,052	2,771	3,690	62	1,999	2,657	3,454
28	2,048	2,763	3,674	63	1,998	2,656	3,452
29	2,045	2,756	3,659	64	1,998	2,655	3,449
30	2,042	2,750	3,646	65	1,997	2,654	3,447
31	2,040	2,744	3,633	66	1,997	2,652	3,444
32	2,037	2,738	3,622	67	1,996	2,651	3,442
33	2,035	2,733	3,611	68	1,995	2,650	3,439
34	2,032	2,728	3,601	69	1,995	2,649	3,437
35	2,030	2,724	3,591	70	1,994	2,648	3,435

Tabelle 2

t-Tabelle

df	$p = 0{,}05$	$p = 0{,}01$	$p = 0{,}001$	*df*	$p = 0{,}05$	$p = 0{,}01$	$p = 0{,}001$
71	1,994	2,647	3,433	160	1,975	2,607	3,352
72	1,993	2,646	3,431	170	1,974	2,605	3,349
73	1,993	2,645	3,429	180	1,973	2,603	3,345
74	1,993	2,644	3,427	190	1,973	2,602	3,342
75	1,992	2,643	3,425	200	1,972	2,601	3,340
76	1,992	2,642	3,423	210	1,971	2,599	3,337
77	1,991	2,641	3,421	220	1,971	2,598	3,335
78	1,991	2,640	3,420	230	1,970	2,597	3,333
79	1,990	2,640	3,418	240	1,970	2,596	3,332
80	1,990	2,639	3,416	250	1,969	2,596	3,330
81	1,990	2,638	3,415	260	1,969	2,595	3,328
82	1,989	2,637	3,413	270	1,969	2,594	3,327
83	1,989	2,636	3,412	280	1,968	2,594	3,326
84	1,989	2,636	3,410	290	1,968	2,593	3,324
85	1,988	2,635	3,409	300	1,968	2,592	3,323
86	1,988	2,634	3,407	310	1,968	2,592	3,322
87	1,988	2,634	3,406	320	1,967	2,591	3,321
88	1,987	2,633	3,405	330	1,967	2,591	3,320
89	1,987	2,632	3,403	340	1,967	2,590	3,319
90	1,987	2,632	3,402	350	1,967	2,590	3,319
91	1,986	2,631	3,401	360	1,967	2,590	3,318
92	1,986	2,630	3,399	370	1,966	2,589	3,317
93	1,986	2,630	3,398	380	1,966	2,589	3,316
94	1,986	2,629	3,397	390	1,966	2,588	3,316
95	1,985	2,629	3,396	400	1,966	2,588	3,315
96	1,985	2,628	3,395	410	1,966	2,588	3,314
97	1,985	2,627	3,394	420	1,966	2,588	3,314
98	1,984	2,627	3,393	430	1,965	2,587	3,313
99	1,984	2,626	3,392	440	1,965	2,587	3,313
100	1,984	2,626	3,390	450	1,965	2,587	3,312
110	1,982	2,621	3,381	460	1,965	2,587	3,312
120	1,980	2,617	3,373	470	1,965	2,586	3,311
130	1,978	2,614	3,367	480	1,965	2,586	3,311
140	1,977	2,611	3,361	490	1,965	2,586	3,310
150	1,976	2,609	3,357	500	1,965	2,586	3,310

Tabelle 2

t-Tabelle

df	$p = 0{,}05$	$p = 0{,}01$	$p = 0{,}001$	df	$p = 0{,}05$	$p = 0{,}01$	$p = 0{,}001$
510	1,965	2,586	3,310	810	1,963	2,582	3,303
520	1,965	2,585	3,309	820	1,963	2,582	3,302
530	1,964	2,585	3,309	830	1,963	2,582	3,302
540	1,964	2,585	3,309	840	1,963	2,582	3,302
550	1,964	2,585	3,308	850	1,963	2,582	3,302
560	1,964	2,585	3,308	860	1,963	2,582	3,302
570	1,964	2,584	3,308	870	1,963	2,581	3,302
580	1,964	2,584	3,307	880	1,963	2,581	3,302
590	1,964	2,584	3,307	890	1,963	2,581	3,301
600	1,964	2,584	3,307	900	1,963	2,581	3,301
610	1,964	2,584	3,307	910	1,963	2,581	3,301
620	1,964	2,584	3,306	920	1,963	2,581	3,301
630	1,964	2,584	3,306	930	1,963	2,581	3,301
640	1,964	2,584	3,306	940	1,962	2,581	3,301
650	1,964	2,583	3,306	950	1,962	2,581	3,301
660	1,964	2,583	3,305	960	1,962	2,581	3,301
670	1,964	2,583	3,305	970	1,962	2,581	3,301
680	1,963	2,583	3,305	980	1,962	2,581	3,300
690	1,963	2,583	3,305	990	1,962	2,581	3,300
700	1,963	2,583	3,304	1000	1,962	2,581	3,300
710	1,963	2,583	3,304	1500	1,962	2,579	3,297
720	1,963	2,583	3,304	2000	1,961	2,578	3,295
730	1,963	2,583	3,304	3000	1,961	2,577	3,294
740	1,963	2,582	3,304	4000	1,961	2,577	3,293
750	1,963	2,582	3,304	5000	1,960	2,577	3,292
760	1,963	2,582	3,303	6000	1,960	2,577	3,292
770	1,963	2,582	3,303	7000	1,960	2,577	3,292
780	1,963	2,582	3,303	8000	1,960	2,576	3,292
790	1,963	2,582	3,303	9000	1,960	2,576	3,292
800	1,963	2,582	3,303	10000	1,960	2,576	3,291

Tabelle 3

F-Tabelle für $p = 0{,}05$

	*df*1									
*df*2	1	2	3	4	5	6	7	8	9	10
1	162	200	216	225	230	234	237	239	241	242
2	18,51	19,00	19,16	19,25	19,30	19,33	19,35	19,37	19,38	19,40
3	10,13	9,55	9,28	9,12	9,01	8,94	8,89	8,85	8,81	8,79
4	7,71	6,94	6,59	6,39	6,26	6,16	6,09	6,04	6,00	5,96
5	6,61	5,79	5,41	5,19	5,05	4,95	4,88	4,82	4,77	4,73
6	5,99	5,14	4,76	4,53	4,39	4,28	4,21	4,15	4,10	4,06
7	5,59	4,74	4,35	4,12	3,97	3,87	3,79	3,73	3,68	3,64
8	5,32	4,46	4,07	3,84	3,69	3,58	3,50	3,44	3,39	3,35
9	5,12	4,26	3,86	3,63	3,48	3,37	3,29	3,23	3,18	3,14
10	4,96	4,10	3,71	3,48	3,33	3,22	3,14	3,07	3,02	2,98
11	4,84	3,98	3,59	3,36	3,20	3,09	3,01	2,95	2,90	2,85
12	4,75	3,89	3,49	3,26	3,11	3,00	2,91	2,85	2,80	2,75
13	4,67	3,81	3,41	3,18	3,03	2,92	2,83	2,77	2,71	2,67
14	4,60	3,74	3,34	3,11	2,96	2,85	2,76	2,70	2,65	2,60
15	4,54	3,68	3,29	3,06	2,90	2,79	2,71	2,64	2,59	2,54
16	4,49	3,63	3,24	3,01	2,85	2,74	2,66	2,59	2,54	2,49
17	4,45	3,59	3,20	2,96	2,81	2,70	2,61	2,55	2,49	2,45
18	4,41	3,55	3,16	2,93	2,77	2,66	2,58	2,51	2,46	2,41
19	4,38	3,52	3,13	2,90	2,74	2,63	2,54	2,48	2,42	2,38
20	4,35	3,49	3,10	2,87	2,71	2,60	2,51	2,45	2,39	2,35
22	4,30	3,44	3,05	2,82	2,66	2,55	2,46	2,40	2,34	2,30
24	4,26	3,40	3,01	2,78	2,62	2,51	2,42	2,36	2,30	2,25
26	4,23	3,37	2,98	2,74	2,59	2,47	2,39	2,32	2,27	2,22
28	4,20	3,34	2,95	2,71	2,56	2,45	2,36	2,29	2,24	2,19
30	4,17	3,32	2,92	2,69	2,53	2,42	2,33	2,27	2,21	2,16
35	4,12	3,27	2,87	2,64	2,49	2,37	2,29	2,22	2,16	2,11
40	4,08	3,23	2,84	2,61	2,45	2,34	2,25	2,18	2,12	2,08
45	4,06	3,20	2,81	2,58	2,42	2,31	2,22	2,15	2,10	2,05
50	4,03	3,18	2,79	2,56	2,40	2,29	2,20	2,13	2,07	2,03
60	4,00	3,15	2,76	2,53	2,37	2,25	2,17	2,10	2,04	1,99
70	3,98	3,13	2,74	2,50	2,35	2,23	2,14	2,07	2,02	1,97
80	3,96	3,11	2,72	2,49	2,33	2,21	2,13	2,06	2,00	1,95
100	3,94	3,09	2,70	2,46	2,31	2,19	2,10	2,03	1,97	1,93
1000	3,85	3,00	2,61	2,38	2,22	2,11	2,02	1,95	1,89	1,84
∞	3,84	3,00	2,61	2,37	2,21	2,10	2,01	1,94	1,88	1,83

Tabelle 3

F-Tabelle für $p = 0{,}05$

	*df*1									
*df*2	12	14	16	18	20	30	40	50	100	1000
1	244	245	247	248	248	250	251	252	253	254
2	19,41	19,44	19,45	19,45	19,46	19,48	19,49	19,49	19,50	19,51
3	8,74	8,71	8,69	8,67	8,66	8,62	8,59	8,58	8,55	8,50
4	5,91	5,87	5,84	5,82	5,80	5,75	5,72	5,70	5,66	5,60
5	4,68	4,64	4,60	4,58	4,56	4,50	4,46	4,44	4,40	4,37
6	4,00	3,96	3,92	3,90	3,87	3,81	3,77	3,75	3,71	3,67
7	3,57	3,53	3,49	3,47	3,44	3,38	3,34	3,32	3,27	3,23
8	3,28	3,24	3,20	3,17	3,15	3,08	3,04	3,02	2,97	2,93
9	3,07	3,03	2,99	2,96	2,94	2,86	2,83	2,80	2,76	2,71
10	2,91	2,86	2,83	2,80	2,77	2,70	2,66	2,64	2,59	2,54
11	2,79	2,74	2,70	2,67	2,65	2,57	2,53	2,51	2,46	2,41
12	2,69	2,64	2,60	2,57	2,54	2,47	2,43	2,40	2,35	2,30
13	2,60	2,55	2,51	2,48	2,46	2,38	2,34	2,31	2,26	2,21
14	2,53	2,48	2,44	2,41	2,39	2,31	2,27	2,24	2,19	2,14
15	2,48	2,42	2,38	2,35	2,33	2,25	2,20	2,18	2,12	2,07
16	2,42	2,37	2,33	2,30	2,28	2,19	2,15	2,12	2,07	2,02
17	2,38	2,33	2,29	2,26	2,23	2,15	2,10	2,08	2,02	1,97
18	2,34	2,29	2,25	2,22	2,19	2,11	2,06	2,04	1,98	1,92
19	2,31	2,26	2,21	2,18	2,16	2,07	2,03	2,00	1,94	1,88
20	2,28	2,22	2,18	2,15	2,12	2,04	1,99	1,97	1,91	1,85
22	2,23	2,17	2,13	2,10	2,07	1,98	1,94	1,91	1,85	1,79
24	2,18	2,13	2,09	2,05	2,03	1,94	1,89	1,86	1,80	1,74
26	2,15	2,09	2,05	2,02	1,99	1,90	1,85	1,82	1,76	1,70
28	2,12	2,06	2,02	1,99	1,96	1,87	1,82	1,79	1,73	1,66
30	2,09	2,04	1,99	1,96	1,93	1,84	1,79	1,76	1,70	1,63
35	2,04	1,99	1,94	1,91	1,88	1,79	1,74	1,70	1,63	1,57
40	2,00	1,95	1,90	1,87	1,84	1,74	1,69	1,66	1,59	1,52
45	1,97	1,92	1,87	1,84	1,81	1,71	1,66	1,63	1,55	1,48
50	1,95	1,89	1,85	1,81	1,78	1,69	1,63	1,60	1,52	1,45
60	1,92	1,86	1,82	1,78	1,75	1,65	1,59	1,56	1,48	1,40
70	1,89	1,84	1,79	1,75	1,72	1,62	1,57	1,53	1,45	1,36
80	1,88	1,82	1,77	1,73	1,70	1,60	1,54	1,51	1,43	1,34
100	1,85	1,79	1,75	1,71	1,68	1,57	1,52	1,48	1,39	1,30
1000	1,76	1,70	1,65	1,61	1,58	1,47	1,41	1,36	1,26	1,11
∞	1,75	1,69	1,64	1,60	1,57	1,46	1,39	1,35	1,24	1,08

Tabelle 3

F-Tabelle für $p = 0{,}01$

	*df*1									
*df*2	1	2	3	4	5	6	7	8	9	10
1	4052	4999	5403	5625	5764	5859	5928	5981	6022	6056
2	98,50	99,00	99,22	99,33	99,40	99,44	99,48	99,50	99,52	99,53
3	34,12	30,82	29,46	28,71	28,24	27,91	27,67	27,49	27,35	27,23
4	21,20	18,00	16,69	15,98	15,52	15,21	14,98	14,80	14,66	14,55
5	16,26	13,27	12,06	11,39	10,97	10,67	10,46	10,29	10,16	10,05
6	13,75	10,92	9,78	9,15	8,75	8,47	8,26	8,10	7,98	7,87
7	12,25	9,55	8,45	7,85	7,46	7,19	6,99	6,84	6,72	6,62
8	11,26	8,65	7,59	7,01	6,63	6,37	6,18	6,03	5,91	5,81
9	10,56	8,02	6,99	6,42	6,06	5,80	5,61	5,47	5,35	5,26
10	10,04	7,56	6,55	5,99	5,64	5,39	5,20	5,06	4,94	4,85
11	9,65	7,21	6,22	5,67	5,32	5,07	4,89	4,74	4,63	4,54
12	9,33	6,93	5,95	5,41	5,06	4,82	4,64	4,50	4,39	4,30
13	9,07	6,70	5,74	5,21	4,86	4,62	4,44	4,30	4,19	4,10
14	8,86	6,51	5,56	5,04	4,69	4,46	4,28	4,14	4,03	3,94
15	8,68	6,36	5,42	4,89	4,56	4,32	4,14	4,00	3,89	3,80
16	8,53	6,23	5,29	4,77	4,44	4,20	4,03	3,89	3,78	3,69
17	8,40	6,11	5,18	4,67	4,34	4,10	3,93	3,79	3,68	3,59
18	8,29	6,01	5,09	4,58	4,25	4,01	3,84	3,71	3,60	3,51
19	8,18	5,93	5,01	4,50	4,17	3,94	3,77	3,63	3,52	3,43
20	8,10	5,85	4,94	4,43	4,10	3,87	3,70	3,56	3,46	3,37
22	7,95	5,72	4,82	4,31	3,99	3,76	3,59	3,45	3,35	3,26
24	7,82	5,61	4,72	4,22	3,90	3,67	3,50	3,36	3,26	3,17
26	7,72	5,53	4,64	4,14	3,82	3,59	3,42	3,29	3,18	3,09
28	7,64	5,45	4,57	4,07	3,75	3,53	3,36	3,23	3,12	3,03
30	7,56	5,39	4,51	4,02	3,70	3,47	3,30	3,17	3,07	2,98
35	7,42	5,27	4,40	3,91	3,59	3,37	3,20	3,07	2,96	2,88
40	7,31	5,18	4,31	3,83	3,51	3,29	3,12	2,99	2,89	2,80
45	7,23	5,11	4,25	3,77	3,45	3,23	3,07	2,94	2,83	2,74
50	7,17	5,06	4,20	3,72	3,41	3,19	3,02	2,89	2,78	2,70
60	7,08	4,98	4,13	3,65	3,34	3,12	2,95	2,82	2,72	2,63
70	7,01	4,92	4,07	3,60	3,29	3,07	2,91	2,78	2,67	2,59
80	6,96	4,88	4,04	3,56	3,26	3,04	2,87	2,74	2,64	2,55
100	6,90	4,82	3,98	3,51	3,21	2,99	2,82	2,69	2,59	2,50
1000	6,66	4,63	3,80	3,34	3,04	2,82	2,66	2,53	2,43	2,34
∞	6,58	4,61	3,78	3,32	3,02	2,80	2,64	2,51	2,41	2,32

Tabelle 3

F-Tabelle für $p = 0{,}01$

	df1									
df2	12	14	16	18	20	30	40	50	100	1000
1	6106	6143	6170	6192	6209	6261	6287	6303	6334	6363
2	99,55	99,57	99,58	99,59	99,60	99,62	99,63	99,64	99,65	99,66
3	27,05	26,92	26,83	26,75	26,69	26,47	26,38	26,33	26,21	26,11
4	14,37	14,25	14,15	14,08	14,02	13,84	13,75	13,69	13,58	13,43
5	9,89	9,77	9,68	9,61	9,55	9,38	9,29	9,24	9,13	8,99
6	7,72	7,60	7,52	7,45	7,40	7,23	7,14	7,09	6,99	6,85
7	6,47	6,36	6,27	6,21	6,16	5,99	5,91	5,86	5,75	5,66
8	5,67	5,56	5,48	5,41	5,36	5,20	5,12	5,07	4,96	4,87
9	5,11	5,01	4,92	4,86	4,81	4,65	4,57	4,52	4,41	4,32
10	4,71	4,60	4,52	4,46	4,41	4,25	4,16	4,12	4,01	3,92
11	4,40	4,29	4,21	4,15	4,10	3,94	3,86	3,81	3,71	3,61
12	4,16	4,05	3,97	3,91	3,86	3,70	3,62	3,57	3,47	3,37
13	3,96	3,86	3,78	3,72	3,66	3,51	3,43	3,38	3,27	3,18
14	3,80	3,70	3,62	3,56	3,51	3,35	3,27	3,22	3,11	3,01
15	3,67	3,56	3,49	3,42	3,37	3,21	3,13	3,08	2,98	2,88
16	3,55	3,45	3,37	3,31	3,26	3,10	3,02	2,97	2,86	2,76
17	3,46	3,35	3,27	3,21	3,16	3,00	2,92	2,87	2,76	2,66
18	3,37	3,27	3,19	3,13	3,08	2,92	2,84	2,78	2,68	2,58
19	3,30	3,19	3,12	3,05	3,00	2,84	2,76	2,71	2,60	2,50
20	3,23	3,13	3,05	2,99	2,94	2,78	2,69	2,64	2,54	2,43
22	3,12	3,02	2,94	2,88	2,83	2,67	2,58	2,53	2,42	2,32
24	3,03	2,93	2,85	2,79	2,74	2,58	2,49	2,44	2,33	2,22
26	2,96	2,86	2,78	2,72	2,66	2,50	2,42	2,36	2,25	2,14
28	2,90	2,79	2,72	2,65	2,60	2,44	2,35	2,30	2,19	2,08
30	2,84	2,74	2,66	2,60	2,55	2,39	2,30	2,25	2,13	2,02
35	2,74	2,64	2,56	2,50	2,44	2,28	2,19	2,14	2,02	1,90
40	2,66	2,56	2,48	2,42	2,37	2,20	2,11	2,06	1,94	1,82
45	2,61	2,51	2,43	2,36	2,31	2,14	2,05	2,00	1,88	1,75
50	2,56	2,46	2,38	2,32	2,27	2,10	2,01	1,95	1,82	1,70
60	2,50	2,39	2,31	2,25	2,20	2,03	1,94	1,88	1,75	1,62
70	2,45	2,35	2,27	2,20	2,15	1,98	1,89	1,83	1,70	1,56
80	2,42	2,31	2,23	2,17	2,12	1,94	1,85	1,79	1,65	1,51
100	2,37	2,27	2,19	2,12	2,07	1,89	1,80	1,74	1,60	1,45
1000	2,20	2,10	2,02	1,95	1,90	1,72	1,61	1,54	1,38	1,16
∞	2,18	2,08	2,00	1,93	1,88	1,70	1,59	1,52	1,36	1,11

Tabelle 3

F-Tabelle für $p = 0{,}001$

	*df*1									
*df*2	1	2	3	4	5	6	7	8	9	10
1										
2	999	999	999	999	999	999	999	999	999	999
3	167,03	148,50	141,11	137,10	134,58	132,85	131,58	130,62	129,86	129,25
4	74,13	61,24	56,17	53,43	51,70	50,52	49,65	48,99	48,47	48,05
5	47,18	37,12	33,20	31,08	29,75	28,83	28,16	27,65	27,24	26,92
6	35,51	27,00	23,70	21,92	20,80	20,03	19,46	19,03	18,69	18,41
7	29,25	21,69	18,77	17,20	16,21	15,52	15,02	14,63	14,33	14,08
8	25,41	18,49	15,83	14,39	13,48	12,86	12,40	12,05	11,77	11,54
9	22,86	16,39	13,90	12,56	11,71	11,13	10,70	10,37	10,11	9,89
10	21,04	14,91	12,55	11,28	10,48	9,93	9,52	9,20	8,96	8,75
11	19,69	13,81	11,56	10,35	9,58	9,05	8,66	8,35	8,12	7,92
12	18,64	12,97	10,80	9,63	8,89	8,38	8,00	7,71	7,48	7,29
13	17,82	12,31	10,21	9,07	8,35	7,86	7,49	7,21	6,98	6,80
14	17,14	11,78	9,73	8,62	7,92	7,44	7,08	6,80	6,58	6,40
15	16,59	11,34	9,34	8,25	7,57	7,09	6,74	6,47	6,26	6,08
16	16,12	10,97	9,01	7,94	7,27	6,80	6,46	6,19	5,98	5,81
17	15,72	10,66	8,73	7,68	7,02	6,56	6,22	5,96	5,75	5,58
18	15,38	10,39	8,49	7,46	6,81	6,35	6,02	5,76	5,56	5,39
19	15,08	10,16	8,28	7,27	6,62	6,18	5,85	5,59	5,39	5,22
20	14,82	9,95	8,10	7,10	6,46	6,02	5,69	5,44	5,24	5,08
22	14,38	9,61	7,80	6,81	6,19	5,76	5,44	5,19	4,99	4,83
24	14,03	9,34	7,55	6,59	5,98	5,55	5,23	4,99	4,80	4,64
26	13,74	9,12	7,36	6,41	5,80	5,38	5,07	4,83	4,64	4,48
28	13,50	8,93	7,19	6,25	5,66	5,24	4,93	4,69	4,50	4,35
30	13,29	8,77	7,05	6,12	5,53	5,12	4,82	4,58	4,39	4,24
35	12,90	8,47	6,79	5,88	5,30	4,89	4,59	4,36	4,18	4,03
40	12,61	8,25	6,59	5,70	5,13	4,73	4,44	4,21	4,02	3,87
45	12,39	8,09	6,45	5,56	5,00	4,61	4,32	4,09	3,91	3,76
50	12,22	7,96	6,34	5,46	4,90	4,51	4,22	4,00	3,82	3,67
60	11,97	7,77	6,17	5,31	4,76	4,37	4,09	3,86	3,69	3,54
70	11,80	7,64	6,06	5,20	4,66	4,28	3,99	3,77	3,60	3,45
80	11,67	7,54	5,97	5,12	4,58	4,20	3,92	3,70	3,53	3,39
100	11,50	7,41	5,86	5,02	4,48	4,11	3,83	3,61	3,44	3,30
1000	10,89	6,96	5,46	4,65	4,14	3,78	3,51	3,30	3,13	2,99
∞	10,82	6,91	5,42	4,62	4,10	3,74	3,47	3,27	3,10	2,96

Tabelle 3

F-Tabelle für $p = 0{,}001$

	*df*1									
*df*2	12	14	16	18	20	30	40	50	100	1000
1										
2	999	999	999	999	999	1000	1000	1000	1000	1000
3	1282	128	127	126	1263	125	125	1240	124	111
4	47,41	46,94	46,59	46,32	46,09	45,42	45,08	44,88	44,46	43,46
5	26,42	26,06	25,78	25,57	25,38	24,86	24,59	24,43	24,11	23,81
6	17,99	17,68	17,45	17,27	17,12	16,67	16,44	16,31	16,02	15,76
7	13,71	13,43	13,23	13,06	12,93	12,53	12,33	12,20	11,95	11,71
8	11,19	10,94	10,75	10,60	10,48	10,11	9,92	9,80	9,57	9,35
9	9,57	9,33	9,15	9,01	8,90	8,55	8,37	8,26	8,04	7,82
10	8,45	8,22	8,05	7,91	7,80	7,47	7,30	7,19	6,98	6,77
11	7,63	7,41	7,24	7,11	7,01	6,68	6,52	6,42	6,21	6,01
12	7,00	6,79	6,63	6,51	6,40	6,09	5,93	5,83	5,63	5,43
13	6,52	6,31	6,16	6,03	5,93	5,63	5,47	5,37	5,17	4,98
14	6,13	5,93	5,78	5,66	5,56	5,25	5,10	5,00	4,81	4,62
15	5,81	5,62	5,46	5,35	5,25	4,95	4,80	4,70	4,51	4,33
16	5,55	5,35	5,20	5,09	4,99	4,70	4,54	4,45	4,26	4,08
17	5,32	5,13	4,99	4,87	4,78	4,48	4,33	4,24	4,05	3,87
18	5,13	4,94	4,80	4,68	4,59	4,30	4,15	4,06	3,87	3,69
19	4,97	4,78	4,64	4,52	4,43	4,14	3,99	3,90	3,71	3,53
20	4,82	4,64	4,49	4,38	4,29	4,00	3,86	3,76	3,58	3,40
22	4,58	4,40	4,26	4,15	4,06	3,78	3,63	3,54	3,35	3,17
24	4,39	4,21	4,07	3,96	3,87	3,59	3,45	3,36	3,17	2,99
26	4,24	4,06	3,92	3,81	3,72	3,44	3,30	3,21	3,02	2,84
28	4,11	3,93	3,80	3,69	3,60	3,32	3,18	3,09	2,90	2,72
30	4,00	3,82	3,69	3,58	3,49	3,22	3,07	2,98	2,79	2,61
35	3,79	3,62	3,48	3,38	3,29	3,02	2,87	2,78	2,59	2,40
40	3,64	3,47	3,34	3,23	3,14	2,87	2,73	2,64	2,44	2,25
45	3,53	3,36	3,23	3,12	3,04	2,76	2,62	2,53	2,33	2,14
50	3,44	3,27	3,14	3,04	2,95	2,68	2,53	2,44	2,25	2,05
60	3,32	3,15	3,02	2,91	2,83	2,55	2,41	2,32	2,12	1,91
70	3,23	3,06	2,93	2,83	2,74	2,47	2,32	2,23	2,03	1,82
80	3,16	3,00	2,87	2,76	2,68	2,41	2,26	2,16	1,96	1,75
100	3,07	2,91	2,78	2,68	2,59	2,32	2,17	2,08	1,87	1,64
1000	2,77	2,61	2,48	2,38	2,30	2,02	1,87	1,77	1,53	1,22
∞	2,74	2,58	2,45	2,35	2,27	1,99	1,84	1,73	1,49	1,14

Tabelle 4

χ^2-Tabelle

df	$p = 0{,}05$	$p = 0{,}01$	$p = 0{,}001$	*df*	$p = 0{,}05$	$p = 0{,}01$	$p = 0{,}001$
1	3,841	6,635	10,828	36	50,998	58,619	67,985
2	5,991	9,210	13,816	37	52,192	59,893	69,346
3	7,815	11,345	16,266	38	53,384	61,162	70,703
4	9,488	13,277	18,467	39	54,572	62,428	72,055
5	11,070	15,086	20,515	40	55,758	63,691	73,402
6	12,592	16,812	22,458	41	56,942	64,950	74,745
7	14,067	18,475	24,322	42	58,124	66,206	76,084
8	15,507	20,090	26,124	43	59,304	67,459	77,419
9	16,919	21,666	27,877	44	60,481	68,710	78,750
10	18,307	23,209	29,588	45	61,656	69,957	80,077
11	19,675	24,725	31,264	46	62,830	71,201	81,400
12	21,026	26,217	32,909	47	64,001	72,443	82,720
13	22,362	27,688	34,528	48	65,171	73,683	84,037
14	23,685	29,141	36,123	49	66,339	74,919	85,351
15	24,996	30,578	37,697	50	67,505	76,154	86,661
16	26,296	32,000	39,252	51	68,669	77,386	87,968
17	27,587	33,409	40,790	52	69,832	78,616	89,272
18	28,869	34,805	42,312	53	70,993	79,843	90,573
19	30,144	36,191	43,820	54	72,153	81,069	91,872
20	31,410	37,566	45,315	55	73,311	82,292	93,168
21	32,671	38,932	46,797	56	74,468	83,513	94,461
22	33,924	40,289	48,268	57	75,624	84,733	95,751
23	35,172	41,638	49,728	58	76,778	85,950	97,039
24	36,415	42,980	51,179	59	77,931	87,166	98,324
25	37,652	44,314	52,620	60	79,082	88,379	99,607
26	38,885	45,642	54,052	61	80,232	89,591	100,888
27	40,113	46,963	55,476	62	81,381	90,802	102,166
28	41,337	48,278	56,892	63	82,529	92,010	103,442
29	42,557	49,588	58,301	64	83,675	93,217	104,716
30	43,773	50,892	59,703	65	84,821	94,422	105,988
31	44,985	52,191	61,098	66	85,965	95,626	107,258
32	46,194	53,486	62,487	67	87,108	96,828	108,526
33	47,400	54,776	63,870	68	88,250	98,028	109,791
34	48,602	56,061	65,247	69	89,391	99,228	111,055
35	49,802	57,342	66,619	70	90,531	100,425	112,317

Tabelle 4

χ^2-Tabelle

df	$p = 0{,}05$	$p = 0{,}01$	$p = 0{,}001$	*df*	$p = 0{,}05$	$p = 0{,}01$	$p = 0{,}001$
71	91,670	101,621	113,577	106	131,031	142,780	156,740
72	92,808	102,816	114,835	107	132,144	143,940	157,952
73	93,945	104,010	116,092	108	133,257	145,099	159,162
74	95,081	105,202	117,346	109	134,369	146,257	160,372
75	96,217	106,393	118,599	110	135,480	147,414	161,581
76	97,351	107,583	119,850	111	136,591	148,571	162,788
77	98,484	108,771	121,100	112	137,701	149,727	163,995
78	99,617	109,958	122,348	113	138,811	150,882	165,201
79	100,749	111,144	123,594	114	139,921	152,037	166,406
80	101,879	112,329	124,839	115	141,030	153,191	167,610
81	103,010	113,512	126,083	116	142,138	154,344	168,813
82	104,139	114,695	127,324	117	143,246	155,496	170,016
83	105,267	115,876	128,565	118	144,354	156,648	171,217
84	106,395	117,057	129,804	119	145,461	157,800	172,418
85	107,522	118,236	131,041	120	146,567	158,950	173,617
86	108,648	119,414	132,277	121	147,674	160,100	174,816
87	109,773	120,591	133,512	122	148,779	161,250	176,014
88	110,898	121,767	134,745	123	149,885	162,398	177,212
89	112,022	122,942	135,978	124	150,989	163,546	178,408
90	113,145	124,116	137,208	125	152,094	164,694	179,604
91	114,268	125,289	138,438	126	153,198	165,841	180,799
92	115,390	126,462	139,666	127	154,302	166,987	181,993
93	116,511	127,633	140,893	128	155,405	168,133	183,186
94	117,632	128,803	142,119	129	156,508	169,278	184,379
95	118,752	129,973	143,344	130	157,610	170,423	185,571
96	119,871	131,141	144,567	131	158,712	171,567	186,762
97	120,990	132,309	145,789	132	159,814	172,711	187,953
98	122,108	133,476	147,010	133	160,915	173,854	189,142
99	123,225	134,642	148,230	134	162,016	174,996	190,331
100	124,342	135,807	149,449	135	163,116	176,138	191,520
101	125,458	136,971	150,667	136	164,216	177,280	192,707
102	126,574	138,134	151,884	137	165,316	178,421	193,894
103	127,689	139,297	153,099	138	166,415	179,561	195,080
104	128,804	140,459	154,314	139	167,514	180,701	196,266
105	129,918	141,620	155,528	140	168,613	181,840	197,451

Tabelle 4

χ^2-Tabelle

df	$p = 0{,}05$	$p = 0{,}01$	$p = 0{,}001$	*df*	$p = 0{,}05$	$p = 0{,}01$	$p = 0{,}001$
141	169,711	182,979	198,635	171	202,513	216,938	233,887
142	170,809	184,118	199,819	172	203,602	218,063	235,053
143	171,907	185,256	201,002	173	204,690	219,189	236,220
144	173,004	186,393	202,184	174	205,779	220,314	237,385
145	174,101	187,530	203,366	175	206,867	221,438	238,551
146	175,198	188,666	204,547	176	207,955	222,563	239,716
147	176,294	189,802	205,727	177	209,042	223,687	240,880
148	177,390	190,938	206,907	178	210,130	224,810	242,044
149	178,485	192,073	208,086	179	211,217	225,933	243,207
150	179,581	193,208	209,265	180	212,304	227,056	244,370
151	180,676	194,342	210,443	181	213,391	228,179	245,533
152	181,770	195,476	211,620	182	214,477	229,301	246,695
153	182,865	196,609	212,797	183	215,563	230,423	247,857
154	183,959	197,742	213,973	184	216,649	231,544	249,018
155	185,052	198,874	215,149	185	217,735	232,665	250,179
156	186,146	200,006	216,324	186	218,820	233,786	251,339
157	187,239	201,138	217,499	187	219,906	234,907	252,499
158	188,332	202,269	218,673	188	220,991	236,027	253,659
159	189,424	203,400	219,846	189	222,076	237,147	254,818
160	190,516	204,530	221,019	190	223,160	238,266	255,976
161	191,608	205,660	222,191	191	224,245	239,386	257,135
162	192,700	206,790	223,363	192	225,329	240,505	258,292
163	193,791	207,919	224,535	193	226,413	241,623	259,450
164	194,883	209,047	225,705	194	227,496	242,742	260,607
165	195,973	210,176	226,876	195	228,580	243,860	261,763
166	197,064	211,304	228,045	196	229,663	244,977	262,920
167	198,154	212,431	229,215	197	230,746	246,095	264,075
168	199,244	213,558	230,383	198	231,829	247,212	265,231
169	200,334	214,685	231,552	199	232,912	248,329	266,386
170	201,423	215,812	232,719	200	233,994	249,445	267,541

Tabelle 5

U-Tabelle für $p = 0{,}05$

	$n1$								
$n2$	2	3	4	5	6	7	8	9	10
4			0						
5		0	1	2					
6		1	2	3	5				
7		1	3	5	6	8			
8	0	2	4	6	8	10	13		
9	0	2	4	7	10	12	15	17	
10	0	3	5	8	11	14	17	20	23
11	0	3	6	9	13	16	19	23	26
12	1	4	7	11	14	18	22	26	29
13	1	4	8	12	16	20	24	28	33
14	1	5	9	13	17	22	26	31	36
15	1	5	10	14	19	24	29	34	39
16	1	6	11	15	21	26	31	37	42
17	2	6	11	17	22	28	34	39	45
18	2	7	12	18	24	30	36	42	48
19	2	7	13	19	26	32	38	45	52
20	2	8	14	20	27	34	41	48	55

	$n1$									
$n2$	11	12	13	14	15	16	17	18	19	20
11	30									
12	33	37								
13	37	41	45							
14	40	45	50	55						
15	44	49	54	59	64					
16	47	53	59	64	70	75				
17	51	57	63	69	75	81	87			
18	55	61	67	74	80	86	93	99		
19	58	65	72	78	85	92	99	106	113	
20	62	69	76	83	90	98	105	112	119	127

Tabelle 5

U-Tabelle für $p = 0{,}01$

	$n1$								
$n2$	2	3	4	5	6	7	8	9	10
5				0					
6			0	1	2				
7			0	1	3	4			
8			1	2	4	6	7		
9		0	1	3	5	7	9	11	
10		0	2	4	6	9	11	13	16
11		0	2	5	7	10	13	16	18
12		1	3	6	9	12	15	18	21
13		1	3	7	10	13	17	20	24
14		1	4	7	11	15	18	22	26
15		2	5	8	12	16	20	24	29
16		2	5	9	13	18	22	27	31
17		2	6	10	15	19	24	29	34
18		2	6	11	16	21	26	31	37
19	0	3	7	12	17	22	28	33	39
20	0	3	8	13	18	24	30	36	42

	$n1$									
$n2$	11	12	13	14	15	16	17	18	19	20
11	21									
12	24	27								
13	27	31	34							
14	30	34	38	42						
15	33	37	42	46	51					
16	36	41	45	50	55	60				
17	39	44	49	54	60	65	70			
18	42	47	53	58	64	70	75	81		
19	45	51	57	63	69	74	81	87	93	
20	48	54	60	67	73	79	86	92	99	105

Tabelle 5

U-Tabelle für $p = 0{,}001$

	*n*1								
*n*2	2	3	4	5	6	7	8	9	10
7						0			
8					0	1	2		
9				0	1	2	4	5	
10				0	2	3	5	7	8
11				1	2	4	6	8	10
12				1	3	5	7	10	12
13			0	2	4	6	9	11	14
14			0	2	5	7	10	13	16
15			0	3	5	8	11	15	18
16			1	3	6	9	13	16	20
17			1	4	7	10	14	18	22
18			1	4	8	11	15	20	24
19			2	5	8	13	17	21	26
20			2	5	9	14	18	23	28

	*n*1									
*n*2	11	12	13	14	15	16	17	18	19	20
11	12									
12	15	17								
13	17	20	23							
14	19	22	25	29						
15	21	25	28	32	36					
16	24	27	31	35	39	43				
17	26	30	34	39	43	47	51			
18	28	33	37	42	46	51	56	61		
19	31	35	40	45	50	55	60	65	70	
20	33	38	43	49	54	59	65	70	76	81

Tabelle 6

Kritische T-Werte für den Wilcoxon-Test

n	$p = 0{,}05$	$p = 0{,}01$	$p = 0{,}001$
6	0		
7	2		
8	3	0	
9	5	1	
10	8	3	
11	10	5	0
12	13	7	1
13	17	9	2
14	21	12	4
15	25	15	6
16	29	19	8
17	34	23	11
18	40	27	14
19	46	32	18
20	52	37	21
21	58	42	25
22	65	48	30
23	73	54	35
24	81	61	40
25	89	68	45

Tabelle 7

Kritische H-Werte für den Kruskal-Wallis-Test

n_1	n_2	n_3	$p = 0{,}05$	$p = 0{,}01$
3	2	2	4,69	
3	3	2	5,22	
3	3	3	5,60	6,59
4	2	2	5,15	
4	3	2	5,41	6,35
4	3	3	5,73	6,75
4	4	2	5,31	6,91
4	4	3	5,59	7,14
4	4	4	5,68	7,58
5	2	2	5,07	6,37
5	3	2	5,20	6,82
5	3	3	5,58	7,03
5	4	2	5,27	7,12
5	4	3	5,63	7,45
5	4	4	5,62	7,75
5	5	2	5,27	7,30
5	5	3	5,64	7,56
5	5	4	5,64	7,81
5	5	5	5,72	7,98

Tabelle 8

Kritische Werte für den Friedman-Test

k	n	$p = 0{,}05$	$p = 0{,}01$	$p = 0{,}001$
3	3	5,8		
3	4	6,4	7,8	
3	5	6,2	8,3	10,0
3	6	6,4	8,7	11,1
3	7	6,1	8,7	11,4
3	8	6,2	9,0	12,1
3	9	6,2	8,7	12,1
4	2	6,0		
4	3	7,1	8,6	
4	4	7,5	9,4	11,1

Tabelle 9

Kritische Werte für den Kolmogorov-Smirnow-Test

n		n	
3	0,708	20	0,294
4	0,624	21	0,287
5	0,563	22	0,281
6	0,519	23	0,275
7	0,483	24	0,269
8	0,454	25	0,264
9	0,430	26	0,259
10	0,409	27	0,254
11	0,391	28	0,250
12	0,375	29	0,246
13	0,361	30	0,242
14	0,349	31	0,238
15	0,338	32	0,234
16	0,327	33	0,231
17	0,318	34	0,227
18	0,309	35	0,224
19	0,301		

B

LÖSUNGEN

LÖSUNGEN ZU 2.8

1. Die Variablen Religionsgemeinschaft, Gründe für Schlafstörungen und Wetter (1. Variante) sind nominalskaliert, die anderen ordinalskaliert.

2. $\overline{x} = 13$ $s = 3{,}65$ $s_m = 1{,}15$ $V = 0{,}28$

3. Die Berechnungen sollen beispielhaft für die Personen mit Hauptschulabschluss durchgeführt werden. Dazu werden zunächst die kumulierten Häufigkeiten berechnet.

Skalenwert	**Häufigkeit**	**kumulierte Häufigkeit**
1	8	8
2	17	25
3	62	87
4	133	220
5	175	395
6	171	566
7	82	648

$$Median = 5 - 0{,}5 + \frac{1}{175} \cdot \left(\frac{648}{2} - 22\right) = 5{,}09$$

$$Q1 = 4 - 0{,}5 + \frac{1}{133} \cdot \left(\frac{648}{4} - 87\right) = 4{,}06$$

$$Q3 = 6 - 0{,}5 + \frac{1}{171} \cdot \left(\frac{3 \cdot 648}{4} - 395\right) = 6{,}03$$

Für die Personen mit Abitur ergibt sich entsprechend $Median = 4{,}85$, $Q1 = 3{,}99$ und $Q3 = 5{,}52$. Das Vertrauen in die Polizei ist also bei den Personen mit Hauptschulabschluss etwas größer.

LÖSUNGEN ZU 3.9

1. Die Wahrscheinlichkeit, dass im ersten Zugriff eine rote Kugel gezogen wird, ist $p = \frac{10}{14}$. Wird die Kugel nicht zurückgelegt, ist die Wahrscheinlichkeit, dass im zweiten Zugriff eine schwarze Kugel gezogen wird, $p = \frac{4}{13}$. Nach dem Multiplikationssatz ist dann die Wahrscheinlichkeit, dass zuerst eine rote und anschließend eine schwarze Kugel gezogen wird,

$$p = \frac{10}{14} \cdot \frac{4}{13} = 0{,}220$$

Entsprechend berechnet sich die Wahrscheinlichkeit, dass zuerst eine schwarze und dann eine rote Kugel gezogen wird, zu

$$p = \frac{4}{14} \cdot \frac{10}{13} = 0{,}220$$

Beide Wahrscheinlichkeiten sind also gleich.

2. Die Wahrscheinlichkeit, dass zuerst eine rote und dann eine schwarze Kugel gezogen wird, ist

$$p = \frac{10}{14} \cdot \frac{4}{14} = 0{,}204$$

Die Wahrscheinlichkeit, dass zuerst eine schwarze und dann eine rote Kugel gezogen wird, ist entsprechend

$$p = \frac{4}{14} \cdot \frac{10}{14} = 0{,}204$$

Beide Wahrscheinlichkeiten sind also gleich.

3. Es sind $11! = 39\,916\,800$ Permutationen möglich.

4. Da die beiden Flüsse in beliebiger Reihenfolge genannt werden dürfen, gibt es mit $n = 7$ und $k = 2$

$$\binom{n}{k} = \binom{7}{2} = \frac{7 \cdot 6}{1 \cdot 2} = 21$$

Kombinationen. Die Wahrscheinlichkeit, durch Raten die richtige Lösung (Elbe, Rhein) zu finden, ist demnach

$$p = \frac{1}{21} = 0{,}048$$

5. Im ersten Fall, bei dem der Eisverkäufer nicht darauf achtet, drei verschiedene Eissorten auszuwählen, handelt es sich um Permutationen „mit Zurücklegen". Mit $n = 8$ und $k = 3$ gibt es dabei

$$n^k = 8^3 = 512$$

Möglichkeiten, so dass die Wahrscheinlichkeit, zufällig die gewünschte Reihenfolge zu erwischen,

$$p = \frac{1}{512} = 0{,}002$$

beträgt.

Im zweiten Fall, bei dem der Eisverkäufer darauf achtet, drei verschiedene Eissorten auszuwählen, liegen Permutationen „ohne Zurücklegen“ vor. Hierbei gibt es

$$\frac{n!}{(n-k)!} = \frac{8!}{5!} = 6 \cdot 7 \cdot 8 = 336$$

Möglichkeiten. In diesem Fall ist die Wahrscheinlichkeit, zufällig die gewünschte Reihenfolge auszuwählen,

$$p = \frac{1}{336} = 0{,}003$$

6. Die Wahrscheinlichkeit, dass an einem Tag ein Alarm ausgelöst wird, ist

$$p = \frac{1}{14} = 0{,}0714$$

Die Wahrscheinlichkeit, dass es an einem Tag brennt, ist

$$p = \frac{1}{365} = 0{,}0027$$

Die bedingte Wahrscheinlichkeit, dass bei einem Brand Alarm ausgelöst wird, ist

$$p(\text{Alarm}|\text{Feuer}) = 0{,}99$$

Dann ist nach dem Theorem von Bayes die bedingte Wahrscheinlichkeit, dass es bei einem Alarm wirklich brennt

$$p(\text{Feuer}|\text{Alarm}) = \frac{p(\text{Feuer})}{p(\text{Alarm})} \cdot p(\text{Alarm}|\text{Feuer}) = \frac{0{,}0027}{0{,}0714} \cdot 0{,}99 = 0{,}037$$

7. Es handelt sich hier um ein Rechnen mit bedingten Wahrscheinlichkeiten. Zunächst seien folgende Wahrscheinlichkeiten festgehalten:

$$p(\text{krank}) = 0{,}01$$
$$p(\text{gesund}) = 0{,}99$$
$$p(\text{positiv}|\text{krank}) = 0{,}9$$
$$p(\text{positiv}|\text{gesund}) = 0{,}05$$

Nach der Definition der bedingten Wahrscheinlichkeit ist

$$p(\text{krank} \cap \text{positiv}) = p(\text{positiv}|\text{krank}) \cdot p(\text{krank}) = 0{,}9 \cdot 0{,}01 = 0{,}009$$
$$p(\text{gesund} \cap \text{positiv}) = p(\text{positiv}|\text{gesund}) \cdot p(\text{gesund}) = 0{,}05 \cdot 0{,}99 = 0{,}0495$$

Die Wahrscheinlichkeit, dass eine zufällig ausgewählte Person sowohl krank als auch testpositiv ist, beträgt also 0,009; die Wahrscheinlichkeit, dass eine Person sowohl gesund als auch testpositiv ist, beträgt 0,0495.

Nach dem Additionssatz ist die Wahrscheinlichkeit, dass eine Person testpositiv ist

$$p(\text{positiv}) = 0{,}009 + 0{,}0495 = 0{,}0585$$

Nach dem Theorem von Bayes gilt dann für die gesuchte Wahrscheinlichkeit

$$p(\text{krank}|\text{positiv}) = \frac{p(\text{krank})}{p(\text{positiv})} \cdot p(\text{positiv}|\text{krank}) = \frac{0{,}01}{0{,}0585} \cdot 0{,}9 = 0{,}154$$

Die Wahrscheinlichkeit, dass ein Testpositiver auch wirklich krank ist, beträgt also, in Prozenten ausgedrückt, 15,4 %. Diese relativ geringe Wahrscheinlichkeit wirkt angesichts der hohen Werte von Sensitivität und Spezifität überraschend, hat aber ihre Ursache in der niedrigen Prävalenz der Krankheit.

Auf entsprechendem Weg kann man die Wahrscheinlichkeit dafür bestimmen, dass ein Testnegativer auch wirklich gesund ist. Sie beträgt, in Prozenten ausgedrückt, 99,9 %.

Man spricht in diesem Zusammenhang von den prädiktiven Werten des positiven und negativen Tests.

LÖSUNGEN ZU 4.6

1. In der Tat ist die Wahrscheinlichkeit, dass Rot sechsmal hintereinander nicht gewinnt, sehr gering. Bei insgesamt 37 Zahlen, von denen 18 rot sind, ist diese Wahrscheinlichkeit nach der Binomialverteilung

$$P = \binom{6}{0} \cdot \left(\frac{19}{37}\right)^0 \cdot \left(\frac{18}{37}\right)^6 = 0{,}0133$$

Dafür wiederum, dass dieser Verlustfall in zehn Durchgängen nie eintritt, ist die Wahrscheinlichkeit

$$P = \binom{10}{0} \cdot 0{,}0133^0 \cdot 0{,}9867^{10} = 0{,}8747$$

Mit 87-prozentiger Sicherheit kann der Spieler also davon ausgehen, an einem Abend 100 Euro zu gewinnen. Im Verlustfall ist er allerdings wesentlich mehr Geld los und über einen längeren Zeitraum gespielt, wird dies im Schnitt etwa einmal wöchentlich sein.

2. Nach der Binomialverteilung ist die Wahrscheinlichkeit, dass bei fünf Versuchen ($n = 5$) ein Ereignis mit der Wahrscheinlichkeit $p = \frac{1}{2}$ nie ($k = 0$) auftritt:

$$P = \binom{5}{0} \cdot \left(\frac{1}{2}\right)^0 \cdot \left(\frac{1}{2}\right)^5 = 1 \cdot 1 \cdot \frac{1}{32} = 0{,}031$$

Die Wahrscheinlichkeit, dass von fünf Losen keines gewinnt, ist also, in Prozenten ausgedrückt, 3,1 %. Wenn sich hingegen 10 % der Gäste beschweren (nämlich 10 von 100), so darf mit Recht an der Aussage, dass jedes zweite Los gewinnt, gezweifelt werden.

3. Das Problem ist mithilfe der hypergeometrischen Verteilung zu lösen:

$$N = 25 \qquad M = 10 \qquad n = 2 \qquad x = 2$$

$$f(2{,}2{,}10{,}25) = \frac{\binom{10}{2} \cdot \binom{25-10}{2-2}}{\binom{25}{2}} = 0{,}15$$

Die Wahrscheinlichkeit, zwei gute Schüler ausgewählt zu haben, beträgt 15 %.

4. Es ist zunächst die Wahrscheinlichkeit dafür zu berechnen, dass die Schwiegermutter nie vorbeikommt, und dann die Komplementärwahrscheinlichkeit hierfür zu bestimmen.

$$p = \frac{10}{365} \qquad n = 21 \qquad k = 0$$

$$f(21, 0, \frac{10}{365}) = \frac{(\frac{210}{365})^0}{e^{\frac{210}{365}} \cdot 0!} = 0{,}563$$

Die Komplementärwahrscheinlichkeit hierzu ist

$$1 - 0{,}563 = 0{,}437$$

Die Wahrscheinlichkeit, dass innerhalb der nächsten drei Wochen die Schwiegermutter mindestens einmal zu Besuch kommt, beträgt 43,7 %.

5.
$$z = \frac{130 - 100}{15} = 2{,}00$$

Laut z-Tabelle gehört hierzu ein Flächenstück unter der Standardnormalverteilungskurve von $\Phi(z) = 0{,}977$. Das bedeutet, dass der Kandidat mit IQ = 130 intelligenter ist als 97,7 % der Bevölkerung.

6. Der Vergleich erfolgt über die entsprechenden z-Werte:

$$z(\text{Max}) = \frac{43 - 32}{9} = 1{,}22 \qquad z(\text{Moritz}) = \frac{35 - 25}{7} = 1{,}43$$

Moritz hat also besser abgeschnitten.

7.
$$\lambda = \frac{1}{1} = 1 \qquad F(0{,}9; 1) = 1 - e^{-1 \cdot 0{,}9} = 0{,}593$$

LÖSUNGEN ZU 5.8

1. Bei diesem Beispiel wird einseitig getestet. Der Fehler erster Art bestimmt sich über

$$z = \frac{65 - 63{,}9}{5{,}6} = 0{,}20$$

nach der z-Tabelle zu

$$1 - \Phi(0{,}20) = 1 - 0{,}579 = 0{,}421$$

Der Fehler zweiter Art berechnet sich über

$$z = \frac{65 - 71{,}3}{4{,}8} = -1{,}31$$

nach der z-Tabelle zu

$$\Phi(-1{,}31) = 0{,}095$$

Das Risiko, die Nullhypothese abzulehnen, obwohl sie richtig ist (den Probanden nicht als krank einzustufen, obwohl er krank ist) beträgt 42,1 %. Das Risiko hingegen, die Nullhypothese beizubehalten, obwohl sie falsch ist (ihn als krank einzustufen, obwohl er nicht krank ist) beträgt 9,5 %.

2. In diesem Fall ist zweiseitig zu testen. Der Fehler erster Art bestimmt sich über

$$z = \frac{72 - 63{,}9}{5{,}6} = 1{,}45$$

nach der z-Tabelle zu

$$2 \cdot (1 - \Phi(1{,}45)) = 2 \cdot (1 - 0{,}926) = 0{,}148$$

Das Risiko, die Nullhypothese abzulehnen, obwohl sie richtig ist (den Probanden nicht als krank einzustufen, obwohl er krank ist) beträgt also 14,8 %. Die Nullhypothese (der Proband ist krank) ist also beizubehalten. Der Fehler zweiter Art kann nicht angegeben werden, da die Alternativhypothese zahlenmäßig nicht vorliegt.

LÖSUNGEN ZU 6.4

1. Nach der z-Tabelle liegt im Bereich von $z = -1{,}28$ bis $z = 1{,}28$ ein Flächenstück von

$$1 - 2 \cdot 0{,}1 = 0{,}8$$

Mit $\overline{x} = 24{,}9$ und $s = 3{,}6$ berechnet sich dann der gesuchte Streubereich zu

$$\begin{aligned} 24{,}9 - 1{,}28 \cdot 3{,}6 < \; & x < 24{,}9 + 1{,}28 \cdot 3{,}6 \\ 20{,}3 < \; & x < 29{,}5 \end{aligned}$$

80 % aller Jugendlichen haben also einen Body Mass Index zwischen 20,3 und 29,5.

2.

$$\overline{x} = 13{,}07 \qquad s = 3{,}29 \qquad s_m = 0{,}88 \qquad t_{0{,}05;13} = 2{,}160$$

Das 95 %-Konfidenzintervall berechnet sich hieraus zu

$$\begin{aligned} 13{,}07 - 2{,}160 \cdot 0{,}88 < \; & \mu < 13{,}07 + 2{,}160 \cdot 0{,}88 \\ 11{,}17 < \; & \mu < 14{,}97 \end{aligned}$$

3. Zu dem gegebenen Prozentsatz 49 % sei das 95 %-Konfidenzintervall berechnet.

$$\sigma = \sqrt{\frac{49 \cdot 51}{1000}} = 1{,}581 \qquad z = 1{,}96$$

$$\begin{aligned} 49 - 1{,}581 \cdot 1{,}96 < \; & \pi < 49 + 1{,}581 \cdot 1{,}96 \\ 45{,}9 < \; & \pi < 52{,}1 \end{aligned}$$

Das Konfidenzintervall erstreckt sich also von 45,9 bis 52,1 %, so dass eine Änderung um einen Prozentpunkt innerhalb dieses Intervalls liegt und damit unerheblich ist.

LÖSUNGEN ZU 7.5

1.

Spieler	f_o	f_e	$\frac{(f_o-f_e)^2}{f_e}$
A	15	12,5	0,500
B	10	12,5	0,500
Summe	25	25	1,000

Die Größe $\chi^2 = 1{,}000$ ist bei einem Freiheitsgrad nicht signifikant; Spieler A ist also nicht signifikant stärker als Spieler B.

2.

Arbeiterin	f_o	v	f_e	$\frac{(f_o-f_e)^2}{f_e}$	Signifikanz
Amalie	45	5	56,7	2,414	
Berta	97	7	79,3	3,951	*
Christiane	130	12	136,0	0,265	
Summe	272	24	272	6,630	

Die Größe $\chi^2 = 6{,}630$ ist bei zwei Freiheitsgraden signifikant. Verantwortlich dafür ist Berta, die signifikant häufiger fehlt als es ihrem Erwartungswert entspricht.

LÖSUNGEN ZU 8.10

1. Es ist der t-Test nach Student durchzuführen. Der F-Test liefert über

$$F = \frac{2{,}165^2}{1{,}969^2} = 1{,}21 \qquad df = (58{,}45)$$

kein signifikantes Ergebnis, so dass Varianzenhomogenität vorliegt.

$$t = \frac{|10{,}08 - 10{,}82|}{\sqrt{\frac{45 \cdot 1{,}969^2 + 58 \cdot 2{,}165^2}{103}}} \cdot \sqrt{\frac{2714}{105}} = -1{,}813 \qquad df = 103 \qquad p > 0{,}05$$

Der Unterschied zwischen verheirateten und ledigen Personen bezüglich des Burnout-Werts ist nicht signifikant.

2. $\bar{d} = -2{,}25 \qquad n = 8 \qquad s = 2{,}659$

$$t = \frac{2{,}25 \cdot \sqrt{8}}{2{,}659} = 2{,}393 \qquad df = 7 \qquad p < 0{,}05$$

3. Die Mittelwerte in den drei Gruppen sind:

   A: 30,14
   B: 33,63
   C: 39,17

   Die einfaktorielle Varianzanalyse ergibt das folgende Schema.

Variabilität	*SAQ*	*df*	*MQ*	*F*	*p*
gesamt	454,95				
zwischen	265,39	2	132,69	12,60	< 0,001
innerhalb	189,56	18	10,53		

   Wie der Scheffé-Test ausweist, unterscheidet sich Gruppe A von Gruppe B höchst signifikant ($p < 0{,}001$) und Gruppe B von Gruppe C signifikant ($p < 0{,}05$).

4. Zur Signifikanzprüfung dient der U-Test nach Mann und Whitney, wobei die Rangplätze bereits gegeben sind. So haben Hans und Ernst den geteilten Rangplatz 1,5, Gisela hat Rangplatz 3, Erich und Hanna haben die geteilten Rangplätze 4,5 usw. Insgesamt gibt es acht Frauen und zehn Männer ($n_1 = 8$, $n_2 = 10$).

   Das ergibt die Rangsummen $R_1 = 91{,}5$ und $R_2 = 79{,}5$ und die zugehörigen U-Werte $U_1 = 55{,}5$ und $U_2 = 24{,}5$. Die Prüfgröße $U = 24{,}5$ ist nicht signifikant (der kritische Tabellenwert ist 17).

5. $T_1 = 3 \qquad T_2 = 25 \qquad T = 3 \qquad n = 7$

   Im Gegensatz zum t-Test für abhängige Stichproben (Aufgabe 8.2) ist die Signifikanzgrenze knapp verfehlt (kritischer Tabellenwert $T = 2$).

6. $k = 3 \qquad n_1 = 7 \qquad n_2 = 8 \qquad n_3 = 6 \qquad n = 21$

$$T_1 = 40{,}0 \qquad T_2 = 84{,}5 \qquad T_3 = 106{,}5 \qquad H = 12{,}221 \qquad p < 0{,}01$$

   Auf die Berechnung des Korrekturterms soll verzichtet werden.

LÖSUNGEN ZU 9.9

1. $r = 0{,}547 \qquad t = 2{,}264 \qquad df = 12 \qquad p < 0{,}05$

2. In diesem Beispiel liegen die Rangplätze bereits vor.

$$r = -0{,}762 \qquad t = 3{,}723 \qquad df = 10 \qquad p < 0{,}01$$

3. Versieht man Richter Pierre mit der Ankerreihe und Richter Iwan mit der Vergleichsreihe, so erhält man:

$$I = 53 \qquad P = 13 \qquad S = -40 \qquad \tau = -0{,}606 \qquad z = 2{,}74 \qquad p = 0{,}006$$

4. Es wird die Vierfelderkorrelation berechnet.

$$r = 0{,}453 \qquad \chi^2 = 27{,}51 \qquad df = 1 \qquad p < 0{,}001$$

5. Es wird die punktbiseriale Korrelation berechnet.

$$r = 0{,}581 \qquad t = 3{,}777 \qquad df = 28 \qquad p < 0{,}001$$

6. Die Berechnung der partiellen Korrelation zwischen Kirchgangshäufigkeit und Ausländerscore unter Berücksichtigung der Störvariablen Alter ergibt

$$r_{12.3} = 0{,}122 \qquad t = 1{,}936 \qquad df = 247 \qquad p > 0{,}05$$

7. $b = 0{,}320 \qquad a = 6{,}202$

LÖSUNGEN ZU 10.6

1.

Beruf	eher links	Mitte	eher rechts	Zeilensumme
Landwirt	2	6	10	18
	5,6	8,3	4,1	
			**	
Akad. Freier Beruf	11	11	9	31
	9,6	14,4	7,0	
Selbstständiger	21	42	41	104
	32,2	48,2	23,6	
	*		***	
Beamter	52	50	33	135
	41,8	62,5	30,7	
Angestellter	185	297	136	618
	191,3	286,2	140,5	
Arbeiter	111	182	61	354
	109,6	163,9	80,5	
			*	
in Ausbildung	25	21	9	55
	17,0	25,5	12,5	
Spaltensumme	407	609	299	1315

$$\chi^2 = 48{,}583 \qquad df = 12 \qquad p < 0{,}001$$

2. Es ist ein Chiquadrat-Vierfeldertest nach folgendem Schema auszuführen:

	schon mal schwarzgefahren	**noch nicht schwarzgefahren**
Männer	286	395
Frauen	227	494

$$\chi^2 = 16{,}683 \qquad df = 1 \qquad p < 0{,}001$$

3. Anlässlich dieses Problems soll Fisher den nach ihm benannten exakten Test entwickelt haben. Es ist die folgende Vierfeldertafel zu analysieren.

	Milch geraten	**Tee geraten**
Milch zuerst gegossen	3	1
Tee zuerst gegossen	1	3

$$p = 0{,}229 + 0{,}014 = 0{,}243$$

4. Zur Anwendung kommt der Chiquadrat-Test nach McNemar mit $b = 41$ und $c = 20$.

$$\chi^2 = 6{,}557 \qquad df = 1 \qquad p < 0{,}05$$

LÖSUNGEN ZU 11.5

1. $\bar{x}_1 = 4{,}63 \qquad \bar{x}_2 = 3{,}88 \qquad \bar{x}_3 = 3{,}63 \qquad \bar{x}_4 = 3{,}50$

   $MQ(\text{Spalten}) = 2{,}03 \quad MQ(\text{Rest}) = 0{,}44 \quad F = 4{,}61 \quad df = (3{,}21) \quad p < 0{,}05$

   Der Scheffé-Test ergibt für die Signifikanzüberprüfung zwischen den Noten vor dem Nachhilfeunterricht und den Noten bei der ersten Arbeit danach:

$$F = \frac{8 \cdot (4{,}63 - 3{,}88)^2}{2 \cdot 3 \cdot 0{,}44} = 1{,}70 \qquad df = (3{,}21) \qquad p > 0{,}05$$

2. $T_1 = 28{,}5 \qquad T_2 = 19{,}5 \qquad T_3 = 17 \qquad T_4 = 15 \qquad \chi^2 = 7{,}99 \qquad df = 3 \qquad p < 0{,}05$

LÖSUNGEN ZU 12.11

1. Die Berechnung der Mittelwerte liefert folgende Ergebnisse:

	vorwärts	**rückwärts**
Naturwissenschaftler	7,78	6,67
Geisteswissenschaftler	6,33	5,78

Das Schema der Tabelle 12.4 ergibt:

Art der Variation	*QS*	*df*	*MQ*	*F*	*p*
zwischen den Gruppen	19,19	3	6,40	4,35	< 0,05
innerhalb der Gruppen	47,11	32	1,47		
total	66,30				

Das Schema der Tabelle 12.6 liefert die folgenden Resultate:

Art der Variation	*QS*	*df*	*MQ*	*F*	*p*
zwischen Studienrichtung	12,25	1	12,25	8,32	< 0,01
zwischen Versuchsbedingung	6,25	1	6,25	4,25	< 0,05
Wechselwirkung	0,69	1	0,69	0,47	n.s.

2. Das Schema der Tabelle 12.6 erweitert bzw. ändert sich wie folgt:

Art der Variation	*QS*	*df*	*MQ*	*F*	*p*
Kovariate (Wert am 1. Tag)	61,00	1	61,00	0,40	n.s.
zwischen A (Versuchsbedingungen)	1699,36	2	849,68	5,51	< 0,01
zwischen B (Tageszeit)	65,98	1	65,98	0,43	n.s.
A * B	2,99	2	1,50	0,01	n.s.

3. In der folgenden Tabelle sind lediglich die *F*-Werte, Freiheitsgrade und dazugehörigen Signifikanzniveaus eingetragen, die sich nach der klassischen Methode nach Fisher ergeben.

Art der Variation	*F*	*df*	*p*
Zeit (zwei Tage)	370,10	1	< 0,001
zwischen A (Versuchsbedingungen)	0,50	2	n.s.
zwischen B (Tageszeit)	0,38	1	n.s.
A * B	2,01	2	n.s.
A * Zeit	6,38	2	< 0,01
B * Zeit	0,37	1	n.s.
A * B * Zeit	0,12	2	n.s.

Im Textteil, in dem der Übungsfortschritt, also die Differenz zwischen den beiden Versuchstagen, als abhängige Variable eingeht, ergibt sich ein sehr signifikanter Einfluss der Versuchsbedingung auf den Übungsfortschritt. Bei der gegebenen Analyse wird dieser Einfluss durch die sehr signifikante Wechselwirkung zwischen Versuchsbedingung und Zeit wiedergegeben.

LÖSUNGEN ZU 13.4

1. Zum Rechnen mit SPSS verfahren Sie wie in Kapitel 13.2 beschrieben. Sie erhalten eine Lösung mit vier Faktoren.

   Faktor 1: ehrlich, humorvoll, freundlich, zuverlässig, kompromissbereit, treu, kontaktfreudig, sensibel

   Faktor 2: beliebt, gutaussehend, mutig, cool, sportlich

   Faktor 3: rechthaberisch, geizig

   Faktor 4: zickig, intelligent

   Die beiden Faktorladungen bei Faktor 4 haben verschiedene Vorzeichen.

2. Rechnen Sie die Faktorenanalyse mit SPSS und verfahren Sie entsprechend wie in Kapitel 13.2 beschrieben. Geben Sie aber diesmal über den Schalter *Extraktion...* die Anzahl der zu extrahierenden Faktoren mit 5 vor.

   Sie finden die Items der Skala F1 im ersten Faktor wieder, die von F2 im zweiten Faktor; Skala F4 ist identisch mit dem vierten Faktor. Von der Skala F5 werden die Items F2 und F3 verifiziert. Lediglich Skala F3 wird vom dritten Faktor nicht reproduziert; deren Items finden sich im zweiten Faktor wieder.

LÖSUNG ZU 14.5

Verfahren Sie entsprechend wie in Kapitel 14.3 beschrieben.

Offensichtlich sind diesmal die Items 2, 11, 12 und 13 umzukodieren. Das gelingt mit folgender Syntax:

```
recode a2, a11, a12, a13 (1=5) (2=4) (3=3) (4=2) (5=1).
execute.
```

Es ergibt sich, dass die Items 2, 7 und 11 die geringsten Trennschärfenkoeffizienten aufweisen und daher aus dem Fragebogen eliminiert werden sollten. Für Cronbachs Alpha ergibt sich der Wert 0,8074.

LITERATUR-VERZEICHNIS

1. *Assenmacher, W.:* Deskriptive Statistik. Springer, Berlin 1998
2. *Backhaus, K., Erichson, B., Plinke, W.:* Multivariate Analysemethoden. Eine anwendungsorientierte Einführung. Springer, Berlin 2000
3. *Bamberg, G., Baur, F.:* Statistik. Oldenbourg, München 1998
4. *Beyer, O., Hackel, H., Pieper, V.:* Wahrscheinlichkeitsrechnung und mathematische Statistik. Teubner, Leipzig 1999
5. *Bol, G.:* Deskriptive Statistik. Lehr- und Arbeitsbuch. Oldenbourg, München 1998
6. *Bortz, J.:* Statistik für Sozialwissenschaftler. Springer, Berlin 1999
7. *Bortz, J., Lienert, G. A., Boehnke, K.:* Verteilungsfreie Methoden in der Biostatistik. Springer, Berlin 2000
8. *Bosch, K.:* Großes Lehrbuch der Statistik. Oldenbourg, München 1996
9. *Bourier, G.:* Wahrscheinlichkeitsrechnung und schließende Statistik. Gabler, Wiesbaden 1999
10. *Bühl, A., Zöfel, P.:* SPSS Version 11. Einführung in die moderne Datenanalyse unter Windows. Pearson-Studium, München 2002
11. *Büning, H., Trenkler, G.:* Nichtparametrische statistische Methoden. de Gruyter, Berlin 1994
12. *Clauß, G., Finze, F.-R., Partzsch, L.:* Statistik für Soziologen, Pädagogen, Psychologen und Mediziner. Bd. 1: Grundlagen. Deutsch, Frankfurt 1999
13. *Diehl, J. M., Kohr, H.-U.:* Deskriptive Statistik. Klotz, Eschborn 1999
14. *Eckey, H.-F.:* Statistik. Grundlagen — Methoden – Beispiele. Gabler, Wiesbaden 2000
15. *Fahrmeir, L., Hamerle, A.:* Multivariate statistische Verfahren. de Gruyter, Berlin 1996
16. *Fahrmeier, L., Künstler, R., Pigeot, I., Tutz, G.:* Statistik. Der Weg zur Datenanalyse. Springer, Berlin 2003
17. *Gottwald, W.:* Statistik für Anwender. Weinheim 1999
18. *Hartung, J., Elpelt, B.:* Multivariate Statistik. Lehr- und Handbuch der angewandten Statistik. Oldenbourg, München 1999
19. *Holland, H., Scharnbacher, K.:* Grundlagen der Statistik. Gabler, Wiesbaden 2000
20. *Krämer, W.:* Denkste. Trugschlüsse aus der Welt der Zahlen und des Zufalls. Piper, München 1998
21. *Krämer, W.:* So lügt man mit Statistik. Piper, München 2000

22. *Kreyszig, E.:* Statistische Methoden und ihre Anwendungen. Vandenhoeck und Ruprecht, Göttingen 1991

23. *Lehn, J., Müller-Gronbach, G., Rettig, S.:* Einführung in die Deskriptive Statistik. Teubner, Stuttgart 2000

24. *Lehn, J., Wegmann, H.:* Einführung in die Statistik. Teubner, Stuttgart 2000

25. *Leiner, B.:* Einführung in die Statistik. Oldenbourg, München 2000

26. *Lienert, G. A.:* Testaufbau und Testanalyse. Beltz, Weinheim 1969

27. *Lienert, G. A., Raatz, U.:* Testaufbau und Testanalyse. Beltz, Weinheim 1998

28. *Lippe, P. v. d.:* Deskriptive Statistik. Oldenbourg, München 1999

29. *Nachtigall, C., Wirtz, M.:* Wahrscheinlichkeitsrechnung und Inferenzstatistik. Statistische Methoden für Psychologen Teil 2. Juventa, Weinheim 2002

30. *Sachs, L.:* Angewandte Statistik. Anwendung statistischer Methoden. Springer, Berlin 1999

31. *Schilling, O.:* Grundkurs: Statistik für Psychologen. Fink, München 1998

32. *Schlittgen, R.:* Einführung in die Statistik. Analyse und Modellierung von Daten. Oldenbourg, München 2000

33. *Schöffel, C.:* Deskriptive Statistik. Dresden 1997

34. *Schulze, P. M.:* Beschreibende Statistik. Oldenbourg, München 2000

35. *Siegel, S.:* Nichtparametrische statistische Methoden. Klotz, Eschborn 1997

36. *Spiegel, M. R., Stephans, L. J.:* Statistik. McGraw-Hill, Frankfurt 1999

37. *Strick, H. K.:* Einführung in die Beurteilende Statistik. Schroedel, Hannover 1998

38. *Überla, K.:* Faktorenanalyse. Springer, Berlin 1972

39. *Unger, F., Stiehr, J.-U.:* Intensivtraining Statistik. Gabler, Wiesbaden 1999

40. *Vogel, F.:* Beschreibende und schließende Statistik. Oldenbourg, München 1999

41. *Wernecke, K.-D.:* Angewandte Statistik für die Praxis. Addison-Wesley, Bonn 1995

42. *Winer, B. J.:* Statistical Principles in Experimental Design. McGraw-Hill, London 1991

43. *Wirtz, M., Nachtigall, C.:* Deskriptive Statistik. Statistische Methoden für Psychologen Teil 1. Juventa, Weinheim 2002

44. *Zöfel, P.:* Statistik in der Praxis. UTB, Stuttgart 1992

45. *Zöfel, P.:* Univariate Varianzanalyse. UTB, Stuttgart 1992

46. *Zöfel, P.:* Statistik verstehen. Ein Begleitbuch zur computergestützten Anwendung. Addison-Wesley, München 2002

REGISTER

W

Y

Z